# 한·일 역사과
# 교육과정 비교연구

이찬희 · 박진동 편

景仁文化社

# 한 · 일 역사과
# 교육과정 비교연구

이찬희 · 박진동 편

# 발 간 사

　한국과 일본의 역사과 교육과정은 국가 수준에서 만들어지며 역사교육의 방향성을 제시하고 있다. 초·중등학교에서 이루어지는 역사교육의 방향과 체제를 목표와 내용, 방법 및 평가로 구분하여 제시하고 있으므로 교과서 편찬만이 아니라 역사교육 전반에 영향을 끼치고 있다. 교과서 중심에서 교육과정 중심으로 학교교육의 방향이 변화하고 있는 점을 감안하면 그 중요성이 더욱 커진다. 그러므로 한일 양국의 역사 교과서 문제를 다루기 위해서도 이와 밀접한 관련이 있는 교육과정을 비교 연구하는 것이 필요하다. 그 동안 역사과 교육과정을 분석하는 연구는 여러 가지 측면에서 진행되어 왔고 그 변천을 다룬 선행 연구도 적지 않았다. 특히 교육과정의 개정에 전후하여 직전 교육과정과 개정 교육과정의 차이점을 비교하여 새 교육과정의 개선을 모색하거나, 교육과정과 교과서를 연계하여 분석함으로써 내용상에서 검토한 연구가 많았다. 대개의 연구는 일정 시기나 학교급에 국한하는 경우가 많았으며, 양국의 역사 교육과정에 한정하여 각자의 교육과정을 검토하고 시사점을 얻고자 하는 경향에 있었다.

　한일 양국간에는 1982년 '일본의 교과서 왜곡 사건' 이후 2001년 '후소샤 교과서' 문제까지 크고 작은 논쟁이 지속되었다. 이러한 역사교과서 분쟁은 최근에 불거진 문제가 결코 아니며 1945년 이래 일본 사회 내에 침잠

된 오랜 내부 대립을 전제로 하고 있다. 가령 일본의 '새로운 역사 교과서를 만드는 모임'(새역모) 측이 편찬한 후소샤 출판사의 역사 교과서는 공동체적 질서를 강조하는 국가주의적 색채를 강하게 띠고 있는 것이 특색이다. 지나칠 정도의 국가주의적 색채는 1945년 이전 획일적 군국주의 사조와 맥을 같이하고 있다고 평가되고 있다. 그러나 정작 '새역모' 측은 자신들의 교과서가 문부과학성이 정한 학습지도요령의 취지에 가장 잘 부합한다고 주장하고 있다. 이처럼 교과서 간행은 교육과정의 논리가 관철되며 그에 근거하고 있다.

이 책은 이상과 같은 입장에서 역사 교과서 문제의 이면에 깔려 있는 국가의 의도를 분석하기 위해 한국과 일본의 역사과 교육과정을 개정 시기별로 분석하고 다시 한·일간 학교급별로 비교하였다.

이 책이 우리나라의 역사교육 전개와 유사하거나 다르게 진행된 일본의 역사교육을 이해하고, 일본의 역사 교과서 왜곡에 효과적으로 대응할 수 있는 기초자료로 활용되기를 기대한다.

이 책이 발간되기까지 연구 자문을 해 주신 한일역사공동연구위원회 교과서분과 정재정·정진성·김도형·현명철·신주백 위원님께 감사드린다. 그리고 끝까지 책임감을 갖고 공동연구를 수행해 주신 김정인·김민정·김보림·박수철·권오현 교수님의 노고에도 치하의 말씀을 전한다.

2010. 3.

이찬희·박진동

# 목 차

< 표 제목

# I. 서 론

    역사교육을 통해서 어떤 인간을 길러낼 것인가, 그리고 이를 위해서 무엇을 어떻게 가르칠까를 질문하고 방안을 모색하는 일은 매우 본질적인 것이다. 이들 질문에 대한 대답을 공식적이고 체계적이며 명시적으로 제시한 문서가 국가 수준의 교육과정이다. 교육과정은 역사교육의 성격과 목표, 내용, 방법과 평가가 체계를 갖추어 제시된다. 그런데 교육과정은 교육사조, 학문의 발전, 교육 환경, 국가·사회적 요구 등이 변화함에 따라 고정되지 않고 변화하기 마련이다. 그러므로 교육과정의 변천을 시계열적으로 분석하는 일은 과거에서 현재에 이르기까지 역사교육의 지향과 내용, 방법 등을 검토하고 개선점을 모색하는 기초적이며 필수적인 작업이라고 할 수 있다. 즉, 교육과정의 변천을 시계열적으로 정리하는 일이 이 연구의 한 축을 이루고 있다.

    한편 이 연구의 또다른 필요성은 한·일 양국이 역사를 정리하고 교육하는 면모를 바르게 이해하는 것에 있다. 한·일 역사의 상호 이해는 역사학적 측면만이 아니라 그것을 교육하는 역사교육적 측면에 대한 이해와 같이 진행될 필요가 있다. 즉 이 연구의 또 다른 축은 한국과 일본의 역사 교육 과정을 비교하여 상호 이해를 위한 토대를 마련하려고 하는 점에 있다.

    이러한 필요와 목적에서 우리나라에서 교육과정을 분석한 선행 연구는 적지 않았다. 대체로 교육과정의 개정에 맞추어 직전 교육과정과 개정 교육과정의 차이점을 비교하여 새 교육과정의 개선을 모색하거나, 교육과정과 교과서를 연계하여 분석함으로써 내용상에서 검토한 연구가 많았다. 대개의 연구는 특정 시기에 국한하는 경우가 많았으며, 한국의 역사 교육과정에 한정하여 우리 교육과정을 검토하고 시사점을 얻고자 하는 경향이 많았다.

한편 일본과 관련해서는 우리 역사교육이 초기에 일제강점기 역사관과 교육의 영향에서 탈피하려는 노력을 분석하거나, 일본 역사 교과서 문제가 발생하면서 일본의 학습지도요령(이하 교육과정)과 교과서를 비판적으로 연구하는 성과들이 등장하였고, 나아가 한국과 일본의 교육과정을 비교하는 연구도 시도되었다. 이러한 연구들은 연구가 이루어진 시점에서 의미가 컸고, 이후 연구에도 기여한 중요한 성과였다. 하지만 1945년 이후 현재까지 한국과 일본의 역사 교육과정을 일괄적으로 정리하고 더욱이 비교까지 겸한 종합적이고 체계적인 연구는 없었다고 할 수 있다.

이 연구는 한일 역사과 교육과정 비교하여 연구하는 것을 목적으로 하였다. 이를 위해 한국과 일본의 초, 중, 고등학교 역사 교육과정 변천사를 하나의 국가단위로 보는 것으로부터 우리나라와 인접 국가인 일본의 그것을 비교하는 작업까지 확장하는 일이다.

이를 위해서 위 표와 같이 연구의 내용과 구조는 크게 3가지 분야로 나누어져 있다.

첫째, 한국과 일본을 각각 구분하고 1945년부터 현재까지의 교육과정 변천을 교육과정 시기별 특징을 중심으로 서술하였다.

둘째, 한국과 일본을 각각 구분하여 초, 중, 고등학교 학교급별로 교육과정 개정 시기와 체제별로 항목을 일관되게 설정하여 교육과정 변화분석을 하였다.

셋째, 한국과 일본의 교육과정 변천을 시기를 구분하여 학교급별로 비

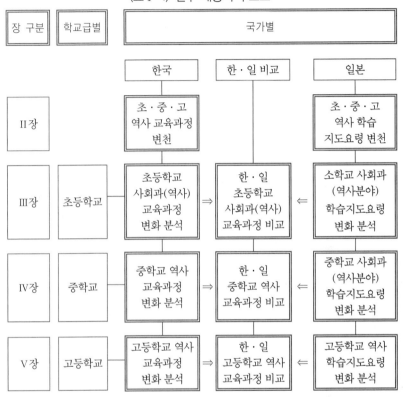

〈표 I -1〉 연구 내용의 구조도

| 장 구분 | 학교급별 | 국가별 | | |
|---|---|---|---|---|
| | | 한국 | 한·일 비교 | 일본 |
| II장 | | 초·중·고 역사 교육과정 변천 | | 초·중·고 역사 학습 지도요령 변천 |
| III장 | 초등학교 | 초등학교 사회과(역사) 교육과정 변화 분석 ⇒ | 한·일 초등학교 사회과(역사) 교육과정 비교 ⇐ | 소학교 사회과 (역사분야) 학습지도요령 변화 분석 |
| IV장 | 중학교 | 중학교 역사 교육과정 변화 분석 ⇒ | 한·일 중학교 역사 교육과정 비교 ⇐ | 중학교 사회과 (역사분야) 학습지도요령 변화 분석 |
| V장 | 고등학교 | 고등학교 역사 교육과정 변화 분석 ⇒ | 한·일 고등학교 역사 교육과정 비교 ⇐ | 고등학교 역사 학습지도요령 변화 분석 |

교·분석하였다. 1945년부터 현재까지의 교육과정 변천을 종단적으로 정리하고 초·중·고 학교급별로 상호 비교하는 횡단적 연구를 병행한 셈이다. 이 결과를 장 별로 구성할 때, 학교급별로 제시하는 것이 활용도가 높다고 판단하여 초, 중, 고교별로 한·일 교육과정 비교와 한국과 일본의 교육과정 변천을 서술하였다. 특히 양국의 교육과정 개정과 적용 시기, 교육과정의 제시 방식 등에서 차이가 있음에도 불구하고 연구진간에 상호 협의하에 목차 구성을 통일하도록 하여 비교를 용이하게 하였다. 한국에 해당하는 내용에 비해서 일본에 해당하는 내용을 좀더 상세하게 서술하였다.

우리나라에 대한 이해에 비해서 일본에 대한 이해 정도가 낮다고 보아 분량면에서 배려할 필요가 있다고 보았기 때문이다.

한·일 양국의 현대 역사교육 전체를 다루는 것 자체가 방대한 작업이다. 이 때문에 연구를 구조화하고 제한된 지면에 요령있게 정리하는 일이 만만치 않았다. 이 연구는 역사 교육과정 변천사에 초점을 두었으므로 교육과정 시기를 구분하여 정리하였다. 개정의 배경 등은 학교급별로 차이가 크지 않고 공통적이다. 이처럼 학교급을 넘어선 전체적인 교육과정 시기별 특징을 분리해서 다루었다. 이것이 II장에 해당하며 이 연구 전체를 개괄하는 내용이다. 그 다음 학교급을 나누어 초등학교는 III장, 중학교는 IV장, 고등학교는 V장에서 다루었다. 학교급별 역사 교육과정의 변천은 역시 교육과정 시기를 구분하였고 하위 요소로 편제, 목표, 내용, 방법을 다루었다. 이는 교육과정 문서 체제에 입각한 것이며 이러한 구성이 아직 교육과정의 시기구분이나 의미 부여 등에서 합의가 부족하므로 개별 연구가 아닌 공동 연구에서는 해석적인 관점보다는 공식적이고 객관적인 내용에 대한 접근이 중요하다고 판단했기 때문이다.

학교별로 다룬 장에서는 양국의 교육과정을 비교하는 내용을 별도로 취급하였다. 일반적으로 교육과정 연구는 초등 또는 중등만을 별도로 검토·분석하는 경우가 많았지만, 이 연구는 초·중등 모두를 대상으로 했기 때문에 종합적인 이해를 용이하게 할 것이다.

연구 방법은 문헌 연구를 통해 역사적으로 분석하였다. 연구의 대상이 되는 문헌은 다음과 같다.

한국의 경우 교수요목, 제1차~제7차 교육과정 및 2007년 개정 교육과정까지 부분적인 개정을 제외하더라도 국가 교육과정이 크게 9차례 바뀌었다. 이 교육과정 문서가 일차적으로 분석 대상이었다. 또한 교육과정 해설서도 참고하였다. 공식 문서를 열거하는 수준에서 벗어나기 위해서 관련 연구를 다수 참고하였다. 현재 과거 교육과정 문서를 열람할 수 있는 환경이 개선되고 있다. 교육과학기술부 교육과정·교과서 정보 서비스를 통해서 과거 교육과정을 찾아볼 수 있으며 한국교육과정평가원에서 준비하고 있는 국가 교육과정 정보 공유 시스템(NCIS)이 개설되면 과거 교육과정을 살펴보는 일이 용이해지게 될 것이다. 그러므로 이 책의 내용보다 구체적인 정보는 접근이 가능한 상황이다.

일본의 경우 1947년판, 1951년판 학습지도요령(시안), 1955년·1956년판, 1958년·1960년판, 1968년·1969년·1970년판, 1977년·1978년판 학습지도요령, 1989년판, 1998년·1999년판 학습지도요령 등 8차례 바뀐 교육과정이 일차적인 분석 대상이었다. 또한 교육과정 심의회의 답신과 해설서도 참고하였다. 이에 대한 일본의 연구 성과도 다수 참고하였다. 특히 일본의 학습지도요령에 대한 일관적인 분석은 한국에서는 거의 시도된 바가 없어 일본에서 이루어진 연구 성과를 소개하는 것에서 그치지 않고 한국측에서 시도된 연구라는 점에서 의의를 찾을 수 있다.

이 책의 발간을 앞둔 시점에서 한국에서는 2009 개정 교육과정이 고시되었다. 학년군, 교과군을 도입하여 집중이수제를 유도함으로써 이수 교과목 수를 축소하고 창의적 체험활동 도입, 교육과정 자율권 확대 등이 공통으로 개정된 주요 내용이었다. 이와 함께 국민공통 기본교육과정이 10학년까지에서 9학년까지로 조정됨으로써 고등학교에서는 필수 이수가 사라지고 모두 선택 교육과정으로 운영하도록 하였다. 선택 과목의 수도 축소되었는데, 역사 교육과정과 관련해서는 2007 개정 교육과정에서 신설되었던 한국 문화사가 폐지되고, 10학년 역사는 한국사로 선택 과목인 세계 역사의 이해는 세계사로 과목명이 변경되었다. 필수 이수 과목이던 10학년 역사(한국사)가 선택 과목이 되면서 중학교 역사 내용과 고등학교 한국사 내용의 조정이 불가피하게 되어 추가로 수정·보완 작업이 진행되고 있는 중이다. 결국 이 책이 다룬 2007 개정 교육과정은 단명할 처지에 놓이게 되었다. 또한 2009 개정 교육과정을 포함하여 한국 역사 교육과정의 현재와 미래에 대해서 충분히 다룰 수 없음을 아쉽게 생각한다. 공동 연구의 성과를 극대화하기 위해 계획 단계부터 연구의 필요성 및 목적을 공유하였으며, 비교연구 방법, 내용 분석틀 등을 공동 협의 하에 설정하였다. 또한 연구가 진행되는 시점에서 연구 자문 역할을 담당한 한일역사공동연구위원회 교과서분과 이찬희·정재정·정진성·김도형·현명철·신주백 연구위원과 함께 공동 세미나를 개최하여 교육과정 시기별 변화분석 내용을 검토하였고, 최종 보고서를 마무리하는 시점에서는 공동 연구진과 연구 자문진이 한·일간 학교급별로 역사과 교육과정을 비교, 검토함으로써 다양한 의견을 수렴, 정리하였다.

이 책은 6명의 연구자가 분담하여 집필하였다. II장 1절은 박진동, 2절은 권오현이 대표 집필하였다. III장 2절은 김정인, 3절은 김보림이 집필하였으며 1절은 공동으로 작성하였다. IV장 2절은 김민정, 3절은 박수철이 집필하였으며 1절은 공동으로 작성하였다. V장 2절은 박진동, 3절은 권오현이 집필하였으며 1절은 공동으로 작성하였다.

연구 범위와 분량이 방대하므로 제한된 연구 기간 내에서 충분한 연구를 진행하기에는 어려움이 적지 않았다. 하지만 연구의 목적을 달성하기 위해 최대한 노력하였다.

이 연구를 통해 기대되는 효과는 크게 다음과 같다.

첫째, 한국의 교육과정을 학교급별로 분석하고 종합적으로도 분석하는 연구를 통해서 한국의 역사교육이 어떤 배경, 편제, 내용, 방법으로 진행되어 온 과정을 파악하고 재평가할 수 있는 기초자료를 제공하며 향후 역사교육의 재정립을 위한 방향을 모색할 수 있다.

둘째, 일본의 교육과정을 학교급별로 분석하고 종합적으로도 분석하는 연구를 통해서 우리나라의 역사교육 전개와 유사하거나 다르게 진행된 일본의 역사교육을 이해하고, 한국과 일본의 역사교육을 비교·파악하는 기초 자료로 활용할 수 있다.

셋째, 한국과 일본의 역사 교육과정의 경험을 학교급별로 상호 비교하는 연구를 통해 각 시기별로 양국이 당면한 역사교육의 과제를 파악하고 이를 해결해 가는 과정을 분석함으로써 한일 상호간의 역사 인식에 대한 이해를 증진하고, 일본의 역사 왜곡에 효과적으로 대응할 수 있다.

# II. 한국과 일본의 역사과
교육과정 변천 비교

## 1. 한국 역사 교육과정의 변천

교육과정은 학교에서 이루어지는 교과학습 및 생활영역의 총체를 뜻하지만, 우리나라에서는 일반적으로 국가수준에서 제정한 교육과정 문서를 의미한다. 우리의 경우 교육과정 문서는 전통적으로 '국가수준 교육과정 문서→교과서 개발→현장 수업 실천'으로 이어지는 흐름에서 시발점이 되는 문서로 인식되어 왔다.[1]

한국의 교육과정 개정은 교수요목과 2007 개정 교육과정을 포함하면 크게 9차례 변화가 있었다.[2] 교육과정 문서 체제는 타일러의 견해를 따른 것으로 성격, 목표, 내용, 방법, 평가로 체계화되었다.[3] 교육과정의 변천과 역

---

1) 조영달 편, 2001≪교육과정의 정치학≫ (교육과학사, 서울) 137 ; 교육부, 1995 ≪고등학교 사회과 교육과정 해설≫ 2~6

2) 교수요목부터 3차 교육과정까지는 일정한 주기가 없이 국가적·사회적 요구에 따라 개정되었다. 4차부터 6차 교육과정까지는 대략 5년이 개정 주기로 인식되기도 하였으나, 7차 교육과정 이후 수시 개정을 표방하였고, 10년만에 2007년 교육과정 개정이 이루어졌고, 2009년에 연이은 개정이 있었다.

3) 최상훈, 2001 〈역사과 교육과정의 재고〉 ≪역사교육의 방향과 국사교육 - 윤세철교수 정년기념역사학 논총2≫ (솔, 서울) 170

사교육의 전개[4]는 매우 긴밀하므로 시기별로 주요 특징을 살펴본다.

## 가. 교수요목 : 1946년 적용

사회생활과의 신설이 교수요목의 큰 특징이었다. 사회생활과는 역사교육에 큰 영향을 주었을 뿐만 아니라, 교수요목에서 가장 중점이 두어진 교과였다. 또한 생활 중심의 교육을 통하여 민주주의 사회에 알맞은 시민의 양성, 즉 공동 생활에 있어 책임과 의무를 이행할 줄 아는 생활인을 양성하는 교과목이었다. 이는 미국 사회의 역사적, 경제적 변천 과정에서 나타나는 사회 문제를 적극적으로 해결할 수 있는 시민의 양성을 필요로 했던 미국식 교육관의 반영이었다.[5] 우리와 다른 경험에서 탄생한 교과의 도입에 따라 독립적인 역사교육이 불가능해지고, 공민, 역사, 지리로 나누어 가르치던 것을 사회생활과 편제에서 통합을 추구하게 되었다.[6] 하지만 역사교

---

4) 교육학계의 성과로는 유봉호, 1992 ≪한국교육과정사 연구≫ (교학연구사, 서울) ; 이경섭, 1997 ≪한국현대교육과정사 연구(상)≫ (교육과학사, 서울) ; 함종규, 2003 ≪한국교육과정변천사연구≫ (교육과학사, 서울) ; 교육과정·교과서연구회 편, 1990 ≪한국 교육과정의 변천-고등학교≫ (대한교과서, 서울) 등이 있다. 역사교육학계의 성과로는 윤종영, 1991 〈국사교육의 변천과 과제 -고등학교 교육과정을 중심으로-〉 ≪실학사상연구≫2 ; 김홍수, 1992 ≪한국역사교육사≫ (대한교과서주식회사, 서울) ; 류승렬, 1996 〈해방 후 교육과정 변천과 역사교과의 위치〉 ≪역사교육≫60 (역사교육연구회, 서울) ; 이경식, 1997 〈한국 근현대사회와 국사교과의 부침〉 ≪사회과학교육≫1 (서울대학교 사회교육연구소, 서울) ; 최상훈, 2001 〈역사과 교육과정의 재고〉 ≪역사교육의 방향과 국사교육 - 윤세철교수정년기념역사학논총2≫ (솔, 서울) ; 정선영·김한종·양호환·이영효, 2001 ≪역사교육의 이해≫ 9장 (삼지원, 서울) ; 이병희, 2001 〈중·고등학교 국사교육 편제와 내용의 계열화〉 ≪한국사론≫31 (국사편찬위원회, 과천) ; 강선주, 2006 〈해방 이후 역사 교육과정 개정을 둘러싼 쟁점〉 ≪역사교육≫97 (역사교육연구회, 서울) 등이 있다.

5) 이강훈, 2003 〈신국가건설기 '새교육운동'과 '생활교육'론〉 ≪역사교육≫88 (역사교육연구회, 서울)

6) 이 교수요목은 군정청 학무국 편수과가 담당하였다. 편수과는 1946년 12월에 문교부 편수국으로 개편되었다. 국민학교 교수요목은 1946년 12월, 중학교 교수요목은 1948년 12월에 발간되었다.
사회생활과 교수요목에 대한 연구로는 송춘영, 2000, 〈사회생활과 교수요목의 분석

육은 국민학교에서 국사 교육의 중요성과 대다수가 중등학교에 진학하지 못하는 현실 때문에 6학년에서 통사 체계의 국사교육이 이루어졌다. 중등 역사교육도 분과적으로 운영되었다.[7]

## 나. 제1차 교육과정 : 1955년 공포, 1956년 적용

교수요목이 미군정기에 제정되어 우리 실정에 맞지 않는다는 비판이 있어 개정을 추진하였다.[8] 6·25 전쟁을 겪으면서 지연되었다가 1954년 4월 20일에 문교부령 제35호로 각급 학교 교육 과정 시간 배당 기준을 공포하였고, 1955년 8월 1일 문교부령 44, 45, 46호로 국민학교, 중학교, 고등학교 교과과정을 공포하였다.[9] 이것이 한국 최초의 체계적인 교육과정으로서 차수를 부여한 1차 교육과정이다.

1차 교육과정에서 사회생활과는 지적 체계를 존중하는 '교과 중심 교육과정'의 특징과 '경험 중심 교육과정'을 지향하고 있어 교수요목의 연장선 상에 있다고 볼 수 있다. 반공·도덕 교육이 강화되어 '도의'라는 이름으로 사회생활과의 시간을 할애하여 시행된 것도 특징이었다.

국민학교 역사는 4, 5, 6학년에 걸쳐 편성되었고, 내용에서는 생활사와 문화 중심의 접근 방법을 취하였으며 세계사의 비중이 현저히 축소되었다. 중학교는 이웃나라 역사와 먼 나라 역사로 구분되었던 것을 세계사로 통합

---

적 연구〉《대구교육대학교 논문집》35 ; 박남수, 1999 〈초기 "사회생활과 교수요목"의 편성논리 - 저학년에 있어 '자연관찰'의 통합적 편성과 그 실천〉《사회과교육학연구》3 ; 박남수, 2004 〈사회생활과 교수요목의 편성 기반에 대한 연구-해방 직후의 초등공민의 분석을 중심으로-〉《초등교육연구》17-2 등이 있다.

7) 박진동, 2004 〈해방후 역사교과서 발행제도의 추이〉《역사교육》91, 27~30

8) 당시 문교부 편수국은 교수요목이 "해방 후 물밀 듯 흘러 들어온 그릇된 외래 사상이 범람하던 시절에 된 것으로" "우리 대한민국 국책에 적합하지 않은 것이 있다"고 인식하였다. [문교부 편수국, 1950 《편수시보》제1호, 6~8]

9) 문교부, 1955 《고등학교 및 사범학교 교과과정》, 머리말. 一. 본 각과 과정이 나오기까지

하여 국사와 세계사로 구분하는 편성이 시작되었다. 고등학교는 사회생활과라 하지 않고 사회과라 하여 중학교와 구분하였다. 또한 세계사는 실업학교를 위한 세계사 과정이 있어 교육과정상으로는 별도의 과정을 편성한 것도 특징이었다.

### 다. 제2차 교육과정 : 1963년 공포, 적용

문교부는 1958년부터 교육과정 개정에 대한 기초 조사를 하다가 4·19 혁명과 5·16 군사정변을 계기로 1963년 2월 15일에 2차 교육과정을 공포하였다(문교부령 119, 120, 121호).[10] 이념과 개념상에서 볼 때 '생활 중심 교육과정' 또는 '경험 중심 교육과정'이라고 부른다. 사회과 교육과정은 내용면에서는 자주성, 생산성, 유용성을 강조하고, 조직면에서는 합리성을, 운영면에서는 지역성을 강조하였다.[11] 초·중·고등학교 사회과 교육 목표에서 반공교육이 공식화되었다.[12] 한편 1968년 국민 교육 헌장 선포, 중학교 무시험 진학, 그리고 대학 입학 예비 고사제 실시에 따라 부분 개정이 있었다.[13] 2차 교육과정의 부분 개정은 남북한 사이의 역사적 정통성 경쟁이 격화되기 시작했음을 의미한다. 이에 따라 배타적인 역사인식에 바탕한 역사교육이 1960년대 후반 들어 강화되었다.[14] 우리나라의 우수성과 애국

---

10) 함종규, 2003 《앞 책》 273 ; 김한종 외, 2005 《한국근현대사 교육론》(선인, 서울) 51

11) 교육과정 (문교부령 제121호, 1963. 2. 15 공포)

12) 이신철, 2006 〈국사 교과서 정치도구화의 역사〉 《역사교육》97, 189

13) 사회에서 부분 개정의 대상은 중학교 2학년의 역사 부분이었다. 개정의 이유는 국사와 세계사가 혼합하여 다루어져 국사의 체계적인 교수·학습이 곤란하고, 우리의 전통적 민족문화와 민족적 긍지 확립에 미흡한 점이 있어 우선적으로 개정하였다고 한다. 그 내용은 다음과 같다. ① 2학년 학년목표에서 국사교육을 강화할 수 있도록 하였으며, ② 국사 부분을 세계사와 분리하여 구체적, 체계적으로 지도할 수 있게 하고, ③ 세계 속의 한국을 인식토록 세계와의 관련을 깊이 하고, ④ 국민교육헌장의 이념을 반영하였다. [함종규, 2003 《앞 책》 350~353]

심을 강조한 것이 특징이었고, 중학교 2학년 사회 II 에서 국사와 세계사를 통합하여 구성한 것도 큰 변화였다. 하지만 1969년 부분 개정부터 국사와 세계사는 다시 분리되었다.[15]

### 라. 제3차 교육과정 : 초·중 1973년, 고 1974년 공포 적용

1968년 발표된 국민교육헌장은 1990년대 중반까지 한국 교육의 지표가 되었다. 정치적으로 1972년에 유신 체제를 구축되었으며, 학문적으로는 생활 중심 교육과정이 쇠퇴하고 학문 중심 교육과정이 제기되었다. 문교부는 1971년부터 교육과정 개편을 준비하여 국민학교 교육과정은 1973년 2월, 중학교 교육과정은 8월에 공포하였고, 도덕, 국어, 국사는 1974년 3월 1일부터 시행하였다. 고등학교 교육과정은 1974년 12월 31일에 공포하였다.[16]

3차 교육과정은 국적있는 교육의 강화와 학문 중심 접근 방식을 취하였다. 교수 방법면에서는 탐구학습을 강조하였다.[17] 한국적 현실과 국가 정책적 의지가 강조된 것이 특징이다. 국사교육에서 구석기 시대의 문제, 청동기 시대의 문제, 그리고 실학을 비롯한 조선 후기의 사회·경제적인 면의 연구 성과 등이 반영되기 시작하였다.[18]

국사는 초, 중, 고등학교뿐만 아니라 대학교육까지 필수화되었으며, 교과서가 국정으로 발행되어 크게 변화하였다.[19] 국민학교 한국사는 5, 6학

---

14) 신주백, 2005 〈국민교육헌장 이념의 구현과 국사 및 도덕과 교육과정의 개편(1968-1994)〉 《역사문제연구》15, 217

15) 이정인, 1970 〈역사과 교육과정〉 《역사교육》13, 125 ; 이정인, 1981 〈중고등학교 세계사 교육과정의 변천과 배경〉 《역사교육》29, 164~165

16) 김흥수, 1992 《앞 책》 246~247

17) 문교부, 1990 《편수자료》 I, 27

18) 김흥수, 1992 《앞 책》 242~245

년을 통해 별도의 교과서로 배우게 하였다. 5학년은 조상 생활의 여러 측면을 다루었고, 6학년은 시간순의 통사 구성이었다. 중, 고등학교 역사교육도 주체적인 민족사관에 입각하여 국사교육의 체계화를 도모하였으며 근현대사의 비중도 증가하였다. 초등학교-생활사, 중학교-정치사, 고등학교-문화사라는 국사교육의 계열성이 이 때 제시되었다.

### 마. 제4차 교육과정 : 1981년 고시, 1982년 적용

3차 교육과정은 지적 학습의 강조 때문에 정의적인 학습이 상대적으로 소홀하며, 교육 내용이 고루 지도되지 못한다는 비판이 있었다. 교육의 인간화 문제가 제기되었고 미래 사회에 대비하는 교육에 대한 요구가 대두되어 1981년 12월에 4차 교육과정이 발표되었다.[20] 4차 교육과정은 미래 사회를 민주 사회, 고도 산업 사회, 건전한 사회 문화, 통일된 조국으로 전망하였고, 이에 따라 기대되는 인간상으로 건강한 사람, 심미적인 사람, 능력 있는 사람, 도덕적인 사람, 자주적인 사람으로 설정하고 이에 걸맞는 인간을 길러내는 교육을 구상하였다.[21]

4차 교육과정부터 교과 통합의 움직임이 본격화되었다. 국사는 독립교과였지만, 세계사는 중학교에서 지리 또는 일반사회 내용과 합쳐지게 되었다. 초등 역사교육은 3, 4, 5학년에서 개념 및 생활사 중심으로 다루었으며, 6학년에서는 통사 구조였는데, 근현대사 내용이 대폭 증대되었다. 중학교

---

19) 윤종영, 1991 〈앞 논문〉 179 ; 함종규, 2003 《앞 책》 279~281 ; 차미희, 2006 〈중등 국사교육의 내용 변천에 대한 연구〉(고려대학교 박사학위논문) 21~34 ; 윤종영, 2000 〈국사교과서의 새모형 탐색〉 《석보정명호교수 정년퇴임기념논 총》 899 ; 조미영, 2006 〈해방 후 국사교과의 사회과화와 '국사과'의 치폐〉 《역사교육》98, 52~56

20) 문교부, 1990 《편수자료》 I, 39

21) 최병모, 1992 〈사회과 교육과정 개발의 체제적 접근〉 (한국교원대학교 박사학위논문), 135

는 정치사 중심, 고등학교는 사회·경제·문화 중심이라는 계열성을 제시하였으나, 실제 교과서는 내용 중복이 많았다.

### 바. 제5차 교육과정 : 1987년

5차 교육과정은 1985년 3월 발족한 교육개혁심의회가 제시한 '21세기를 주도할 주체적이고 창의적이며 도덕적인 한국인상 창조'라는 교육개혁의 기본 방향에서 영향을 받았다. 중학교는 1987년 3월, 국민학교는 1987년 6월, 고등학교는 1988년 3월에 고시되었다. 국민학교 1, 2, 3학년이 1989년부터, 4, 5, 6학년은 1990년부터, 중학교는 1989년 신입생부터 고등학교는 1990년 신입생부터 시행하였다.[22]

교육과정의 목표는 21세기를 주도할 자주적이고 창조적이며 도덕적인 한국인을 기르는데 있었다.[23] 교육과정 개정은 부분 수정에서 출발하였으나 결과적으로 대폭 개정되었다. 교육과정의 적정화, 교육과정의 내실화, 교육과정의 지역화 방침을 따랐다. 특히 '지역화'와 '효율화' '정보화'를 강조한 점이 특징이었다.

초등 역사는 3, 4, 5, 6학년에 구성되었는데, 특히 5학년은 생활사, 6학년은 근대사를 중심으로 하였다. 계열성을 분명히 하기 위해서 중학교는 중단원 체제, 시대사 체제, 분류사 체제를 제시하고 시대별 중심 개념으로 단원을 조직하였다. 반면에 고등학교는 시대 개념을 내세우고 시대 속에서의 전환, 정치, 사회경제, 문화를 분류사 체제로 구성하여 차별성이 분명히 드러나게 되었다.

---

22) 함종규, 2003 《앞 책》 554

23) 5차 교육과정을 "개정·고시하지 않을 수 없었던 것은 명분보다도 학교에서 사용중인 교과서의 사용기간이 5~7년을 넘을 수 없다는 행정상의 이유가 교육과정 개정을 서두르게 했다"는 측면이 있었다. [함종규, 2003 《앞 책》 546]

## 사. 제6차 교육과정 : 1992년 고시, 초 · 중 1995년 적용 고 1996년 적용

2000년대 한국사회는 정치적으로 민주화되고, 경제적으로는 고도 산업화로 되어 국민의 문화 및 복지 수준이 높고, 국제적으로는 개방화되고, 남북통일의 여건도 성숙될 것으로 전망되어, 이에 적절히 대응할 수 있는 교육과정이 필요하였다.

6차 교육과정은, 민주주의와 공동체의식에 역점을 두는 교육, 변화에 대하여 창조적으로 적응할 수 있는 능력을 배양하는 교육, 보편성과 특수성의 조화를 추구하는 교육, 학습자의 경험세계가 중시되는 교육에 초점을 맞추어 개정작업이 이루어졌다. 그 결과 6차 교육과정은 통일 교육, 양성 평등 교육, 정보화 교육, 환경 교육, 세계화 교육이 강조되고, 교육과정이 교육 주체에 따라 분권화 되었다.[24)]

국민학교 사회과는 내용적으로 5차 교육과정과 거의 동일하였고, 중학교 역사도 학년 배정과 시수에서 이전과 동일하였다. 고등학교 사회과에서는 공통사회가 등장한 것이 특색이었다. 중등 역사의 큰 변화는 독립 교과였던 국사과가 폐지되고 사회과에 포함된 점이었다. 이와 같은 사회과 통합의 강화는 뚜렷한 이론적 근거나 통합교과목에 대한 구체적인 구상이 없이 추진되었기 때문에 많은 비판을 받았다.[25)] 6차 교육과정 개정과 관련해서 1994년에 국사교과서 준거안을 새롭게 작성하였다. 이 때 한국 근현대사 내용과 성격을 둘러싼 사회적 논란이 일어나기도 했다.[26)]

---

24) 한국교과서연구재단, 2000 ≪한국 편수사 연구( I )≫ 20~21
25) 정선영 외, 2001 ≪역사교육의 이해≫ (삼지원, 서울) 296
26) 김한종 외, 2005 ≪앞 책≫ 66~67

아. 제7차 교육과정 : 1997년 고시, 초 2000년,
　　　　　　　　　　 중 2001년, 고 20002년 적용

　7차 교육과정은 6차 교육과정이 적용되기도 전인 1994년부터 재개정의
필요성이 제기되어 1997년에 고시되었다. 그 특징은 첫째, 교육개혁위원회
가 교육과정의 개정을 발의하고 기본 골격까지도 제안하였다. 둘째, 공급
자 중심의 교육 패러다임을 수요자 · 학습자 중심의 교육 패러다임으로 전
환하였고, 수요자 · 학습자 중심을 위하여 수준별 교육과정, 선택 중심 교
육과정, 재량 활동 등을 강조하였다. 셋째, 급속한 사회 민주화의 진전으로
교육 이해 관계 집단의 관여가 커졌다.[27]

　7차 교육과정은 국민공통 기본 교육과정과 선택중심 과정을 구분하여
편성하였다.[28] 초등학교 역사는 3, 4, 5학년의 내용은 이전과 대동소이하
며, 6학년의 경우에는 두 단원으로 나누어 1단원은 조선전기까지 서술하고
2단원은 조선후기 이후 현대사까지 다루었다. 중학교 국사는 종전에 비해
1시간이 줄었다. 또한 '인간사회와 역사' 단원이 신설해서 역사학습의 길
잡이 역할을 하게 하였다.[29] 고등학교 역사는 고등학교 1학년 국민공통 기
본교육과정에 국사 과목이 배정되고 2, 3학년 심화선택과목으로 한국 근 ·
현대사와 세계사 과목이 설정되었다. 또한 일반선택과목으로 '인간사회와
환경'이 신설되어 역사, 지리, 일반사회 내용을 통합적으로 다루도록 하였
다. 국민공통 기본과정에서 중학교 국사와 고등학교 국사의 계열화를 위해
서 고등학교 국사는 전근대사를 중심으로 전면적인 분류사적 체제를 도입
하였다. 고등학교 세계사는 강대국 중심의 역사를 지양하고 전지구촌적 역
사의 구성이라는 취지 아래 약소국의 역사가 보완되었다.[30] 문제는 선택과

---

27) 교육인적자원부, 2004 ≪제7차 교육과정 백서≫ 15
28) 한국교과서연구재단, 2000 ≪앞 책≫ 21~23
29) 정선영 외, 2001 ≪앞 책≫ 300~302

목인 한국 근·현대사를 이수하지 않을 경우 한국 근현대사를 제대로 공부하지 못하게 된 구조에 있었다. 이 때문에 고등학교 국사에 근현대사 내용을 보완하여 부분 개정이 이루어졌다.

### 자. 2007년 개정 교육과정 : 1997년 고시, 초 2009년, 중 2010년, 고 2011년 적용

2007년 개정 교육과정은 7차 교육과정후 사회·문화적 변화를 반영하지 못하였고, 국가 경쟁력의 기초 형성 및 주변국의 역사 왜곡에 능동적으로 대처하기 위해 과학·역사교육 강화가 필요하였으며,[31] 7차 교육과정 적용상의 문제점 및 교과 교육내용의 개선 및 주5일 수업제 월2회 실시에 따른 수업시수의 일부 조정이 필요한 것이 개정 배경이었다.[32] 개정 교육과정은 2007년 2월 28일 고시되었으며, 2009년 초등학교 1, 2학년, 2010년 중학교 1학년, 2011년 고등학교 1학년부터 적용될 예정이다.

2007년 개정 교육과정은 7차 교육과정의 기본 철학 및 체제를 유지하였으므로 큰 골격이 바뀌지 않았다. 하지만 선택과정에서 일반 선택과 심화선택의 구분이 없어졌으며, 역사교육 강화 방침에 의하여 역사가 중, 고등학교에서 과목 독립을 이루었고, 고등학교 1학년의 시수가 1시간 증대되었으며, 선택과목이 2개에서 3개로 증가하는 등 역사교육에서는 큰 변화가 발생하였다.[33]

---

30) 정선영 외, 2001 《앞 책》 300~302

31) 교육과정 개정이 진행되는 가운데 역사학계와 역사교육계는 역사과 독립을 요구하였다. 중국과 일본의 역사왜곡을 계기로 국민의 관심도 증대되었다. 2005년 교육부총리 자문기구인 국사교육발전위원회는 역사교육 강화를 건의하였으며, 국회도 2005년과 2006년에 역사교육강화를 촉구하였다. 이에 정부는 2006년 12월 26일 역사교육강화방안을 발표하기에 이르렀다. 이어서 국정이던 중, 고등학교 역사 교과서를 검정으로 전환하기에 이르렀다.

32) 교육인적자원부, 2007 《'2007년 개정 교육과정' 개요》 1

초등학교 역사는 역사교육 강화라는 개정 방향에 따라 한국사가 한 학기에서 한 학년으로 증가하였고 6학년에서 5학년으로 이동하였다. 즉, 초등 3학년에 통합 사회를 학습하고 5학년에서 한국사 내용을 집중 학습하도록 변화하였다.[34] 중학교 역사는 과목으로 독립되어 독자적인 편제와 내용 체제를 갖추게 되었다. 또한 한국사 내용과 세계사 내용이 결합되어 편성되었다. 고등학교 역사는 고등학교 1학년에서 한국사와 세계사 내용이 결합되었다. 선택과목은 한국 문화사, 세계 역사의 이해, 동아시아사가 신설되었다.

그런데 2007 개정 교육과정에 이어서 2009 개정 교육과정이 고시되었다. 이수 교과목 수를 축소하고 창의적 체험활동 도입, 교육과정 자율권 확대 등이 공통적인 방향이었으나 역사교육과 관련하여 중요한 변경이 이루어졌다. 즉, 공통 교육과정이 10학년까지에서 9학년까지로 조정됨으로써 고등학교에서는 필수 이수 과목이 사라지고 모두 선택 과목이 되었다. 선택 과목의 수도 축소됨에 따라 2007 개정 교육과정에서 신설되었던 한국 문화사가 폐지되고, 10학년 역사는 한국사, 세계 역사의 이해는 세계사로 과목명이 변경되었다. 이로써 고등학교 선택 과목은 한국사, 동아시아가, 세계사로 되었다. 이에 따라 8, 9 학년 중학교 역사와 고등학교 한국사의 연계성이 흐트러져 이를 수정 · 보완하는 내용 개정이 이루어질 예정이다. 이 책에서는 이러한 변화 내용을 충분히 다루지 못한만큼 2007 개정 교육과정에 대한 이 책의 서술은 제한적으로 활용될 수밖에 없게 되었음을 밝혀 둔다.

---

33) 교육인적자원부, 2007 ≪위 책≫ 1
34) 교육인적자원부, 2007 ≪사회과 교육과정≫ 3

## 2. 일본 역사 학습지도요령의 변천

일본의 학습지도요령은 한국의 국가 수준 교육과정에 해당하며, 교과서의 편집 기준이 되는 것이다. 일본 정부는 학습지도요령을 작성·고시함으로써 각급 학교 교육의 방향과 내용을 제시하고 통제한다. 학습지도요령은 사실상 법률적 기준이 되고 있다. 역사 교육 분야도 예외가 아니다.

### 가. 1947년판 학습지도요령(시안)

1947년 3월 31일 일본 교육의 기본 원칙을 규정한 교육기본법과 함께, 6·3·3·4제의 신 학제를 근간으로 하는 학교교육법이 공포되었다. 이에 따라 1947년도부터 9년간의 의무교육 학교로서 소학교와 중학교가 새롭게 발족하고, 신제 고등학교는 1948년도부터 시작되었다. 신 학제의 발족과 함께 문부성은 1947년 3월 20일 ≪학습지도요령 일반편(시안)≫을 발행하였다. 여기서 가장 주목되는 것은 사회과의 신설이다. 사회과는 종래의 수신, 공민, 지리, 역사 등의 내용을 융합하여 그것들을 대신한 새로운 교과로 등장한 것이다. 사회과의 발족에 따라 원칙적으로 역사는 사회과의 일부로 학습하게 되었다.

소학교의 경우, 역사의 내용을 사회과의 융합된 단원 중에서 배우게 되었다. 하지만 중학교에서는 사회과와는 별도로 국사를 필수 교과로 지정하였다. 고등학교의 경우, 사회과의 선택 과목으로 동양사와 서양사가 설치되었다. 중학교와는 달리 고등학교에서는 일본사를 학습하지 않게 된 것이다. 중학교의 국사가 사회과와는 별도의 교과로 설치된 이유는 문부성 내에 역사 교과 독립을 강하게 주장하는 목소리가 있었기 때문이다. 이 세력들의 역사교육 인식은 이후에도 이어지게 되며, 현재도 제기되고 있는 역사교육 독립론의 원형이 되고 있다.

1947년 5월 5일에는 소학교용의 ≪학습지도요령 사회과편 I (시안)≫, 1947년 6월 22일에는 제7학년부터 제10학년용의 ≪학습지도요령 사회과편 II (시안)≫이 발행되었다. 고등학교용의 경우, 1947년 7월 16일 ≪학습지도요령 동양사편(시안)≫, 이어서 1947년 10월 4일 ≪학습지도요령 서양사편(시안)≫이 발행되었다. 중학교 국사의 경우, 애당초 학습지도요령의 작성 계획은 세워져 있었지만 결국은 완성하지 못하였다.[35] 소학교의 경우 학습지도요령을 실제 현장에 적용하였을 때 발생한 문제점이나 의문 등에 대해 해설한 ≪소학교 사회과 학습지도요령(보설)≫(1948년 9월 15일)이 만들어졌다. 실제 사회과 수업은 소·중학교의 경우 1947년 9월부터, 고등학교는 다음 해인 1948년 4월부터 개시하였다.


### 나. 1951년판 학습지도요령[36](시안)

1951년판 학습지도요령은 기본적으로 서둘러 만든 1947년판 학습지도요령의 체제를 정비하고 문제점을 수정한 것이다. 따라서 1951년판은 초기 사회과의 완성판이라는 평가를 받고 있다.[37] 교과의 구조상 소학교 사회과는 종래와 큰 변화가 없다. 중학교는 독립 교과였던 국사가 사회과에 흡수되어 일본사로 명칭이 바뀐 것이 큰 변화이다. 고등학교의 경우 새롭게 세계사와 일본사의 과목이 설치되었다.

---

35) 片上宗二, 1993 ≪日本社會会科成立史研究≫(風間書房, 東京), 667

36) 고등학교 사회과의 경우 학습지도요령이 발행된 것은 1952년 3월 20일이다. 따라서 1952년판 학습지도요령이라 할 수 있지만, 사회과 일반편을 비롯한 다른 교과의 학습지도요령이 1951년에 발행되었으므로 일반적으로 1951년판이라 불린다.

37) 1951년판 학습지도요령의 개정은 1949년 7월 18일에 설치된 교육과정심의회의 심의를 거쳐 이루어졌다. 이후부터 학습지도요령의 개정은 교육과정심의회의 심의를 거쳐 그 답신에 따라 이루어지는 관행이 확립되었다.

먼저, 소학교의 사회과 학습지도요령은 1951년 7월 10일 개정되었다. 중학교와 고등학교는 다소 복잡하다. 1948년 10월 11일 문부성은 〈신제 고등학교 교과과정의 개정에 대하여〉라는 통달을 통해 1949학년도부터 고등학교 사회과의 선택 과목인 동양사와 서양사를 없애고, 그 대신에 국사(뒤에 일본사로 개칭)와 세계사를 설치한다고 서둘러 발표하였다. 고등학교의 교과과정을 먼저 개정한 이유는 문부성 내 국사 교육 실시를 주장하는 그룹의 의사가 반영되었기 때문이라고 추측할 수 있다. 아울러 신제 고등학교의 교육과정에서 일본사가 설치되지 않은 것에 대해 역사 교사나 대학의 역사학자들 사이에서 강한 불만이 제기되었기 때문이다.[38]

한편, 세계사의 신설은 일본사의 도입에 따른 불가피한 조치라 할 수 있다. 동양사와 서양사를 그대로 두고 일본사를 설치할 경우, 사회과의 과목 수가 너무 많아지고 지리와 역사의 과목 수가 불균형이 심해진다는 문제가 있었다. 이외에도 당시 동양사의 선택률이 저하하고 있던 것도 한 요인이었다.[39]

일본사와 세계사가 설치되어 1949년 4월 신학기부터 그 수업이 개시하게 되었지만, 1949년 말에 나올 예정이던 학습지도요령은 1952년 3월 20일에야 발행되었다. 이에 따른 교육 현장의 혼란을 피하기 위해 문부성은 1949년 4월 21일 〈고등학교 사회과 일본사, 세계사의 학습 지도에 대해서〉라는 통첩을 통해 일본사와 세계사 수업에서 지도상의 유의점을 제시하였다.

이어서 문부성은 1951년 12월 1일 중등학교 사회과 학습지도요령의 총론 격에 해당하는 ≪중학교 고등학교 학습지도요령 사회과편 I -중등사회과와 그 지도법(시안)≫을 간행하였다. 이것은 1947년판 ≪학습지도요령

---

38) 茨木智志, 1987 〈成立過程における世界史教育の特殊性について〉 ≪筑波社會科研究≫ 6, 15

39) 茨木智志, 1987 〈위 논문〉 15

사회과편Ⅱ(시안)≫의 제1장 서론을 확대한 것으로 중등 사회과 지도법의
성격이 강한 것이었다.

한편, 1952년 2월 20일에는 ≪중학교 고등학교 학습지도요령 사회과편
Ⅲ (c) 인문지리(시안)≫, 같은 해 3월 20일에는 ≪중학교 고등학교 학습지
도요령 사회과편Ⅲ (a)일본사, (b)세계사(시안)≫, 같은 해 10월 20일에는
≪중학교 고등학교 학습지도요령 사회과편Ⅱ 일반사회과(중학1년-고등학
교1년, 중학교 일본사를 포함)(시안)≫이 발행됨으로써 사회과 전체의 학
습지도요령 개정 작업이 완료되었다.


## 다. 1955년 · 1956년판 학습지도요령

1952년 4월 28일 샌프란시스코 강화조약의 발효에 따라 연합국총사령부
의 간접 지배에서 일본은 독립하게 되었다. 독립과 함께 교육 분야에서도
점령 하의 급격한 개혁에 대한 비판이 제기되었다. 당시 심화되고 있던 미
소 대립의 냉전 체제 하에서 안보 체제 구축과 재군비의 토대를 만들기 위
한 애국심의 함양과 도덕 교육의 진흥이 교육의 긴급한 과제로 떠올랐다.
특히 문제가 된 것은 사회과였다. 신교육의 실시와 함께 도덕 교육이 사회
과의 일환으로 취급되고 있었고, 애국심 함양을 위해서는 역사와 지리 등
의 과목에 대한 재검토가 필요했기 때문이다.

1952년 12월 19일 문부성은 교육과정심의회에 〈사회과의 개선, 특히 도
덕교육, 지리 · 역사교육에 대해〉 자문하였다. 교육과정심의회는 1953년 8
월 7일 답신을 발표하여 사회과의 존속을 전제로 하여 계통적 학습 강화,
도덕 교육 강화, 고등학교 사회과의 필수 확대 및 새로운 과목 설치 등을
요청하고 있다. 특히 중학교의 경우 3분야제가 처음으로 등장하였고, 일본
사가 중시되고 있다.

이 답신에 근거해 문부성은 1955년 12월 학습지도요령의 일부 개정을

단행하였다.[40] 이 때 개정된 것은 사회과와 고등학교 학습지도요령 일반편 뿐이다.[41] 후자의 경우 종래의 총합제 교육과정을 유형(코스)제로 바꾸기 위한 개정이었다.

### 라. 1958년 · 1960년판 학습지도요령

애국심 함양과 도덕 교육 진흥을 위해 시급하였던 사회과 학습지도요령의 개정을 마친 문부성은 1958년에는 학습지도요령의 전면 개정을 단행하였다. 이 개정은 소위 편향 교육 문제에 대응한 교육 내용과 방법에 대한 국가 통제 강화, 고도 경제 성장기를 맞이한 경제계의 교육 요구 등을 충실히 반영한 것이었다. 1958년도 학습지도요령부터 정식으로 "시안"의 글자가 삭제되고 문부성 고시의 형식으로 발표하여 법적 구속력이 강화되었다.

학습지도요령의 개정에 앞서 교육과정심의회는 〈소학교 · 중학교교육과정의 개선에 대해〉(1958년 3월 15일), 〈고등학교 교육과정 개선에 대해〉(1960년 3월 31일)란 2가지 답신을 발표하고 있다. 먼저 전자는 도덕과의 관련 강화, 역사 · 지리의 기초 학력 중시, 중학교 사회과의 계통적 학습 강화, 애국심의 함양 등을 강조하고 있다. 후자의 경우도 고등학교에서 도덕 교육 강화, 기초 학력 충실, 계통적 학습 중시 등이 강조되고 있다. 아울러 교양 교육의 강화를 위해 세계사와 지리의 선택 과목을 이원화하고 있는 것이 특색이다

이러한 답신을 토대로 하여 소학교 학습지도요령과 중학교 학습지도요

---

40) 이때부터 학습지도요령에서 '시안'이란 글자가 삭제되어, 교사들의 실천에 참고가 되는 안내서라는 성격에서 벗어나 법적 구속성을 가지게 되었다.

41) 소학교 사회과의 경우 학습지도요령이 1955년 12월 10일 발행되었고, 중학교는 1956년 2월 10일, 고등학교 사회과는 1955년 12월 23일 발행되었다. 하지만 소학교와 중학교는 1955년판이라 하고, 고등학교는 1956년판이라고 한다. 그 이유는 개정된 고등학교 학습지도요령의 일반편이 1956년판으로 표기되어 있어 양자의 통일을 기하기 위한 것이라 생각된다.

령은 1958년 10월 1일, 고등학교의 경우는 1960년 11월 1일 개정되어 각각 문부성 고시의 형식으로 발표되었다. 학습지도요령의 실시 시기는 소학교는 1961년도, 중학교는 1962년도부터이며, 고등학교의 경우는 1963년도의 1학년부터 적용되었다. 그리고 학습지도요령의 형식도 예전에는 일반편과 각 교과편을 분리하여 분책으로 제시하였으나, 이때부터는 한 권으로 합쳐 발행하고 있다.

## 마. 1968년 · 1969년 · 1970년판 학습지도요령

학습지도요령 해설에서는 개정 배경에 대해 과학 기술의 비약적 발달, 산업 · 경제의 고도성장과 생활 수준 상승, 교육과 문화의 보급 등에 따른 대중 사회 · 정보화 사회의 등장, 국제 관계 확대와 국제 교류 증가, 세계에서 일본의 지위 변화, 진학률 상승에 따른 학생 능력 · 적성 · 진로 등의 현저한 다양화 등의 요인을 들고 있다.[42] 하지만 그것만으로는 설명이 부족하다. 능력주의에 입각한 경제계의 교육 개혁 요구 본격화, 국가주의의 고조와 교육의 국가 통제 강화, 교육 내용의 현대화 운동 등이 중요한 요인으로 작용하고 있기 때문이다.

교육과정심의회의 심의 결과, 먼저 〈소학교의 교육과정 개선에 대해〉(1967년 10월 30일)라는 답신이 발표되었다. 목표의 공민적 자질 강조, 역사 학습의 신화 등장 등 국가주의적 색채가 강화되고 있으며, 기본적 사항의 정선, 발달 단계에 맞춘 내용의 재편성 등 학문 중심 교육과정 사조의 영향이 엿보인다.

이어서 〈중학교의 교육과정 개선에 대해〉(1968년 6월 6일) 라는 답신이 발표되었는데, 중학교도 국가주의적 색채가 짙어지고 있다. 예를 들면, 목

---

42) 文部省, 1972《高等學校學習指導要領解說社會編》(大阪書籍株式會社, 大阪) 2-3

표에서 국가 형성자의 자질 배양, 국토 인식이나 국가 공민의 기초 교양 육성, 역사에서 국민으로서의 자각과 자부심 함양, 세계에서 일본 지위의 향상 등이 강조되고 있다. 그와 함께 기초·기본적 사항의 이해와 재구성, 역사적 사고력과 학습 능력의 육성 등 학문 중심 교육과정의 영향이 반영되었다.

한편, 〈고등학교 교육과정의 개선에 대해〉(1969년 9월 30일)라는 답신에서는 먼저, 고등학교 사회과에서 세계사A와 세계사B의 구별을 없애 세계사로 하고, 이수 과목수도 5개에서 4개로 줄일 것을 제안하고 있다. 일본사의 경우 국가주의 색채의 강화를 반영하여 일본 문화에 대한 인식을 통한 국민적 자각의 육성이 강조되고 있고, 주제 학습의 도입을 제안하고 있는 것이 특징이다. 세계사 역시 일본의 위치나 일본인의 자각 등이 강조되어 국가주의적 색채를 엿볼 수 있으며, 문화권 학습과 주제 학습의 강화가 제안되고 있다.

문부성은 이 답신을 바탕으로 바로 개정에 착수하였다. 개정된 학습지도요령은 소학교는 1968년 7월 11일, 중학교는 1969년 4월 14일, 고등학교는 1970년 10월 15일 고시되었다. 소학교는 1971년도, 중학교는 1972년도에 실시되었고, 고등학교는 1973년에 1학년부터 연차적으로 적용되었다.


## 바. 1977년·1978년판 학습지도요령

1970년대 들어 일본의 고도경제 성장이 종결되어 경제 대국의 위상을 굳히면서 안정 성장 시기로 접어들자 사회의 보수화 경향이 강화되었다. 1972년 고등학교 진학률은 90%를 넘어섰고, 안정된 생활을 위한 수단으로 교육의 중요성이 인식되면서 입시 경쟁도 본격화되었다. 아울러 교육의 현대화 사조를 반영한 당시의 학습지도요령은 학습 내용의 과다와 지나치게 높은 수준으로 인해 전국적인 학력 저하 현상과 함께 부진아의 대량 발생 등의 문제를 야기하였다. 이에 따라 학교 생활에 적응하지 못한 학생들에 의한 비행과 교내 폭력 등이 증가하면서 교육 황폐라고 불리는 현상까지 발생하였다. 교육에 대한 위기 의식이 높아지는 가운데, 1970년대 새롭게 등장한 교육의 인간화 사조와 인간 중심 교육과정은 학문 중심 교육과정의 대안으로 받아들여졌다.

1973년 11월 문부성은 교육과정심의회에 〈소학교, 중학교 및 고등학교의 교육과정 개선에 대하여〉 자문을 하여, 1976년 12월 18일 〈소학교, 중학교 및 고등학교의 교육과정 기준에 대해〉라는 답신이 발표되었다. 사회과 개편의 기본 방침에는 국민적 자각의 강화, 인간화 사조의 반영, 국제화의 대응, 환경과 자원 등 현대적 과제의 대응 등과 같은 특색이 엿보인다. 이를 반영해 소학교의 역사 학습에서는 전통의 존중이 강조되고, 중학교의 역사적 분야는 세계사 관련 내용과 20세기 역사의 내용을 정비하고 있다. 고등학교의 일본사와 세계사는 종래의 중점을 보다 강화하는 방향을 제안하고 있다. 일본사는 문화의 총합적 학습과 함께 지방사와 주제 학습이, 세계사는 문화권 학습과 주제 학습이 보다 강화되고 있다. 아울러, 학습자의 지유 편중의 문제점을 극복하기 위한 방안으로 자발적인 학습 활동을 강조하고 있는 것은 중요한 변화이자 특징이라 할 수 있다.

이 답신을 반영해 개정된 학습지도요령은 소학교와 중학교가 1977년 7월 23일, 고등학교가 1978년 8월 30일 고시되었다. 실시 시기는 소학교는 1980년, 중학교는 1981년이며, 고등학교는 1982년도부터 1학년부터 적용되었다. 개정 고시된 학습지도요령의 특색은 "여유와 충실"이란 말로 요약된다. 충실한 학교 생활을 실현하기 위해 각 교과의 지도 내용을 정선하고 수업 시수를 과감하게 삭감하였기 때문이다. 교과 수업 시수는 삭감하는 대신, 지역이나 학교의 실태에 따라 활용할 수 있는 시간을 늘려 여유를 갖고 창의적인 교육 활동이 가능하게 하였다.

## 사. 1989년판 학습지도요령

1980년대 들어 일본 정부는 당시 미국 레이건 정부의 반소·반공 정책에 적극 동조하여 군사대국화를 추진하는 가운데, 이를 뒷받침하기 위한 신국가주의 이데올로기의 보급에 노력하였다. 개인의 권리보다는 운명공동체로서의 국가를 더욱 강조하는 신국가주의의 보급에는 천황과 일본적인 제 가치들이 이용되었다. 1982년 문부성의 역사 교과서 검정 개입 사건은 그와 같은 배경에서 발생하였다.

이런 가운데 일본은 물질적인 풍요와 함께, 국제화, 정보화, 가치관의 다양화, 핵가족화, 고령화 등 큰 사회적 변화를 맞이하게 되었다. 교육에서는 핵가족화와 도시화에 따른 사회적 연대 의식의 상실, 가정의 교육력 저하 등이 심화되고, 제2차 베이비붐에 의한 과대 규모 학교의 증가, 수험 경쟁의 저연령화 등 교육 환경이 악화되었다. 청소년 비행이 크게 늘어나고 등교 거부, 이지메 현상, 교내 폭력 등이 큰 사회 문제로 등장하였다.

교육과정심의회는 중앙교육심의회와 임시교육위원회의 제언 등을 바탕으로 1987년 12월 24일 〈유치원, 소학교, 중학교 및 고등학교의 교육과정 기준 개선에 대해〉 답신을 발표하였다. 답신 중 사회과의 개선 방안에서 특히 주목되는 것은 소학교 1, 2학년의 생활과와 고등학교의 지력과 및 공민과를 신설하도록 제안하고 있는 점이다. 이것은 사회과가 소학교 3학년부터 중학교 3학년까지로 축소된다는 것을 의미한다. 그 이유로는 총합적 학습에서 전문적 계통적 학습으로 발전하도록 내용의 재구성을 도모한다는 것, 특히 고등학교의 경우 과목의 전문성을 강화하고 국제 사회에 살아가는 일본인으로서 필요한 자질을 육성한다는 것을 들고 있다. 하지만 본래 의도는 국가주의 교육의 강화에 있었다. 국제 사회에 살아가는 일본인의 자질 육성을 강조한 것은 일본 문화와 전통의 강조, 국기·국가의 의의에 대한 이해 및 존중의 태도 육성, 역사 학습의 인물과 문화유산 중시 등과 함께 신국가주의적 이데올로기의 보급을 의도한 것이기 때문이다.

이 답신에 따른 학습지도요령의 개정 고시는 소·중·고 모두 1989년 3월 15일에 이루어졌다. 실시 시기는 소학교가 1992년도, 중학교가 1993년도이며, 고등학교는 1994년도에 1학년부터 적용되었다.

### 아. 1998년 · 1999년판 학습지도요령

1991년 소련 붕괴로 냉전 체제가 종식되고 자본주의 체제가 전 세계로 확산되면서 세계화가 급격히 진행되었다. 이런 가운데 일본은 버블 경제의 붕괴에 따른 금융 위기, 내수 시장 불황, 대외 개방의 국제적 압력 등으로 큰 위기를 맞이하게 되고 사회 각 분야에 강도 높은 구조 개혁이 진행되었다. 사회 전반에 걸쳐 불안과 위기감이 고조되는 가운데, 교육에서도 이지메, 등교 거부, 학급 붕괴, 흉악한 청소년 범죄 증가 등의 문제가 심화되었다. 지나친 평등주의에 의한 교육의 획일화, 시대의 흐름에 따라가지 못하는 교육 시스템 등에 대한 비판과 함께 공교육에 대한 불신도 높아졌다.

1998년 7월 29일, 교육과정심의회가 〈유치원, 소학교, 중학교, 고등학교, 맹학교, 농학교 및 양호학교의 교육과정 기준의 개선에 대해〉 자문 답신을 발표하였다. 역사 교육의 경우, 기본적으로 종래의 교과와 과목의 틀과 성격을 유지하면서 내용 엄선, 주체적 학습 활동 강화, 넓은 시야의 이해, 인물·전통·문화 등의 강조를 통한 애국심의 함양 등을 강조하고 있는 것이 특징이다. 특히 고등학교의 역사 과목은 주제 학습 강화와 함께 역사적 사고력 배양이 한층 중시되고 있고, 일본과 세계와의 관련, 지리적 조건과의 관련, 근현대사 중시와 현대적 과제 추구 등이 중요 개선 방향으로 제시되고 있다.

이상의 답신을 토대로 하여 소학교와 중학교의 학습지도요령은 1998년 12월 14일에, 고등학교의 학습지도요령은 1999년 3월 29일에 개정되었다.

실시 시기는 소학교와 중학교가 2002년도이며, 고등학교는 2003년도에 1학년부터 적용되었다.


## 자. 2008년 · 2009년판 학습지도요령

2008년 1월 17일 중앙교육심의회는 현행 학습지도요령의 개정에 대한 자문 결과를 정리하여 〈유치원, 소학교, 중학교, 고등학교 및 특별지원학교의 학습지도요령 개선에 대하여(답신)〉를 발표하였다. 답신에 제시된 학습지도요령의 개정 방향은 한 마디로 표현하면 1977년 이래 30여 년간 지속되어 왔던 "여유" 교육의 실질적인 전환이라고 할 수 있다. 현행 학습지도요령의 "살아가는 힘"의 육성이라는 이념은 계승하면서도 개정 교육기본법과 학교 교육법의 이념을 반영하고 학력 저하, 지식 기반 사회의 대응 등의 과제를 해결하기 위해 수업 시수의 증가와 교육 내용의 충실 등을 골자로 하는 개정 방향을 제시하고 있다.

역사교육의 경우 전체적으로 전통과 문화에 대한 학습의 충실, 일본 역사에 대한 애정 등이 강조되고 있는 것이 특징이다. 소학교의 경우는 생활이나 문화유산에 대한 학습을 통한 전통과 문화에 관한 내용의 충실이 중시되고 있다. 중학교의 역사적 분야는 근·현대사, 전통과 문화, 일본사의 배경이 되는 세계 역사, 과제 추구적 학습, 표현 학습 등이 중시되고 있다. 고등학교의 역사 과목은 각 과목의 기본적인 성격을 유지하면서도 학습의 강조점이 변화하고 있다. 세계사 A와 세계사 B는 지리적 조건과 일본사와의 관련, 과제 추구 학습, 역사적 사고력의 배양 등이 강조되고 있다. 일본사 A와 일본사 B는 지리적 조건과 세계 역사와의 관련, 과제 추구 학습, 역사적 사고력의 배양 등이 강조되고 있다. 이 중에서 지리적 조건과의 관련을 강조하고 있는 것은 지도 활용 학습의 중시와 함께 지리 과목의 학습이 소홀하다는 비판을 해소하기 위한 방안으로 제시된 것이라 할 수 있다.

소학교와 중학교의 학습지도요령은 2008년 3월 28일에, 고등학교의 학습지도요령은 2009년 3월 9일에 개정, 공포되었다. 새로운 학습지도요령은 소학교는 2011년도, 중학교는 2012년도, 고등학교는 2013년도부터 적용될 예정이다.

# Ⅲ. 한·일 초등학교 역사
# 교육과정 변화 분석

## 1. 한·일 초등 사회과(역사분야) 교육과정 비교

### 가. 1940년대 후반기의
### 한·일 초등 사회과(역사분야) 교육과정 비교

전후 한국과 일본에서는 각각 미국 콜로라도 주와 캘리포니아 주의 교육안을 모델로 하여 사회생활과와 사회과가 성립되어 오늘날까지 양국의 교육 현실을 반영하며 발전해왔다. 한국과 일본에서 사회과는 생활 중심 교육을 통해 민주주의 사회에 알맞은 시민의 양성, 즉 공동생활에서 책임과 의무를 이행할 줄 아는 생활인을 양성하고자 하는 교과목으로 탄생하였다. 이는 미국 사회에서 제기된 사회문제를 적극적으로 해결할 수 있는 시민의 양성이 요구되던 미국식 교육관의 반영이었다. 하지만, 한국과 일본의 구체적인 교육 현실은 너무 달랐다. 식민지에서 해방된 한국에서는 교육에서 식민주의의 흔적을 없애야 했다. 제국주의 국가로서 패전한 일본에서는 군국주의적 교육의 청산이 요구되었다.

한국의 교수요목(1946)에서 초등 사회는 역사, 지리, 공민이 통합한 형태의 사회생활과로 출발하였다. '사회생활' 교과목의 교육과정은 가정과

학교생활(1학년), 고장생활(2학년), 여러 곳의 생활(3학년), 우리나라의 생활(4학년), 다른 나라의 생활(5학년), 우리나라의 발전(6학년) 등 학년별 주제로 분류되어 설문식으로 편제되었다. 역사 분야는 4학년부터 6학년까지 분산하여 교수하도록 하였다. 일본(1947년판) 역시 '사회'라는 교과목 하에 각 학년별 내용은 문제해결식으로 편제되었다.

역사 교과 내용을 살펴보면, 우선 한국은 4학년부터 6학년까지 우리민족의 유래와 고문화(4학년), 원시인의 생활, 고대문명(5학년), 우리나라의 발달(6학년)이라는 구체적인 역사 내용을 편제하고 세계사(5학년)까지 포괄하고 있었다. 그에 비해 일본은 1947년판 사회과 학습지도요령에서 1학년부터 6학년까지 사회생활에 적합한 내용으로 편제함으로써 일본사 및 세계사 내용을 거의 다루지 않았다. 한국에서의 식민주의 청산은 역사교육을 통해 추구되었지만, 일본에서의 군국주의 청산은 초등에서 역사교육을 배제하면서 진행되었음을 알 수 있다.

## 나. 1950년대의 한 · 일 초등 사회과(역사분야) 교육과정 비교

한국의 1차 교육과정에서 초등 사회생활과는 사회현상에 대한 탐구를 강조하는 내용으로 편성되었다. 각 학년별로 우리 집(1학년), 이웃생활(2학년), 고장생활(3학년), 우리 생활의 내력(4학년), 산업의 발달(5학년), 우리나라의 발전과 세계(6학년) 등으로 편제되었다. 역사 분야는 4학년부터 6학년에 걸쳐 교수하도록 하였다. 일본의 경우, 1951년판 사회과는 각 학년별로 학교 · 가정(1학년), 이웃(2학년), 향토의 생활(3학년), 우리들 생활의 옛날과 지금(4학년), 산업의 발달과 현대의 생활(5학년), 세계에서의 일본(6학년)으로 편제되었는데, 여전히 역사 시수도 역사 내용도 없었다. 하지만, 1955년판 사회과는 각 학년별로 학교 · 가정(1학년), 이웃의 생활(2학년), 도시와 촌의 생활(3학년), 향토의 생활(4학년), 산업의 발달과 사람들의 생활(일본중심)(5학년), 일본과 세계(6학년)로 편제되었다. 이 때 역사 분야가 처음으로 6학년에서 나타나는 변화를 보였다. 1958년판 사회과역시 1955년판과 대동소이하나, 5학년의 경우 일본의 산업(5학년)으로 주제가 변화되었다. 그리고 이때부터 본격적으로 6학년에서 자국사를 가르치기 시작하였다. 그 내용은 자국의 국기에 대한 존중과 함께 야마토 정권부터 2차 세계대전 이전까지의 역사에 해당되는 것이었다.

사회과의 목표를 비교해 보면, 한국의 경우는 1차 교육과정 사회과 목표 중 제5항인 "각종의 제도, 시설, 습관 및 문화유산이 우리 생활에 있어서 어떠한 의미가 있는가를 이해시키어 이를 이용하고 개선하는 능력을 기른다"는 진술이 역사 분야에 해당된다. 하지만, 일본의 경우, 1958년판에까지도 역사에 대한 구체적인 내용이 사회과의 목표로 제시되지 않고 있다.

### 다. 1960년대의 한·일 초등 사회과(역사분야) 교육과정 비교

한국의 2차 교육과정에서 초등 사회생활과는 사회과로 명칭을 변경하였다. 그리고 3학년부터 6학년까지 역사 분야가 분산되어 편제되었다. 일본의 초등 사회과 1968년판은 1958년판과 동일하게 각 학년별로 학교·가정(1학년), 사회적 분업(2학년), 시(정촌)의 생활(3학년), 현, 일본의 각지(4학년), 일본의 산업(5학년), 일본과 세계(6학년)로 편제되었다.

사회과의 목표는 한국의 2차 교육과정의 경우, 제5항인 "우리나라의 사회적인 제도, 생활풍습, 고유문화 등에 대하여 그 변천 발전의 모습을 이해시킴으로써 올바른 민족적 자각을 가지고 민족의 발전을 위하여 이바지하려는 태도와 능력을 기른다"가 역사 분야에 해당된다. 또한, 이때부터는 초등 역사 교육과 관련하여 학년별 목표도 제시되었다. 고장의 역사를 배우고(3학년), 생활사적 접근을 통해 문화 계승 발전의 의욕을 갖게 하며(4학년), 산업 개발에 대한 조상의 노력을 알고(5학년), 우리나라의 역사 변천과 나라와 사회 발전에 공헌한 사람들의 업적을 배울 것을 제시하였다. 일본은 1968년도 판에서 역사 분야와 관련하여 "국가, 사회의 발전에 노력했던 조상들의 업적과 우수한 문화유산 등에 대해 관심과 이해를 깊게 하고, 우리나라의 역사와 전통에 대한 이해와 애정, 국민적 심정의 육성을 꾀한다"라는 목표를 제시하고 있다.

한국은 2차 교육과정에 와서 3학년부터 한국사 관련 내용을 가르치도록 하였다. 2차 교육과정에서 주목할 만한 변화로는 민족적 주체성, 자주성을 강조하고 반공 이념을 강화하고자 하는 국정 운영의 기조가 반영되어 민족 항쟁사와 6·25사변과 반공투쟁을 다룬 현대사 교육이 강조되고 있는 점이다. 일본에서는 1968년판 학습지도요령의 6학년에서 천황의 국사와 국가의 경축일을 존중하라는 내용이 전후 처음으로 등장하였다. 이 시기 일본의 세계사 교육은 '세계의 자연환경과 다양한 기후적 조건 하에서 특색 있는 생활을 운영하고 있는 사람들의 모습, 현재의 세계에서 국가 간 상호의 밀접한 관계를 이해시킴과 동시에 세계의 평화에 대한 사람들의 바람과 이를 위해 노력하고 있는 우리나라의 입장에 대해서 관심을 깊게 한다.' 고 하여 전후 일본과의 관계만을 서술하도록 하여 전 시기와 같이 계통성 있는 학습은 이루어지지 않고 있음을 알 수 있다. 한국의 경우, 1차 교육과정부터 세계사 영역이 현저히 축소되었는데, 일본도 세계사는 주로 전후 일본의 국제 관계를 서술할 경우에 설명하도록 하였고, 세계 여러 나라를 망라한 부분의 경우도 역사적 관점의 서술이 아니라서 그 내용이 빈약하였다. 또한, 한·일 양국 모두 인물사 중심의 역사서술을 중시하고 있지만, 일본의 경우 '너무 인물 중심, 흥미 중심으로 빠지지 않도록 주의'할 것을 지적하고 있다.

### 라. 1970년대의 한 · 일 초등 사회과(역사 분야) 교육과정 비교

한국의 3차 교육과정에는 국가주의적 요구가 사회과 편제에 강한 영향을 미쳤다. 사회과 내용 중 국사 부분이 별도의 독립 교과로 편제되었다. 초등의 경우, 역사는 3학년부터 6학년에 걸쳐 편제되었는데, 5, 6학년에서는 한국사 부분을 별도로 편성하여 독립된 교과서를 편찬하였다. 일본의 1977년판은 각 학년별로 학교 · 가정 · 이웃(1학년), 직업으로서의 일(2학년), 지역의 생활(3학년), 지역의 생활, 일본의 각지(4학년), 일본의 식료 · 공업 · 국토의 특색(5학년), 일본과 세계(6학년)로 편제되었다.

한국의 경우 3차 교육과정에서는 3학년에는 고장(시,군)을 중심으로 하는 향토사, 4학년에는 옛날의 도읍지에 관련된 향토사와 문화재를 통한 문화사를 학습하도록 하고 있다. 5학년에는 경제사와 문화사를 중점적으로 배우도록 하고 있다. 6학년은 국사 전체를 간추린 통사로 구성하였다. 3, 4, 5학년의 경우는 그 내용구성이 2차 교육과정과 대동소이하다. 6학년의 경우는 국사교육 강화 시책에 따라 처음으로 한국사를 일관된 통사체제로 구성하였다. 세계사 교육은 국사교육 강화 방침에 밀려 명맥이 끊기게 된다.

사회과 목표는 한국의 경우, 역사 분야에서 "우리나라의 문화와 전통에 대하여 이해시키고 문화민족으로서의 자각을 굳게 하여 민족 문화를 발전시키고 국민적 사명을 완수하려는 태도를 기른다"는 취지 하에 학년별 목표를 제시하였다. 일본의 사회과 교육과정은 1977년판 이후 지금까지 변동 없이 일관된 목표를 제시하고 있다. 그 중 1항인 "국가, 사회의 발전에 공헌한 조상의 업적과 우수한 문화유산에 대한 관심과 이해를 깊게 하고 우리나라의 전통을 중요하게 여기는 태도를 기른다"가 역사교육의 목표에 해당된다고 볼 수 있다.

일본의 1977년판 학습지도요령에서는 내용을 규정하는 용어 중에서

1968년판에는 있던 '우리나라'라는 말이 생략되었다. '인물의 활동'과 '대표적인 문화유산'은 1968년판과 마찬가지로 1977년판도 강조하여 전통을 중시하고 있음을 알 수 있다. 세계사 교육은 그 내용에서 "우리나라의 민주정치가 일본국 헌법의 기본적 생각에 근거하고 있는 것을 구체적으로 이해시킴과 함께 평화를 염원하는 일본인으로서 세계의 국가와 협조하여 가는 것이 필요한 것을 자각시킨다."라는 언급만 있을 뿐, 한국과 마찬가지로 거의 이루어지지 않고 있다.

1970년대에 한·일 양국에서는 모두 수준 차이는 있지만, 1960년대 고도의 경제성장을 배경으로 역사교육에 변화가 일어났다. 즉, 한국은 민족중심의 역사교육이 강화되었고, 일본은 자국사 교육 강화를 추진하면서 천황에 대한 존경을 강조하게 된다. 이런 상황 속에서 양국 모두 초등교육에서의 세계사의 명맥은 거의 끊어지고 만다.


## 마. 1980년대의 한·일 초등 사회과(역사분야) 교육과정 비교

한국의 4차 교육과정에서는 초등학교 1, 2학년에서 도덕과 국어, 사회과를 바른생활, 산수와 자연을 슬기로운 생활, 체육과 음악, 미술을 즐거운 생활로 교과서를 만들어 운영함으로써 통합교과 설정의 길을 열어놓았다. 그리고 국사 부분이 다시 사회과에 통합되었다. 별도의 국사 교과서가 사라지고 국사 내용은 지리, 공민과 함께 편제된 사회 교과서 안으로 통합되었다. 국사 내용의 학년별 편제는 3학년에서 6학년에 걸쳐 주제와 내용을 달리하여 이루어졌다. 5차 교육과정은 저학년 사회과를 폐지하고 1, 2학년의 사회과와 도덕과 내용을 주축으로 기타 관련 내용을 통합한 '바른생활'이 탄생하였다. 일본의 1989년판 역시 소학교 저학년 생활과(사회과와 이과의 통합)와 3-6학년까지의 사회과로 분리하는 변화를 보였다. 각 학년별로 지역(시·정·촌)(3학년), 지역(도·도·부·현)(4학년), 국토·산업(5학년), 일본사·정치·국제(6학년) 등으로 편제되었다.

사회과 목표와 관련해서 한국의 4차 교육과정은 목표 3항인 "우리 민족의 발전 과정을 이해시키고 문화의 특질을 파악하게 한다"가 역사 분야에 해당된다. 각 학년별 목표도 제시되었는데, 3학년에서 고장 생활 파악을 통해 시간 의식을 익힌다는 목표가 제시되어 주목된다. 5차 교육과정의 역사 분야 목표는 4차와 대동소이하다. 4차와 마찬가지로 5차 교육과정에서 통사를 가르치는 6학년의 목표를 "우리 민족의 형성과 발전 과정을 주체적 시각에서 이해하게 하고 우리 민족의 역사적 현실을 올바르게 깨닫게 한다"로 제시한 것에서 알 수 있듯이 초등 역사교육에서의 자민족·자국가적 시각이 점차 강조되고 있음을 알 수 있다. 일본의 목표는 1977년판 이후 일관되며 변화를 보이지 않았는데, 다만 목표 진술 방법에서는 1989년판 학습지도요령 이래로 '~시키게 한다'에서 '~한다'로 바꾸면서 교사보다는 학생의 관점을 중시하는 변화를 보였다.

한국의 4차 교육과정에서는 3학년에서는 고장의 향토사, 4학년에서는 향토사와 연대표 등을 활용한 간단한 우리나라의 내력과 문화재 관련 문화사, 5학년에서는 현재의 생활을 연결시킨 산업과 생활의 발전, 그리고 교육, 학문, 기술, 신앙, 종교 등의 문화사로 구성되어 있다. 5학년에서 분야별로 경제사, 생활사, 문화사 등을 가르치는 것이 이전과는 다른 변화라 할 수 있다. 상대적으로 6학년에서는 한국사 전반을 정치사를 중심으로 체계적으로 제시한 통사적 내용으로 구성되어 있다. 단원 구성에서 왕조별로 시대를 구별하지 않고, 우리 민족의 형성과 성장, 민족국가의 발전, 근대화의 길, 20세기의 민족사 등 민족사를 중심으로 주제 구분을 한 것이 주목된다. 또 근대화를 3차 교육과정에서는 개항부터 시작했으나, 이번에는 조선 후기의 사회 변화로부터 찾고 있다. 이는 역사 발전의 요인을 민족 내부의 움직임에서 찾고자 하는 내재적 발전론이 반영된 결과라 할 수 있다. 현대사는 신군부 정권이 유신체제의 후계자로서 자신들의 정당성을 옹호할 것을 역사교육에 요구하면서 제5공화국이라는 당대사가 등장한다. 3차 교육과정과 마찬가지로 세계사 관련 교육 내용은 거의 제외되었다. 실제로 사회과의 교과 목표에서나 학년 목표에서 세계사를 이해하는 내용은 보이지 않는다. 세계사와 관련된 내용으로 볼 수 있는 학습 내용은 6학년 사회과 한 단원에 하나의 주제로 제시되어 있다. 그 내용은 극히 기초적인 것으로, 항목에서 나타나는 나라들의 생활 모습을 간략하게 소개하는 것에 중점을 두고 있다. 결국, 초등학교에서 세계사 교육은 다시 부활하지 않았다.

5차 교육과정에서는 초등 역사 교육의 통합적 성격은 더욱 강화되었다. 5, 6학년에 집중 편성되던 역사 내용이 지리, 공민 분야와 통합되어 3, 4학년으로 확대 분산되었다. 동심원적인 지역 확대법과 시간 소급법의 상호 보완적인 입장에서 이루어지는 것을 내용 구성상의 원칙으로 하였는데, 즉, 학생들의 시간 의식의 발달 단계를 고려하여 3학년에서는 향토사적인 접근을 통하여 우리 고장의 옛날과 오늘, 우리 고장의 전통 등을 통하여 고장의 변화를 이해하도록 하고 있다. 4학년에서는 향토사, 생활사, 문화사적인 접근을 통하여 시 도의 내력을 중심으로 우리나라의 내력을 알 수 있도록 하였으나 한국사 전체를 대상으로 하지는 않고 있다. 연대표, 옛 도읍지 등을 통하여 개괄적으로 알도록 하고, 여러 가지 문화재에 나타난 우리 조상들의 생활 모습과 민족 문화의 우수성을 파악하게 하고자 한다. 5학년에서는 경제사, 문화사, 기술사적인 접근을 통하여 우리나라의 문화와 산업의 발전을 인식하도록 한다. 6학년에서는 전근대사를 주제를 중심으로 하여 구성하고 있다. 중학교와 계열성을 고려하여 내용 분량을 축소하고자 하였다. 근대사는 근대화와 독립운동을 중심으로 사건사적으로 접근하고 있다. 현대사는 간단한 개관과 함께 산업, 사회, 문화 분야 별로 정리하며 미래 전망을 강조하고 있다. 세계사 관련 내용은 6학년 세 번째 단원인 세계와 우리나라에서 세계의 기본적인 자연 환경과 인문 환경을 중심으로 지리적 영역을 바탕으로 하여 우리나라와 관련이 깊은 나라들의 역사적 배경을 살피는 속에서 극히 간략하게 구성되었다. 이는 세계사 교육이라고 부를 수는 없다.

1989년판 학습지도요령은 6학년에서 일본통사를 배우도록 하고 있다. 이 때부터 원시, 고대에서 일본의 국수주의적인 신화를 전후 처음으로 취급하였으며 근현대에서의 대외 침략 전쟁을 국력 확충과 국제적 지위의 향상으로 가르치도록 하고 있다. 이러한 방향은 반드시 가르쳐야 할 인물들 중에 卑弥呼、豊臣秀吉、伊藤博文등이 포함되어 있는 것과 맥락을 같이 한다. 또한 천황이 계속 강조되고 있다. 이전과 큰 변화는 없으나, '飛鳥(あすか), 奈良(なら), 平安, 鎌倉(かまくら), 室町, 江戸' 등 나열하였던 1977년판과 달리 1989년판에서는 이러한 시대구분의 나열을 피하고 있다. 또한, 이 시기에도 전과 마찬가지로 '금일, 우리나라는 경제와 문화의 교류 등에서 세계의 국가와 밀접한 연결을 하고 있는 점을 이해하도록 함과 동시에 평화를 염원하는 일본인으로서 세계의 국가들과 협조하여 가는 것이 중요한 점을 자각할 수 있도록 한다'는 목표를 제시하는 데 그쳐 계통적인 세계사 서술은 거의 나타나지 않고 있다.

## 바. 1990년대의 한 · 일 초등 사회과(역사분야) 교육과정 비교

한국의 6차 교육과정에서는 사회과를 지식 분야별 분류에 따라 인간과 환경(지리), 사회문화(사회, 역사, 문화), 공동생활(정치, 경제, 법)로 나누어 각 영역의 주요 개념을 학년별로 정하고 이와 관련된 기능과 가치태도 영역의 주요 요소를 정리하였으며 사회과의 통합적 성격이 더욱 강화되었다. 7차 교육과정에서는 초등 사회과가 국민공통 기본 교육과정의 일환으로 편제되었다. 이에 따라 3학년부터 10학년까지 일관적인 내용을 구성하도록 하였다. 학년간 연계를 강화하고 공통학습을 강조했으며 시민교육으로서의 사회과의 성격을 강화하였다. 이러한 연계, 통합, 조합 등은 결국 역사교육이 위축되는 결과를 낳았다. 3학년부터 10학년까지 단일 계열로 '사회'가 개설되었던 것이다. 일본의 1998년판은 종합적 수업시수를 창설하였는데, 지역학습(3학년, 4학년), 국토·산업(5학년), 일본사·정치·국제(6학년) 등으로 편제되었다.

한국 사회과의 교과 목표 중, "고장, 지역, 나라, 세계의 생활모습을 자연환경 및 역사와 문화, 민주적 공동생활 등 여러 관점에서 이해하고, 여러 기관과 단체, 주민들이 생활향상을 위하여 노력하고 있는 모습과 오늘날 우리들의 생활 속에 나타나고 있는 사회문제의 특성을 파악하게 한다.", "지도, 연표, 도표 등의 다양한 자료를 이용하여 정보를 수집, 활용하고 문제를 합리적으로 해결하며 공동생활에 참여하여 다른 사람과 어울려 생활할 수 있는 기초적 능력을 기르게 한다.", "일상생활을 통하여 민주적인 생활을 습관화하고 고장과 국토 및 민족을 사랑하고 아끼는 마음을 가지게 하며 민족 통일과 국가발전을 위하여 노력하고 세계 여러 나라와 협력하여 살아가는 태도를 가지게 한다" 등의 3항이 역사 분야에 해당된다고 할 수 있지만, 일반 사회, 지리의 내용을 함께 제시함으로 통합적 성격을 강조하고 있다. 7차 교육과정에서는 "각 시대의 특색을 중심으로 우리나라의 역사적 전통과 문화의 특수성을 파악하여 우리 문화와 민족사의 발전상을 체계적으로 이해하며 이를 바탕으로 인류 생활의 발달과정과 각 시대의 문화적 특색을 파악한다"가 역사 분야에 해당되는 목표라 할 수 있다. 진술 방법의 경우, 7차 교육과정부터 '~시키게 한다'에서 '~한다'로 바꾸면서 교사보다는 학생의 관점을 중시하는 변화를 보였다.

6차 교육과정에서는 사회과의 통합적 성격이 더욱 강화되었다. 내용적으로 5차 교육과정과 거의 같음을 알 수 있다. 그러나 6학년의 경우, 이전과 달리 전근대사의 경우 '위인'이라는 인물을 중심으로 민족국가의 형성과 발전을 인식하도록 구성되어 있다. 근현대사는 개화, 즉 근대화와 독립운동을 강조하고 해방 이후 발전상을 중심으로 구성되어 있다. 7차 교육과정의 내용을 살펴보면, 우선 3, 4, 5학년의 경우는 이전의 교육과정과 대동소이하다. 그러나 6학년의 경우에는 크게 우리 겨레, 우리나라와 새로운 사회, 문화로 가는 길의 두 단원으로 나누어진다. 조선전기까지 서술한 단원은 여러 나라의 건국과 국토수호, 그리고 문화발전에 기여한 인물을 중심으로 살피도록 하고 있다. 조선 후기 이후 현대사까지 다루는 단원은 부강과 복지, 자주와 독립을 위해 활약한 인물들을 중심으로 구성하고 있다. 일본의 1998년판의 경우에는 '야마토 정권에 의한 국토통일'에 대한 서술이 사라지며, 유적, 문화재, 자료 등의 활용이 강조되고 '자신의 생활의 역사적 배경'을 첨가하였다. 특히 6학년에서는 문화사를 중시하였다. 세계사 분야는 6학년 내용에서 "세계 중의 일본의 역할에 대해서 다음과 같이 조사하거나 지도와 자료 등을 활용하거나 하여 조사하고, 외국 사람들과 같이 살아가기 위해서는 다른 문화와 관습을 서로 이해하는 것이 중요한 점, 세계 평화의 중요성과 우리나라가 세계에서 중요한 역할을 담당하고 있는 점을 생각하도록 한다." 라고만 서술되어 있을 뿐 역사적인 측면에 대한 서술은 거의 없고, 국제 협조적인 측면만을 강조하고 있다.


사. 2000년대의 한 · 일 초등 사회과(역사분야)
    교육과정 비교

한국의 2007년 개정 교육 과정에서는 역사교육이 강화되면서 역사 과목이 독립하게 된다. 초등 사회과의 경우 3학년에서는 역사 영역, 지리 영역, 일반사회 영역을 모두 포함하도록 하였고 4학년에서는 지리와 일반사회 영역을 포함하도록 하였다. 그리고 5학년에서는 역사 영역만, 6학년에서는 다시 지리와 일반사회 영역을 포함하도록 하였다. 5학년 1, 2학기를 통해 역사만을 교수하도록 한 것이다.

목표와 관련해서 한국의 2007년 개정 교육과정은 7차 교육과정과 동일하다. 한국의 2007년 개정 교육과정에서는 앞에서 언급한 것처럼 5학년에서만 역사 영역을 교수하도록 하는 일대 '혁명'이 일어났는데, 이를 통해 한국사 전반에 관한 역사교육이 이루어지도록 하고 있다. 5학년의 역사 영역은 하나 된 겨레, 다양한 문화가 발전한 고려, 유교전통이 자리 잡은 조선, 조선사회의 새로운 움직임, 새로운 문물의 수용과 민족 운동, 대한민국의 발전과 오늘의 우리로 단원이 구성되어 있다. 시대별로 분류된 단원에서 고려 혹은 조선과 같은 국호가 등장한 것이 주목된다. 각 단원 안에서는 생활과 문화, 그리고 인물을 중심으로 각 시대를 이해하도록 되어 있다. 정치사적인 서술이 거의 없고 각 시대 안에서 주제별 서술이 가능하도록 구성되어 있는 점이 특징이다.

이처럼, 한일 양국의 초등 역사교육의 내용별 특징을 살펴보면, 점차 자국사 교육이 강화되면서, 동시에 문화사·생활사의 관점이 부상하는 공통점을 발견하게 된다. 세계화 시대에 양국에서 국민공통 기본 교육과정에 해당되는 초등 역사교육에서 자국사 교육이 강화되어 가는 추세는 양국의 역사 경험이 다른 만큼 의미도 파장도 다르겠지만, 동아시아 상호 공존과 연대를 도모하는 데 장애가 되지 않기만을 바랄 뿐이다.


## 2. 한국 초등학교 사회과(역사 분야) 교육과정의 변천

### 가. 교수 요목(1946년)

#### 1) 편제 및 목표

해방 후 공립 초등학교는 미군정청 일반 명령 제4호에 의거해 1945년 9

월 24일에 개학하였다. 초등학교에서 독립교과로서 역사교육이 실시된 것은 1946년 2월이었다.[1] 1946년 12월 미군정청이 만든 교수요목에 따라 역사는 공민·지리와 함께 사회생활과에 통합되었다.

초등학교 사회생활과 교수요목의 특징은 다음과 같다. 첫째, 가정과 학교에서 출발하여 국가와 일반 사회에 이르도록 단원을 전개시켜 동심원적 내용 전개의 틀을 갖추도록 하였다. 둘째, 지리, 역사, 공민, 직업, 이과, 기타 관계 분야를 융합하여 통합 교과로서의 성격을 나타냄과 동시에 모든 교과 중에서 사회생활과가 교과로서 중핵적 성격을 지니고 있음을 나타내고자 하였다. 셋째, 내용 소재를 아동 생활의 구체적 사실에서 구하여 생활 경험형 교육과정에 접근하고자 하였다. 넷째, 설문식으로 내용을 제시하여 문제 해결 학습 방법을 유도하고자 하였다.

이처럼 사회 기능 위주로 선정된 주제를 바탕으로 동심원 확대 방법에 따라 내용을 구성하여 문제해결을 지향하는 교수요목의 편제와 특성은 이후 초등학교 사회과에 지속적인 영향을 미쳤다. 역사 분야는 4학년부터 6학년에 걸쳐 편제되었다. 국민학교 사회생활과 교수 방침(1946) 중 역사 분야 관련 목표로는 "우리나라의 역사와 제도에 관한 지식을 얻게 함"[2]이 제시되었다. 역사 교육을 단지 지식 전달 교육으로 파악하는 목표를 통해 당시 한국 사회가 당면하고 있는 식민 잔재의 청산과 신국가 건설, 그리고 민족 문화에 대한 자긍심 고취라는 시대적 과제를 제대로 반영하지 못한 당시 교육 현실을 엿 볼 수 있다.

## 2) 내용

초등학교 역사 분야 내용은 설문식으로 제시되었다. 그 내용 체계는 〈표

---

1) 한면희, 2001 《사회과교육》(교육과학사, 서울) 57 ; 함종규, 2003 《한국교육과정변천사연구》(교육과학사, 서울) 183
2) 김홍수, 1992 《한국역사교육사》(대한교과서주식회사, 서울) 179

Ⅲ-2-1〉과 같다.[3]

〈표 Ⅲ-2-1〉 교수요목 초등학교 역사 분야 내용 체계

| 학 년 | 주    제 | 단 원 명 |
|-------|----------|----------|
| 4학년 | 우리나라의 생활 | 우리 민족의 유래와 고문화 |
| 5학년 | 다른 나라의 생활 | 원시인의 생활 고대문명 |
| 6학년 | 우리나라의 발달 | 원시 국가와 상고 문화<br>삼국의 발전과 문화<br>남북조의 대립과 그 문화<br>고려와 그 문화<br>근세 조선과 그 문화<br>일본인의 압박과 해방 |

　4학년에서는 고장의 역사 및 민족의 기원, 초기 문화, 우리 말과 글, 세계적인 문화재 등 민족의 기원과 문화에 대한 개괄적 내용을 교수하는 것으로 되어 있다. 5학년에서는 원시사회의 모습과 4대 문명의 발상지 등 세계사 관련 내용과 우리 나라의 문화와의 관련성을 교수하도록 하고 있다. 6학년에서는 정치사와 문화사 중심의 한국사 전반을 총 6단원으로 구성하여 가르치도록 하고 있다. 전근대사는 정치사와 문화사 위주로, 근대사는 정치사 위주로 구성되어 있다. 총6단원 중 5단원이 전근대사로 되어 있으며, 해방 직후 마땅히 선양해야 할 독립 운동 관련 서술은 '일본인의 압박과 해방' 단원에서 다루는데, 일제 침략사보다 훨씬 적은 분량이 배당되었다.

### 3) 방법 및 평가

　교수방법 및 평가에 관한 별도의 언급은 없다. 다만 운용법과 교수에 관한 주의 등을 통해 설문식 교육을 강조하면서, 각 지방의 특수성을 고려하고 역사 지리 공민의 융합을 도모할 것을 권장하고 있다. 6학년에 역사적

3) 군정청 문교부, 1947 ≪초중등학교 각과 교수요목집≫

내용이 많다고 해서 역사적으로만 다루지 말 것을 당부하면서 역사 지리 공민의 종합이 사회생활과가 아니라 사회생활과가 이 3자의 종합을 필요로 한다는 점을 역설하고 있다.[4] 통합형 사회생활과의 탄생이 낯설기만 한 교육현장에 미친 파장이 만만치 않았음을 짐작케 한다.

## 나. 제1차 교육과정(1955년 공포)

### 1) 편제 및 목표

초등학교 사회생활과 교육과정은 동심원적 지역 확대 원칙과 생활경험 중심으로 구성되었다. 사회생활과의 교과 내용은 "지리, 역사, 공민은 이를 분과적 또는 계통적으로 다룰 것이 아니라, 심신 발달의 단계로 보아 종합적으로 다루어져야 할 것이다."라는 교과 운영의 기본 방침에 따라 완전 통합형 교과로서의 성격이 강화되었다. 교과서도 '사회생활'이라는 제하로 발행되었다. 사회생활과의 중요성에 대한 인식도 제고되어 교과의 순서가 8개 교과 중 국어 다음으로 배치되었고 시간 배당도 학년마다 다르지만, 국어 다음의 비중을 차지하게 된다.

사회생활과의 교과 목표는 역사 분야와 관련해서는 각종의 제도, 시설, 습관 및 문화유산을 이해하는 지식 영역의 목표와 이를 이용하고 개선하는 능력을 배양하는 기능 영역의 행동 목표를 제시하였다.[5] 역사 전체에 대한 이해보다는 지금의 생활과 역사를 관련시켜 민족사를 이해하는 생활사와 문화 중심의 문화사적인 접근 방법을 택하였다.

---

4) 군정청 문교부, ≪위 책≫
5) 교육과정·교과서연구회 편, 1990 ≪한국교과교육과정의 변천≫(대한교과서주식회사, 서울) 123

## 2) 내용

역사 분야는 4, 5, 6학년에 걸쳐 편성되었다. 학년별 내용 체계는 〈표 Ⅲ -2-2〉와 같다.

〈표 Ⅲ-2-2〉 1차 교육과정 초등학교 역사 분야 내용 체계

| 학년 | 단원명 | 단원 내용 |
|------|--------|-----------|
| 4학년 | 우리 생활의 내력 | 2.우리 고장의 발전<br>9.손 연모의 발달<br>10.농사의 시작<br>11. 모듬살이 |
| 5학년 | 산업의 발달 | 5. 기계 발달과 산업<br>6. 교통과 수송<br>7. 산업과 무역<br>9. 우리나라의 인구와 도시<br>10. 세계의 여러 나라 |
| 6학년 | 우리나라의 발전과 세계 | 2. 우리나라의 내력<br>3. 우리 역사를 빛낸 이들과 물건<br>7. 통일과 부흥<br>10. 아름다운 것 |

4학년은 도道의 내력과 명승고적, 북부·중부·남부 지방의 명승고적 및 보호와 보존, 조상의 농사법과 의식주 및 문화, 5학년은 산업, 교통, 통신의 발달과 행정 구분, 6학년은 정치사와 생활사를 통시대적으로, 인물사를 주제별로 가르치도록 하였다. 현대사는 정치사 위주로 통일 문제까지 교수하도록 하였다.

교수요목과 마찬가지로 단원의 구체적 학습 내용에 대한 진술은 설문적 방법을 사용하였다. 또한 변화와 변동의 시대 '구분'을 유념하는 역사학적 시간 개념과는 무관하게 '사람과 물건'이 어떻게 변화해 왔는가라는 시각에서 과거를 짚어보는 역연대기적 방법을 도입하고 있다. 4, 5학년에서는 생활상에 필요한 각종 도구의 변화를 중심으로 옛날과 오늘을 비교하여

교수하도록 하였다. 6학년의 경우에도 2단원에서 우리나라의 내력을 다룬다는 차원에서 통사를 간략히 다루고, 주로 생활사의 측면에서 가르치도록 하였다. 교수요목과 크게 다른 것은 세계사 영역이 현저히 축소되었다는 점이다. 우리나라와 예전에 관계 깊었던 나라를 가르치고 세계적인 예술가들을 소개하는 정도에 그치고 있었다. 이처럼 1차 교육과정에서는 "각종의 제도, 시설, 습관 및 문화 유산이 우리 생활에 있어서 여하한 의의를 가지는가를 이해시켜 이를 이용하고 개선하는 능력을 기른다"리는 목표에 걸맞게 시대구분을 넘어 옛날과 오늘의 생활과 문화를 비교하는 방식으로 역사교육을 실시하고자 한 점이 가장 큰 특징이라 할 수 있다.

### 3) 방법 및 평가

유의점으로 다만 사회 및 어린이의 욕구를 고려하여 기초적인 문제를 다루되, 지리 역사 공민을 통합적으로 교수할 것을 권하였다.[6]

## 다. 제2차 교육과정(1963년 공포)

### 1) 편제 및 목표

2차 교육과정에서 초등학교 사회과는 여러 가지 변화를 겪게 된다. 우선 교과명칭이 사회생활과에서 사회과로 바뀌었다. 교육과정에서는 교과목표 다음에 학년목표가 신설되었고 지도상의 유의점이 제시되었다. 내용 진술 형식은 설문이 아닌 내용요소 진술로 바뀌었다.[7] 하지만, 종래의 사회 기능 중심과 지역 확대법에 따른 내용 구성은 계속 유지되었다. 이러한 변화 속에서 역사 분야는 3학년부터 6학년에 분산되어 편제되었다.[8]

---

6) 한면희, ≪앞 책≫ 90
7) 교육과정 · 교과서연구회, ≪앞 책≫ 124
8) 제2차 교육 과정은 1968년에 국민교육헌장의 제정, 중학교 무시험 전형 제도의 실시,

2차 교육과정의 사회과 교과목표는 모두 7개항이었다. 이 중 다섯 번째 항이 역사 분야에 해당되었다.[9] 역사 분야는 "우리나라의 사회적인 제도, 생활 풍습, 고유문화 등에 대하여 그 변천 발전의 모습을 이해"하는 지식 영역의 목표와 함께 1차 교육과정과는 달리 "올바른 민족적 자각을 가지고 민족의 발전을 위하여 이바지하려는 태도와 능력을 기른다"고 하는 가치ㆍ태도, 기능 영역의 목표를 제시하였다. 2차 교육과정에서는 새롭게 매 학년마다 목표가 설정되었다. 학년별 목표를 살펴보면, 3학년은 향토사적 접근을, 4학년은 생활사ㆍ문화사적 접근을, 5학년에서는 경제사적 접근을, 6학년에서는 인물사적 접근을 시도하고자 하였다. 궁극적으로는 전통 문화를 이해하고 새로운 문화를 창조하는데 초등 역사 교육의 목표를 두고자 하였다.

## 2) 내용

2차 교육과정의 초등학교 역사 분야 내용 체제는 〈표 Ⅲ-2-3〉과 같다.

〈표 Ⅲ-2-3〉 2차 교육과정 초등학교 역사 분야 내용 체계

| 학년 | 단원명 | 단원내용 |
|---|---|---|
| 3학년 | 5. 옛날의 우리 고장 | (1) 옛날 우리 고장의 의식주 생활 모습<br>(2) 우리 고장의 미풍양속<br>(3) 우리 고장 발전을 위하여 공을 세운 분들의 업적<br>(4) 우리 고장의 문화재와 천연 기념물<br>(5) 6ㆍ25사변과 우리 고장의 피해 |
| 4학년 | 3. 우리나라의 명승고적 | (1) 우리나라 각 지방의 명승고적<br>(2) 명승고적의 보호보존방안<br>(3)명승고적과 우리나라 관광사업 계획 |
| | 6. 농업의 발달 | (1) 옛날의 농업과 조상들의 생활모습 |
| | 7. 우리 지방의 발달 | (1) 우리 지방의 내력 |

대학 입시 예비고사제 실시 등에 따른 부분 개정이 있었다. 특히 대표적인 개정은 국사 교육 강화 방침에 따라 1973년 2월 14일 문교부령 제310호를 통해 초ㆍ중ㆍ고등학교에서 사회과에 포함되었던 국사가 국사과로 교과목이 독립된 것이었다.

9) 홍웅선, 1988 ≪새초등교육과정≫(교학연구사, 서울) 197

| 5학년 | 3. 기계 발달과 산업 | (1) 옛날 연모의 변천<br>(2) 여러 가지의 기계의 발명과 산업 발달과의 관계<br>(3) 우리나라 근대 공업의 종류와 그 발달 |
| | 5. 교통과 산업 | (1) 교통과 상업의 발달과정 |
| | 6. 우리나라 산업의 발달 | (1) 우리나라 경제생활의 변천을 위하여 공을 세운<br>조상들의 업적 |
| 6학년 | 1. 우리나라의 발달 | (1) 우리나라가 발달한 과정<br>(2) 민족 독립 수호를 위한 대외투쟁<br>(3) 우리나라의 발전을 위하여 공헌한 사람들의 업적<br>(4) 6·25사변과 반공투쟁<br>(5) 우리나라 발전을 위한 애국애족정신 |
| | 5. 새로운 문화생활 | (1) 우리나라 고유문화의 특색과 그 발달<br>(2) 우리나라 문화 발달을 위하여 공을 세운 분들의 업적<br>(3) 예술, 과학, 종교 생활의 변천<br>(4) 새로운 문화 발전을 위한 우리의 할 일 |

3학년은 옛날의 우리 고장이라는 단원에서 고장의 의식주 생활과 미풍양속, 고장의 빛낸 인물, 고장에 남아 있는 문화재 등을 학습하는 향토사적인 접근을 하였다. 4학년은 우리나라의 명승고적이라는 단원에서 각 지방의 고적과 문화재를, 농업의 발달 단원에서는 조상의 농업을 중심으로 한 생활 모습을, 5학년에서는 기계 발달과 산업이라는 단원에서 우리나라 산업과 기술의 발달 과정, 그리고 교통과 통신 단원에서 교통과 통신의 발달 과정을 교수하고자 하였다. 즉, 지역확대법이 적용되면서 생활사와 문화사 그리고 사회경제사를 가르치도록 하고 있었다.

6학년에서는 한국사 전체를 간략하게 제시하되, 외세의 침략을 막아 국가의 자주 독립을 지켜 온 민족의 투쟁과 국가를 발전시킨 인물을 중심으로 구성하고자 하였다. 주목할 만한 변화로는 민족적 주체성·자주성을 강조하고 반공이념을 강화하고자 하는 국가주의적 색채가 반영되어 민족항쟁사와 6.25사변과 반공투쟁 등을 다루도록 한 점을 들 수 있다. 그리고 2차 교육과정부터는 초등 역사 교육에서 민족과 국가가 강조되면서 세계사

관련 내용이 사라지고 말았다. [10]

### 3) 방법 및 평가

2차 교육과정에서는 처음으로 지도상의 유의점이 제시되었다. 사회과 교육과정에서는 7개 항의 지도상의 유의점이 제시되었는데, 이전과 마찬가지로 통합형 교육과 지역 확대에 대한 유의점이 강조되고 있었다. 제1항을 통해서는 "사회과 목표를 달성하기 위해 사회적 및 어린이의 욕구에 의한 기초적인 문제가 다루어져야 할 것이며, 사회과의 내용인 공민, 역사, 지리, 도덕은 이를 분과적 또는 계통적으로 다룰 것이 아니라, 심신 발달의 단계로 보아 종합적으로 다루어져야 하고, 특히, 사회, 경제, 문화생활의 개선 발전을 위하여 지역 사회를 중심으로 문제 해결을 위한 효과적인 학습이 될 수 있도록 지도하여야 한다"는 점을 강조하였다. 제6항에서는 학년별 내용 구성의 원칙인 지역확대법에 따른 유의사항을 제시하였다. 즉 3, 4학년의 학습에 있어서는 지역 사회 개발을 위한 학습을 하는 것을 원칙으로 하되, 3학년에서는 자기 군을 중심으로, 4학년에서는 자기 도(서울특별시 및 부산 직할시)를 중심으로 학습할 것을 제시하였다. 그러나 실제 학습에 있어서는 학습 내용이 행정 구역과 일치하는 경우도 있고, 그렇지 못한 경우도 있을 터이니, 이에 대해서는 그 지역의 특수성에 비추어 적절한 학습 계획에 의하여 지도할 것을 권하였다.[11]

## 라. 제3차 교육과정(1974년 공포)

### 1) 편제 및 목표

3차 교육과정은 국적 있는 교육의 강화를 추구하였다. 사회과는 목표에

---

10) 김홍수 ≪앞 책≫ 229
11) 한면희, ≪앞 책≫ 90-91

서 국민교육헌장의 이념 구현을 기본 방향으로 삼고 '국민적 자질'의 육성을 강조하여 궁극적으로는 바람직한 한국인의 육성에 목표가 있음을 분명히 하였다. 초등학교의 사회과는 교과서로서의 성격의 명확화, 기대되는 한국인상의 정립, 지식의 구조화 노력, 탐구절차 및 방법의 중시 등에 유념하며 개편되었다.

3차 교육 과정의 특징 중 하나가 국사를 독립 교과로 하고 국사와 국민윤리와 정치 경제 과목을 국민정신 교과로 채택하여 교과서를 국정으로 한 것이었다. 초등학교의 경우는 5, 6학년에서 사회 교과서가 아닌 독립된 국사 교과서를 별도로 사용하도록 하였다.[12] 초등학교 교과과정 총론은 전 학년을 통하여 국사교육을 강화하되 체계적인 국사교육은 5, 6학년에서 실시할 것을 명시하였다.[13] 실제로 5 · 6학년의 국사 내용을 사회과에서 분리시켜 독립 교과서를 편성하고 주당 2시간씩 지도하였다.[14] 또한, 국사교육에서의 주체성 부족을 지적하면서 민족적 자부심과 조상전통에 대한 애정 배양을 강조하였다. 이처럼 국적 있는 사회과교육과 주체적 국사 교육이 강조되면서 초등학교에서 역사 교육이 가장 활발히 실시된 것이 바로 3차 교육과정기였다.[15]

3차 교육과정에서 사회과는 궁극적인 목표를 소망스런 한국인상에 두고, 사회과학이 추구하는 목표 및 사회적 요구를 반영하여 일반목표와 학년목표를 제시하였다.[16] 지도 내용에서는 단원 목표를 제시하였다. 5개항으로 구성된 사회과의 일반 목표 가운데 역사 분야는 "우리나라의 문화와 전통에 대하여 이해시키고, 문화 민족으로서의 자각을 굳게 하여, 민족 문

12) 이경섭, 1997 ≪한국현대교육과정사연구(상)≫(교육과학사, 서울) 366
13) 함종규, ≪앞 책≫ 419
14) 박평식, 2003 〈초등학교 교육과정의 변천과 역사교육〉≪역사교육≫ 87, 17
15) 함종규, ≪위 책≫ 424
16) 한국교원대학교 사회과 교육과정개정연구위원회, ≪앞 책≫ 18

화를 발전시키고 국민적 사명을 완수하려는 태도를 기른다"는 목표를 제시
하며 국가주의적 지향을 강조하였다. 각 학년별 목표를 살펴보면, 3학년에
서는 고장의 역사를 중심으로 하는 향토사, 4학년에는 민족의 생활사를 학
습하도록 하였다. 5학년에서는 사회경제사와 문화사적인 접근을 시도하
면서 지도, 연대표, 통계표 등을 활용하는 기능적 목표를 함께 제시하였다.
6학년에서는 한국사 전체를 생활의 특색과 발전을 중심으로 구성하도록
하였다. 특히 6학년의 경우는 역사 창조의 사명감, 민족의 앞날을 위하여
헌신하는 태도 등 국가주의적 · 민족주의적 요구를 강조하고 있었다.

### 2) 내용

사회과는 내용면에서 한국사 교육이 체계화되고 강화되었으며, 전체 구
성에서는 동심원적 지역확대법과 시간소급법에 따라 아동의 관심을 반영
하고자 하였다. 내용의 제시도 탐구를 중심으로 하는 학습 절차를 중요시
하고 각 학년의 학습 단위마다 학습 절차, 방향 또는 수준을 제시한 후 그
아래에서 다룰 주요 개념 또는 제재를 제시하였다. 1학년부터 4학년까지는
지역 확대법으로, 5, 6학년은 국사 부분과 지리, 공민 부분으로 나뉘어져
있었다. 역사 분야와 관련된 지도 내용을 살펴보면 다음과 같다. 지도 내용
에는 각 단원별 목표가 새롭게 신설되었다. 역사 분야의 내용 체계는 〈표
Ⅲ-2-4〉와 같다.

〈표 Ⅲ-2-4〉 3차 교육과정 역사 분야 내용 체계

| 학년 | 단원명 | 단원 내용 |
|------|--------|-----------|
| 3학년 | (4) 고장생활의 옛날과 오늘 | (가) 학교의 옛날과 오늘<br>(나) 달라진 고장의 모습<br>(다) 달라진 생활 모습<br>(라)고장의 발전을 위해 애쓴 분들 |
| 4학년 | (5) 우리 조상들의 생활 내력과 그 자취 | (가) 옛 도읍지<br>(나) 우리의 문화재 |

| 5학년 | (1) 우리나라 경제생활의 발전 | (가) 산업기술의 발달<br>(나) 상업과 교통·통신의 발달 |
|---|---|---|
| | (2) 우리나라 문화의 발전 | (가) 학문과 교육의 발전<br>(나) 종교와 예술의 발전<br>(다) 생활 풍습의 변천 |
| 6학년 | (1) 우리 민족의 성장 | (가) 민족의 기원과 부족 국가<br>(나) 삼국과 통일신라<br>(다) 고려 시대의 생활<br>(라) 조선 시대의 생활 |
| | (2) 근대 사회로의 전환 | (가) 근대 조선 사회<br>(나) 일본의 침략 정치와 독립 투쟁<br>(다) 민주 대한의 발달 |

3학년에는 고장(시, 군)을 중심으로 하는 향토사, 4학년에는 옛날의 도읍지에 관련된 향토사와 문화재를 통한 문화사를 학습하도록 하였다. 5학년에는 경제사와 문화사를 중점적으로 배우도록 하고 있다. 6학년은 그야말로 한국사 전체를 간추린 통사로 구성하였다. 3, 4, 5학년의 경우는 그 내용 구성이 2차 교육과정과 대동소이하다. 6학년의 경우는 국사교육 강화 시책에 따라 처음으로 한국사를 일관된 통사체계로 구성하였다. 중·고등학교에서 배워야 하는 한국사의 주요 요점을 선행 학습하는 '전통'은 이 때 만들어진 것이었다. 2단원에서는 대한민국이 민족적 법통성을 계승했다는 점을 강조하면서 조국 근대화와 10월 유신을 가르치도록 하였다. 이는 유신체제가 민족사의 정통을 계승하고 있으며, 유신체제하에서 조국의 근대화가 달성되고 민족의 중흥이 이루어질 것이라며 유신체제의 정당성을 강조하고자 한 정권의 입장이 그대로 국사교육 강화라는 명목으로 교육 현장에 적용되었음을 의미하는 것이다. 마침내 초등학교에서의 세계사 교육은 국사교육 강화 방침에 밀려 완전히 명맥이 끊기고 말았다.

### 3) 방법 및 평가

지도사의 유의점은 8개항으로 제시되었다. 이 때부터 사회과 학습 방법으로는 사회적 사실과 현상에 대한 개념이나 원리, 전체적 경향, 상호 관계 등을 발견하고 적용하여 문제를 해결하는 탐구적 학습이 강조되기 시작하였다. 즉, 어떤 결과적 지식보다는 학생들이 관찰, 조사, 정리하는 과정을 중시하게 된 것이다. 4학년 이상에서는 자료의 해석, 활용, 사고력 신장, 과학적 태도 함양에 중점을 두고 정확하고 타당성을 지닌 자료를 수집 활용하며 적절한 시사 문제를 선정하여 지도할 것을 제시하였다.[17]

## 마. 제4차 교육과정(1981년 고시)

### 1) 편제 및 목표

4차 교육과정에서 초등 학교 역사 교육과 관련된 주요한 변화로는 3차 교육과정에서 5,6학년의 국사 교과서를 별도로 편찬하여 국사를 실제로는 분과적 차원에서 교수했던 것과는 달리 원래의 사회과에 통합되었다는 것이다. 별도의 국사 교과서는 없어지고, 국사 내용은 지리, 공민과 함께 편제된 사회 교과서에 통합되었다. 국사의 주당 시간 배정도 사회과의 주당 시간 배정에 따라 그 안에서 학습이 진행되었다. 국사 내용의 학년별 편제는 3학년에서 6학년에 걸쳐 주제와 내용을 달리하여 이루어졌다. 특히, 4차 교육과정이 초·중·고등학교 사회과 교육 내용의 계열화를 강조하면서 초등의 경우 생활사 중심의 접근을 원칙으로 분명히 하고자 하였다.

4차 교육과정에서 사회과 역사 분야의 목표로는 우리 민족의 발전과정을 이해하고 민족문화의 특질을 파악하는 지식 목표와 자료를 수집, 활용하고 탐구 절차를 익혀 문제를 해결하는 능력을 기르는 기능 목표와 국토

---

17) 한면희, 2001 ≪앞 책≫64

와 민족에 대한 애정과 국가 발전 및 민족 문화 창달, 인류 공영에 이바지하는 태도를 기르는 가치 · 태도 영역의 목표 등이 제시되었다.

4차 교육과정에서도 3차 교육과정과 마찬가지로 교과별로 학년 목표와 단원별 학습 목표가 제시되었다. 사회과의 학년 목표 중 역사 분야는 3학년에서는 고장의 역사와 문화를 중심으로 하는 향토사 중심의 학습을 지향하고 있다. 특히 '시간 의식을 넓힌다'는 역사 의식 함양과 관련된 학습 목표가 구체적으로 명시되어 주목을 끈다. 4학년에서는 지도, 연대표, 문화재 등을 통해 옛 도읍지와 문화재를 익혀 문화재 보전 의식을 갖게 하는 문화사 학습을 목표로 하고 있다. 5학년에서는 생활과 사회, 문화 등을 생활사 중심으로 접근하고자 한다. 특히 각종 자료를 수집하고 분석하는 활용력을 키우고 조상의 슬기와 노력을 계승하여 국가와 사회 발전에 기여하려는 태도를 기르고자 하였다. 6학년에서는 한국사에 대한 통사적인 이해를 지향하고 있다. 3차 교육과정과 대동소이하다. 학년별 목표에서 나타나는 공통점은 어떠한 내용으로, 또는 어떠한 수준으로 국사를 학습하든 근본적으로 연결되는 것은, 현재의 우리 민족의 역사적 상황에 대한 올바른 이해를 내세우고 있다는 것이다.

### 2) 내용

4차 교육과정의 초등학교 역사 분야의 내용 체계는 〈표 Ⅲ-2-5〉와 같다.

〈표 Ⅲ-2-5〉 4차 교육과정 초등학교 역사 분야 내용 체계

| 학년 | 단 원 명 | 단원 내용 |
|------|---------|-----------|
| 3학년 | 라)고장 생활의 변화와 발전 | (1)고장 생활의 옛날과 오늘<br>(2) 우리 고장의 전통 |
| 4학년 | 마) 우리 민족의 생활 자취 | (1)옛날의 자취가 많이 남아 있는 고장<br>(2) 우리나라의 내력<br>(3) 여러 가지 문화재 |

| | | |
|---|---|---|
| 5학년 | 라) 우리나라 사회생활의 발달 | (1) 가정생활의 변천<br>(2) 사회생활의 변천 |
| | 마) 우리나라 산업의 발달 | (1)농수산업의 발달<br>(2) 광·공업의 발달<br>(3) 상업과 무역의 발달<br>(4) 교통과 통신의 발달 |
| | 바) 우리나라의 학문과 기술의 발달 | (1) 교육 활동의 변천<br>(2) 학문의 발달<br>(3) 기술의 발달 |
| | 사) 우리나라 종교와 예술의 발달 | (1) 종교생활의 변천<br>(2) 예술의 발달 |
| 6학년 | 라) 우리 민족의 형성과 성장 | (1) 우리 역사의 시작과 부족 국가<br>(2) 삼국의 성립과 발전<br>(3) 통일 신라와 발해 |
| | 마) 민족 국가의 발전 | (1) 고려의 건국과 발전<br>(2) 외적인 침략에 맞선 고려인의 투쟁<br>(3) 조선의 건국과 발전<br>(4) 조선의 시련과 중흥 |
| | 바) 근대화의 길 | (1) 조선 사회의 새로운 변화<br>(2) 개항과 자주 운동 |
| | 사) 20세기의 민족사 | (1) 일본의 침략과 독립 투쟁<br>(2) 대한민국의 발전<br>(3) 민족의 현실과 미래 |

　3학년에서는 우리 고장의 산업, 교통, 인구의 변화와 발전, 그리고 전통
으로서의 풍습과 문화재를 학습하는 향토사 중심으로 구성되었다. 4학년
은 주요 고장의 내력과 유물 및 사적 그리고 국사 연대표와 문화재 등을 살
피는 문화사 위주로 구성되었다. 5학년에서는 현재 생활을 연결시킨 산업
과 생활의 발전 등 경제사와 　그리고 교육, 학문, 기술, 신앙, 종교 등의 문
화사로 조직되었다. 5학년에서 분야별로 경제사, 생활사, 문화사 등을 가
르치는 것이 이전과는 다른 변화라 할 수 있다. 상대적으로 6학년에서는
한국사 전반을 정치사 중심으로 체계적으로 제시한 통사적 내용으로 구성
되었다. 단원 구성에서 왕조별로 시대를 구별하지 않고, 우리 민족의 형성

과 성장, 민족국가의 발전, 근대화의 길, 20세기의 민족사 등 민족사를 중심으로 시대 구분을 하고 있어 주목된다. 또 근대화를 3차 교육과정에서는 개항부터 시작했으나, 이번에는 조선 후기의 사회 변화로부터 찾고 있다. 이는 역사 발전의 요인을 민족 내부의 움직임에서 찾고자 하는 내재적 발전론이 반영된 결과라 할 수 있다. 현대사는 제5공화국까지 서술하도록 하고 있다. 신군부 정권이 새마을 운동 등을 강조하면서 유신체제의 후계자로서 자신들의 정당성을 옹호할 것을 역사 교육에 요구한 측면이 반영된 것이라 할 수 있다.[18]

### 3) 방법 및 평가

지도와 관련하여 주목할 것은 지역 확대법과 시간 소급법을 강조하면서도 이를 아동의 관심에 바탕을 두어 지도할 것을 요구한 점을 들 수 있다. 또한 지역화가 강조되면서 지역 사회의 자료를 활용하고 지역 사회에 대한 이해를 깊게 할 것을 요구하였다. 견학 · 조사 · 관찰 · 자원 인사 초빙 · 토의 등 다양한 학습 방법을 활용하되 교재를 지역화하여 지도할 것을 강조하였다. 또한 사회적 사실이나 현상에 대한 지엽적 지식의 이해보다는 개념이나 원리를 파악하는 학습이 이루어질 것을 요구하였다. 그리고 교과서의 각종 자료를 활용하여 탐구적이고 자율적인 학습이 되도록 지도할 것을 제시하였다.[19]

4차 교육과정부터 평가상의 유의점이 제시되기 시작하였다. 평가는 지필검사, 태도, 기능 등 다양한 측면에서 이루어지도록 하고 평가 내용으로는 사실, 개념, 원리 의 이해 및 적용력 등이 폭넓게 이루어지게 할 것을 제시하였다.[20]

---

18) 차경수, 1996 ≪위 책≫ 36
19) 문교부, 1982 ≪국민학교 교육과정≫ 56-57
20) 한면희, ≪앞 책≫ 94

## 바. 제5차 교육과정(1987년 고시)

### 1) 편제 및 목표

5차 교육과정은 기본적으로 4차 교육과정의 목표, 내용, 방법적 요소의 골격을 그대로 유지하면서 지속적이며 점진적인 변화를 꾀함으로써 효율성을 기하고자 하였다. 다만 내용 선정에서 실생활과 관련된 것을 보다 많이 강조한 차이는 있다. 초등학교 사회과의 경우, 사회 탐구를 신설하고 4학년 사회과 교과서에 지역 단원을 설정하여 시 · 도 교육청에서 시도 단위로 지역 단원에 해당하는 교과서 내용을 개발하도록 하였다.

초등학교 사회과의 경우, 4차 교육과정을 보완하면서도 학문적, 국가 · 사회적, 개인적 적합성을 함께 고려하고 지역화, 지방화에 대비하는 교육과정 구성을 기본 방향으로 하여, 학습량의 과다와 높은 수준의 문제, 지나친 분과적 내용 구성의 문제, 지식의 활용성의 문제, 지나친 탐구 강조 등의 문제를 개선하고자 하였다.[21]

5차 교육과정은 초기부터 현실안주형 교육과정이라는 비판을 받았다. 사회과의 교육과정 역시 4차 교육과정의 단원과 그 내용을 달리하는 경우가 거의 없었다. 내용 구성의 원리나 순서도 거의 유사하였다.[22] 이러한 과정에서 역사 분야 역시 4차 교육과정과 유사한 편성이 이루어졌고, 국제화와 지역화가 강조되는 가운데 '역사 영역 교육의 체계화'가 천명되기도 하였다. 역사 영역 교육의 체계화는 "사회과 속의 국사 교육 내용 전개를 역사 영역과 사회과학의 관련 영역을 통합한 내용으로 구성하고 사례사, 생활사, 인물사, 사건사 중심으로 전개하며, 역연대적 주제적 접근 방식으로 전개함으로써 통사적 전개를 배제한다"는 원칙하에 진행되었다.[23]

---

21) 한국교원대학교 사회과 교육과정개정연구위원회, ≪앞 책≫ 21

22) 권오정 · 김영석, ≪앞 책≫ 187

23) 교육과정 · 교과서연구회, ≪앞 책≫ 134

사회과의 교과 목표 중 역사 분야 관련 진술도 4차 교육과정과 동일하다. 학년별 목표는 분야별로 항목을 달리 제시하던 방식을 바꾸어 먼저 그 학년의 학습 내용과 관련하여 지식 목표를 제시한 다음 도달해야 할 기능과 태도에 관한 목표를 항목화하여 진술하였다. 그 내용은 이전의 교육과정과 역시 대동소이하다.

### 2) 내용

5차 교육과정에서 초등학교 역사 분야의 사회과로서의 통합적 성격은 더욱 강화되었다. 5, 6학년에 집중 편성되던 역사 내용이 지리, 공민 분야와 통합되어 3, 4학년으로 확대 분산되었다. 5학년 문화사 중 학문, 기술 및 교육, 종교, 예술의 발달은 우리 문화생활의 발달이라는 시각에서 통합되었고, 가정생활과 사회생활의 변천은 4학년의 인간의 사회생활에서, 우리나라 산업의 발달은 대표적인 통합 단원인 우리나라의 산업 발달에서 다루도록 편성되었다. 또한 중·고등학교 역사교육과의 계열성을 고려하여 사례사, 생활사, 인물사, 사건사를 역연대적으로 또한 주제적 접근 방식으로 전개하여 통사적 성격을 축소시키고자 하였다. 학년별 내용 체계를 살펴보면 다음과 같다.

〈표 Ⅲ-2-6〉 5차 교육과정 초등학교 역사 분야 내용 체계

| 학년 | 단원명 | 단원 내용 |
|------|--------|-----------|
| 3학년 | 라) 우리 고장의 변화와 발전 | (1) 우리 고장의 옛날과 오늘<br>(2) 우리 고장의 전통<br>(3) 우리 고장의 발전을 위한 노력 |
| 4학년 | 다) 우리 민족의 생활 자취 | (1) 우리나라의 내력<br>(2) 여러 가지 문화재 |
| 5학년 | 마) 우리 문화생활의 발달 | (1) 학문과 기술의 발달<br>(2) 종교와 예술의 발전 |

| 6학년 | 라) 우리 민족의 형성과 발전 | (1) 오랜 역사를 가진 우리나라<br>(2) 나라를 지켜 온 우리 조상<br>(3) 문화를 발전시켜 온 우리 민족 |
| | 마) 근대화의 길 | (1) 근대화를 위한 노력<br>(2) 국권 수호 |
| | 바) 대한민국의 발전 | (1) 민주 국가의 건설<br>(2) 자랑스러운 우리나라 |

내용 편성은 동심원적인 지역 확대법과 시간 소급법의 상호 보완적인 입장에서 이루어지는 것을 내용 구성상의 원칙으로 하고 있다. 즉, 학생들의 시간 의식의 발달 단계를 고려하여 3학년에서는 향토사적인 접근을 통하여 우리 고장의 옛날과 오늘, 우리 고장의 전통 등을 통하여 고장의 변화를 이해하도록 하고 있다. 4학년에서는 향토사, 생활사, 문화사적인 접근을 통하여 시 도의 내력을 중심으로 우리나라의 내력을 알 수 있도록 하였으나 한국사 전체를 대상으로 하지는 않고 있다. 연대표, 옛 도읍지 등을 통하여 개괄적으로 알도록 하고, 여러 가지 문화재에 나타난 우리 조상들의 생활 모습과 민족 문화의 우수성을 파악하게 하고자 한다. 5학년에서는 경제사, 문화사, 기술사적인 접근을 통하여 우리나라의 문화와 경제의 발전을 인식하도록 한다. 6학년에서는 전근대사는 주제를 중심으로 하여 구성하고 있다. 중학교와 계열성을 고려하여 내용 분량을 축소하고자 하였다. 근대사는 근대화와 독립운동을 중심으로 사건사적으로 접근하고 있다. 현대사는 간단한 개관과 함께 산업, 사회, 문화 분야 별로 정리하며 미래 전망을 강조하고 있다. 6학년의 경우, 전근대사와 근현대사가 균형을 이루고 있어 주목된다. 전근대사의 비중이 높았던 이전 교육과정에 비해 5차 교육과정에서는 균형을 이루었으나, 이후에는 오히려 근현대사의 비중이 높아지는 양상을 보인다고 한다.[24]

---

24) 조용채, , 2000 〈사회과교과서 단원구성의 개선방안-6학년 역사 영역의 교육과정별 변천 분석을 중심으로-〉(서울교대 석사논문) 75

### 3) 방법 및 평가

4차 교육과정과 마찬가지로 5차 교육과정에서도 교재의 지역화와 지역 사회에 대한 이해가 강조되었고, 개념과 원리 파악과 함께 시사자료 활용 등을 통한 실생활 적용을 요구하였다. 그리고 다양한 학습 활동과 집단적 사고활동을 통해 흥미를 갖도록 하고 다양한 교수 학습 자료를 활용하여 자율적 탐구 학습이 이루어지도록 할 것을 제시하였다. 또한, 새롭게 국제 이해 교육을 강조하였다.[25]

평가의 경우는 다양한 방법에 의한 지적 능력 평가와 결과 및 과정의 평 가, 관찰 등 다양한 방법에 의한 정의적 영역의 평가, 평가 결과에 대한 정 보 제공과 활용, 개선을 위한 활용 등을 제시하였다.[26]

### 사. 제6차 교육과정(1992년 고시)

#### 1) 편제 및 목표

6차 교육과정에서는 사회과의 통합적 성격이 더욱 강화되었다. 초등학 교 사회과의 내용은 각 학년의 주제를 설정하여 지도 내용의 핵심과 범위 를 제시하고 이를 중심으로 학년 별 내용을 배정하도록 하였다. 또한, 내용 체계를 위해 지식 분야에서 영역을 설정하고 각 영역의 주요 개념을 결정 하고 기능과 가치 영역의 주요 요소를 정하였는데 역사의 경우는 변천, 지 속성, 민족 문명 등이 선정되었다.[27]

사회과의 교과 목표 6개 항 중 역사 분야로는 고장·지역·나라·세계 의 생활모습을 자연환경 및 역사와 문화 민족적 공동생활 등 여러 관점에 서 이해하는 지식 목표와 정보를 수집, 활용하고 문제를 합리적으로 해결

25) 대한교육연합회, 1987 ≪제5차 국민학교 교육과정≫ 60

26) 한면희 ≪앞 책≫ 94

27) 홍웅선, ≪앞 책≫ 227

하며 공동생활 참여 능력을 기르는 기능 목표와 고장과 국토 및 민족을 사랑하는 마음을 갖고 민족통일과 국가 발전을 위해 노력하며 세계와 협력하는 태도를 기르는 가치·태도 목표가 제시되었다.

초등학교 사회과는 배우고 가르치기 용이한 사회과를 지향하였다. 그 특징이 바로 생활 경험 중심의 사회과로서의 특성을 강화하는 것이었다.[28] 이처럼 1990년대 시대상의 변화를 반영하면서 생활 경험과 함께 지역화와 국제화를 중시하는 초등 사회과의 편제에 따라 역사 분야의 통합적 성격을 더욱 강화될 수밖에 없었다. 6차 교육과정부터는 학년 목표가 교과 목표 및 단원 목표와 뚜렷이 구별되지 않고 중복진술되고 있다는 우려로 인해 생략되었다.

## 2) 내용

사회과를 지식분야별 분류에 따라 인간과 환경(지리), 사회문화(사회, 역사, 문화), 공동생활(정치 경제, 법)로 나누어 각 영역의 주요 개념을 학년별로 정하고 이와 관련된 기능과 가치 태도 영역의 주요 요소 정리하였는데, 그 내용은 사실상 5차 교육과정과 거의 동일하였다.

초등 사회과의 학년별 내용 선정의 원칙을 살펴보면, 우선 3학년에서는 1,2학년 내용과의 연계성을 고려하여 읍 면을 포함한 시 군 고장의 환경의 이해와 적응, 공동 생활, 생활의 변천 및 개선 등을 다루도록 하였다. 4학년에서는 시 도 지역 생활 범위 내에서 시 도의 모습과 공동생활(제도) 고장의 문화재, 사회 생활의 지혜 등을 다루도록 5학년에서는 우리 나라 생활과 문화에 관한 내용을 제시하도록 하였다. 주요 내용은 산업과 경제 생활, 살기 좋은 국토, 우리 민족의 문화 생활, 자율적 시민 생활 등이다. 6학년에서는 우리 나라와 세계에 대해 학습하도록 하여 민족과 국가의 성장, 근대 이

---

28) 권오정·김영석 ≪앞 책≫ 191-192

후 우리 나라 사회와 외래 문화와의 접촉, 민주 국가의 발전, 변해 가는 세계와 우리 나라 등을 다루도록 하였다.

내용선정이 5차 교육과정과 거의 변화가 없음을 알 수 있다. 다만 국가주의적 요소들이 약화되면서, 시민 용어가 등장하는 것이 주목할 만한 대목이다. 각 학년의 주제들을 전형적인 지역 확대법 원리에 따라 배치하고 한 학년 내에 변화와 시간 개념을 가미하여 시공간을 중심으로 한 내용구성상의 일관된 논리를 갖추려고 했다는 점 역시 주목된다. 또한, 단원명 속에 생활이라는 단어를 많이 사용하고 있다. 하지만 명백한 내용 영역의 변화가 없음은 아쉬운 대목이다.

학년별로 역사 분야 관련 단원의 내용 체계를 살펴 보면 〈표 Ⅲ-2-7〉와 같다.

〈표 Ⅲ-2-7〉 6차 교육과정 초등학교 역사 분야 내용 체계

| 학년 | 단 원 명 | 단원 내용 |
|---|---|---|
| 3학년 | (3) 고장 생활의 변화 | (가) 조상들의 생활을 알 수 있는 것들<br>(나) 생활 도구 및 교통·통신의 변화<br>(다) 전해 내려오는 놀이와 행사 |
| 4학년 | (1) 우리 시·도의 모습과 내력 | (가) 자연의 모습과 지도, 도표<br>(나) 내력과 연표 |
| 5학년 | (3) 우리 민족의 문화생활 | (가) 옛 도읍지와 문화재<br>(나) 조상들의 교육, 학문, 과학 기술, 종교에 나타난 슬기<br>(다) 조상들의 예술 생활에 나타난 멋 |
| 6학년 | (1) 민족과 국가의 성장 | (가) 우리 겨레, 우리 나라<br>(나) 역사를 빛낸 조상들<br>(다) 겨레의 해외 활동과 외침의 격퇴 |
| | (2) 새로운 사회와 문화의 건설 | (가) 외래 문화와의 만남<br>(나) 새로운 사회로의 움직임<br>(다) 국권 회복을 위한 노력 |
| | (3) 민주 국가로의 발전 | (가) 광복과 대한민국 |

내용 면에서 이전 교육 과정과 대동소이하다. 공간 확대 원칙이 명확히 적용되어 3학년은 고장, 즉 시·군·구, 4학년은 시·도 지역, 5학년은 국가, 6학년은 우리나라와 세계 수준에서 서술하도록 하고 있다. 내용적으로는 3학년은 약 100년 정도의 시간을 소급하여 가족 및 고장 생활의 변화를 인식하도록 하고 있으며 4학년은 역연대적 접근과 구체적 생활 경험 자료를 통한 시도 지역의 변화를 인식하고 한국사 학습의 입문으로서 우리나라 왕조명의 개략적 이해를 시도하고 있다. 5학년은 역연대적 접근을 통해 민족 생활의 변천을 경제 문화 생활 발달을 중심으로 인식하도록 하고 있다. 6학년의 경우, 이전과는 달리 전근대사의 경우 '위인'이라는 인물을 중심으로 민족 국가의 형성과 발전 과정을 인식하도록 구성되어 있다. 근현대사는 개화, 즉 근대화와 독립운동을 강조하고 해방 이후 발전상을 중심으로 구성되어 있다.

### 3) 방법 및 평가

학습지도의 기본 방향은 기본 개념과 원리를 발견하여 적용하고 실생활에서 판단하고 행동하는 능력을 증진하는 데 두었다. 지도방법상에서는 다양한 학습방법 적용, 다양한 사고 활동 촉진, 다양한 탐구방법 활용, 다양한 교수학습 자료의 활용 등 다양성을 강조한 특징을 갖고 있다. 교재의 재구성과 지역화 역시 계속 강조되었다.[29]

6차 교육과정부터 별도의 평가 항목이 제시되었다. 평가 목표로는 기본 개념과 원리의 이해 적용, 필수적인 사회 기능 요소, 자료 수집과 활용 능력, 사회참여력, 상호 협동 능력, 의사 소통 능력, 자아 실현에 관한 신념, 고장 국가 사회에 대한 관심과 기여 태도 등을 제시하였다. 평가의 중점은 지식의 적용력, 태도, 학습 과정 등에 두도록 하였다. 그리고 교과의 학년

---

29) 교육부, 1993 ≪국민학교 교육과정 해설(II)≫ 226-236

별 성취수준을 설정하고 다양한 도구와 방법으로 성취도를 평가하도록 하였다. 평가방법으로는 선다형 일변도의 지필검사를 지양하고 서술형 주관식 평가와 표현 및 태도 관찰 평가를 보다 적극 활용하도록 하였다. 또한 학생 이해 차원의 평가를 실시하되, 상호 비교하지 않을 것을 요구하고, 지필, 관찰, 작품 분석, 면접, 상호 평가, 언어 상호작용 분석, 실연 등 다양한 방법에 의한 수시평가를 강조하였다.[30]

## 아. 제7차 교육과정(1997년 고시)

### 1) 편제 및 목표

7차 교육과정은 국민공통 기본 교육과정(1-10학년)과 선택중심 교육과정(11-12학년)으로 구성된 특징을 갖고 있다. 또한 학생들의 수준에 따라서 학습을 효과적으로 실시하기 위해 서로 다른 교육과정을 운영하는 수준별 교육과정을 도입하였다. 사회는 3학년에서 10학년까지 심화보충형 수준별 교육과정을 운영하도록 하였다. 내용체계에서는 심화과정이 별도로 표시되었다. 내용영역은 6차 교육과정과 크게 다르지 않지만, 6차 사회과 교육과정이 공간을 축으로 시간을 가미한 것과 달리, 7차 사회과 교육과정은 지리 역사 일반사회의 내용을 독립적으로 배열하고 있었다.

초등학교 사회과는 "초등학교에서는 학생들이 주변의 사회적 사실과 현상에 대하여 관심과 흥미를 가지며, 생활과 관련된 기본적 지식과 능력을 습득하고, 창의적인 자세로 일상생활에 적응할 수 있도록 한다"는 성격을 제시하였다. 이에 따른 내용 구성은 문화와 민족, 변화와 지속성, 인간과 환경, 개인과 사회, 시민생활과 정치, 생산·분배·소비·과학·기술·사회, 지구촌 사회의 8개 영역으로 설정하고 학습자의 발달 정도에 맞추어 학

---

30) 한면희, 《앞 책》 94

년별 하위 주제를 설정하여 그것에 해당하는 내용들을 배열하였다. 그리고 주제 또는 문제를 중심으로 한 내용과 방법의 통합, 생활 경험과 지식의 통합에 초점을 맞추었다.

초등학교의 경우 6차 교육과정부터 학년 목표가 삭제되었으나, 역사 분야의 6학년 목표를 사회과 목표에서 도출하면 다음과 같다.

· 나라를 세우고 국력을 떨친 역사적 인물들의 업적을 조사하는 가운데 역사상의 여러 왕조의 이름과 특색 이해
· 외적의 침입으로부터 나라를 지키면서 민족의 자주성과 창조성을 문화발전으로 나타낸 우리 역사의 특색 이해
· 우리나라의 성립과정과 발전과정을 연표를 통해 이해하고, 주요 사실을 연표에 나타내기
· 민족문화의 해외 전파 및 우수한 민족문화재에 관한 자료의 수집, 분석
· 문화유산의 보호 창조적 계승 발전시키려는 태도[31]

## 2) 내용

7차 사회과 교육과정은 교육 내용 체계의 영역을 인간과 공간, 인간과 시간, 인간과 사회로 분류하고 있다. 역사 분야에 해당되는 인간과 시간에서 초등학교의 경우는 다음과 같은 내용을 다루는데, 6차 교육과정의 내용 요소와 별 차이가 없어 보인다.

3학년 고장생활의 변화, 고장의 문화적 전통
4학년 옛 도읍지, 박물관의 기능 문화재의 가치
5학년 인간 생활과 과학 기술의 관계 조상들의 공동체 의식

---

31) 조용채, 2000 〈앞 논문〉 33

6학년 국가의 성립과 발전 근대화와 민주 국가 건설 역사적 인물과 사건

학년별 내용 체계는 〈표 Ⅲ-2-8〉과 같다.[32]

<표 Ⅲ-2-8〉 7차 교육과정 초등학교 역사 분야 내용 체계

| 학년 | 단 원 명 | 단원 내용 |
|------|---------|-----------|
| 3학년 | (3)고장생활의 변화 | (가) 생활 도구의 변화<br>(나) 교통, 통신의 변화<br>(다) 놀이와 행사의 변화 |
| 4학년 | (3) 옛 도읍지와 문화재 | (가) 옛 도읍지를 통해 본 나라들<br>(나) 박물관과 문화재 |
| 5학년 | (4) 우리 겨레의 생활 문화 | (가) 생활 도구와 과학 기술<br>(나) 마을 제사와 종교 생활 |
| 6학년 | (1) 우리 겨레, 우리 나라 | (가) 나라를 일으킨 조상들<br>(나) 문화를 빛내고 외침을 물리친 조상들 |
| | (2) 새로운 사회, 문화로 가는 길 | (가) 국가의 부강과 국민의 복지를 위해<br>　　노력한 조상들<br>(나) 자주와 독립을 위해 싸운 조상들 |

3, 4, 5학년의 경우는 이전의 교육과정과 대동소이하다. 6학년의 경우에는 크게 우리 겨레, 우리나라와 새로운 사회, 문화로 가는 길의 두 단원으로 나누어진다. 조선전기까지 서술한 (1)단원은 여러 나라의 건국과 국토 수호, 그리고 문화 발전에 기여한 인물을 중심으로 살피도록 하고 있다. 조선후기 이후 현대사까지를 다루는 (2)단원은 부강과 복지, 자주와 독립을 위해 활약한 인물들을 중심으로 구성하도록 하고 있다. 대한민국 성립 이후 여러 대통령의 주요 업적을 비교하도록 하는 등 인물을 중심으로 한국사를 이해하되, 연대기적인 구성을 피하고자 하는 시도가 엿보인다.

---

32) 교육부, 1997 《초·중등 학교 교육과정-국민공통 기본 교육 과정》 116-129

### 3) 방법 및 평가

국민공통 기본 교육과정으로서 3학년부터 10학년까지에 해당되는 제반 지도 방법을 고려하여 학습자 중심의 학습을 위한 열린 교육에 대한 지침과 수준별 교육과정 운영에 따른 보충 심화학습 지침 등이 새롭게 추가되었다. 사회과 학습지도의 기본방향은 사회과 교재의 재구성과 수업 계획, 통합적 교수방법의 강조, 핵심적 지식의 이해와 탐구 기능 및 사고력 신장, 다양한 교수 기법과 발문 기법의 활용, 다양한 교수학습 자료의 활동, 학습자 중심의 수업 운영, 사회과 교재의 지역화 방안, 국가 사회적 요구 사항의 지도 등으로 구성되었다. 학습 지도 방향은 구체적 생활 경험을 통해서 생활에 유용한 기본개념이나 원리를 학생들이 스스로 발견하고 이를 실생활에 응용할 수 있는 기회를 제공할 것을 제시하였다.

7차 교육과정에서는 평가 방법이 보다 체계적으로 제시되었다. 주요 내용은 평가의 원칙, 수준별 교육과정에 의한 평가, 교육 과정 목표와의 관련 평가, 지식·기능·가치 태도에 대한 평가, 종합적이고 균형적인 평가, 과정 평가와 수행 평가, 다양한 평가 방법의 활용, 양적 평가와 질적 평가, 평가 결과의 활동 등을 들 수 있다. 특히, 7차 교육과정에서 수준별 성취 평가와 수행 평가 방침을 제시한 것은 새로운 시도였다.[33] 7차 교육과정은 자기 주도적 학습에 따른 수행 평가의 실행을 강조하였다. 평가를 통해 자신의 성취 수준을 확인하고 학습 방법의 문제점을 찾아 낼 수 있는 자기 주도적 평가를 지향하며, 이에 적합한 평가 방안으로서 수행 평가를 강조한 것이다. 또한 학습자의 자기주도적 학습, 개별 학습, 협동 학습, 체험 학습을 뒷받침하기 위한 구성주의적 학습 환경을 강조하였다.[34] 또한 평가는 지필시험, 관찰, 작품분석, 면접, 상호평가, 자기평가, 언어 상호작용 분석 , 실연 등 다양한 방법에 의해 수시로 이루어지도록 하되 겉으로 드러난 행동만이

---

33) 한면희, ≪앞 책≫ 94
34) 한면희, ≪위 책≫ 77

아니라 내면적인 행동 특성까지 평가하도록 하였다.

## 자. 2007 개정 교육과정(2007년 고시)

### 1) 편제 및 목표

2007 개정 교육과정에서 사회과에 가장 큰 변화는 역사교육이 강화되면서 영역 독립이 이루어진 것이다. 역사교육의 강화 근거로는 주변국들의 역사 왜곡에 대한 능동적 대처 및 세계화 시대에 적합한 역사교육이 필요하다는 논리를 제시하고 있다. 이 역사 영역의 독립은 사회과 내용 체계에 상당한 변화를 가져왔다.

초등학교 사회과에서는 역사 영역이 교과로 분리되지는 않았지만, 역사교육 강화라는 개정 방향에 따라 한국사가 한 학기에서 한 학년으로 증가하였다. 그리고 역사 영역은 6학년에서 5학년으로 이동하였다. 3차 교육과정부터 유지되던 역사교육의 틀이 완전히 바뀌어 5학년에서만 역사 영역을 교수하도록 하고 있다.

### 2) 내용

국민공통 기본과정은 역사 영역, 지리 영역, 일반 사회 영역의 분류 체계에 따라 내용이 설정되었다. 역사 영역은 5학년에 집중 구성되어 있다. 또한, 종래 3학년에서 실시하던 향토사 교육은 고장의 생활문화라는 차원에서 여전히 교수될 예정이다. 5학년 역사의 내용은 대단원 제목하에 설명요소와 내용요소를 서술하는 방식으로 되어 있다. 초등학교 역사 영역의 내용 체계는 〈표 III-2-9〉와 같다.[35]

---

35) 교육인적자원부, 2007 ≪초등학교 교육과정≫ 118-120

〈표 Ⅲ-2-9〉 2007 개정 교육과정 초등학교 역사 분야의 내용 체계

| 학년 | 단 원 명 |
|------|---------|
| 5학년 | (1)하나가 된 겨레<br>(2) 다양한 문화가 발전한 고려<br>(3)유교 전통이 자리 잡은 조선<br>(4) 조선 사회의 새로운 움직임<br>(5) 새로운 문물의 수용과 민족 운동<br>(6) 대한민국의 발전과 오늘의 우리 |

5학년 역사는 한국사 전반을 다루는데 단원은 시대별로 분류되었다. 고려 혹은 조선과 같은 국호가 다시 단원명에 등장한 것이 주목된다. 각 단원 안에서는 생활과 문화, 그리고 인물을 중심으로 각 시대를 이해하도록 하고 있다. 정치사적 서술이 거의 없고 각 시대 안에서는 주제별 서술이 가능하도록 구성되어 있다. 이러한 단원 구성은 연대기적 접근법과 주제 중심 접근법을 변용한 혼합 접근법에 의거한 것이다. 이는 학습 순서가 시대순을 따르고 있으나, 각 시대별 상호 관련성을 이해하기 곤란한 측면이 갖고 있다.[36] 또한, 학생의 역사의식 발달 수준을 고려하여 6학년이면 시대의식 단계로서 체계적 역사교육이 가능하여 통사 학습이 가능하다는 역사교육 관련 연구 성과가 배제된 채, 역사, 지리, 일반사회 영역 간의 갈등이 그대로 반영되어 5학년에서 한국사를 가르치게 된 문제에 대해서는 깊은 반성과 성찰이 요구된다고 하겠다. 주목할 만한 변화로는 여성사 관련 주제가 독자적으로 설정된 것을 들 수 있다. '조선시대의 새로운 움직임' 단원에는 "조선 시기 여성의 생활과 사회적 지위 변화를 파악하고 생활을 개선시키고자 했던 여성의 노력을 이해한다"는 주제가 들어있다.[37]

---

36) 조용채, 〈앞 논문〉 28
37) 강선주, 2007 〈역사교육에서 내용 선정 및 구성의 개념으로서 성별〉≪역사교육≫ 102 25

### 3) 방법 및 평가

교수학습 방법은 제7차 교육과정의 22개 하위 항목에서 14개 항목으로 축소되었는데, 이 또한 대강화 차원에서 나온 것이나 진술에서는 큰 차이가 없다.

## 3. 일본 초등학교 사회과(역사분야) 학습지도요령 변화 분석

### 가. 1947년판 학습지도요령[38]

#### 1) 편제 및 특성

일본의 사회과는 일본국 헌법의 이상의 실현을 교육의 힘에 구하는 교육기본법, 거기에서 '교육의 목적'으로서 나타난 '평화적인 국가 및 사회의 형성자'로서의 '자주적 정신에 힘쓰는-국민의 육성'을 기하여 발족했다.[39]

이 시기 사회과 교과목의 편제는, 주입을 배제하기 위해 내용을 고정하지 않고 아동에게 절실한 문제의 아동에 의한 해결을 통해 '사회생활을 이해시켜 그 진전에 힘을 쏟는 태도와 능력을 양성한다'를 임무로 했다.[40]

1947년판은 작업단원을 내용편성의 원리로서 하고 절실한 문제가 연속적으로 생기는 생활과정으로서 수업을 조직하는 것으로 하였다. 이 때문에 사회과는 다른 교과뿐 아니라 교과외의 내용도 포함하는 초광역의 교과가

---

38) 본 장에서 살펴볼 학습지도요령은 학습지도요령 일반편(시안) 소화22년 5월 5일 (1947년) 발행, 학습지도요령 사회과편(시안) 소화22년 5월 5일(1947년) 발행, 소학교학습지도요령 사회과편(보설) 소화23년 9월 15일(1948년) 발행이다.

39) 학습지도요령 사회과편(시안) 소화22년 5월 5일(1947년)

40) 학습지도요령 사회과편(시안) 소화22년 5월 5일(1947년)

되었다.[41]

학습지도요령 사회과편(一)(시안)(1947년 5월 5일 발행)에서는 다른 교과와 마찬가지로 청소년의 심신의 발달과 학습능력 및 사회성, 지역 및 생활환경, 소질 등을 교사가 충분히 참조하여 교재 선택을 하도록 하였다. 즉 아동의 심신의 발달 단계와 학습을 연결시키도록 하였다.

이러한 내용들은 민주주의 사회와 관련이 있으며 사회의 이상을 설명하고 이것을 현실 사회와 비교하여 그 이상을 실현하는 방안 혹은 그것에 필요한 태도, 능력을 이해시킨다고 하는 점으로부터 선택되어지도록 하고 있다.

이를 보다 구체적으로 보면, 이들 학년별 편제는 〈표 Ⅲ-3-1〉과 같이 '사회'라는 교과목 시간 안에서 문제해결형 과제 제시를 통해 구분되었다.

〈표 Ⅲ-3-1〉 1947년판 학습지도요령 초등 사회과 편제

| 학년 | 1학년 | 2학년 | 3학년 | 4학년 | 5학년 | 6학년 |
|---|---|---|---|---|---|---|
| 문제수 | 6문제 | 8문제 | 10문제 | 9문제 | 9문제 | 8문제 |
| 주당 시간수 | 4 | 4 | 5 | 5 | 5-6 | 5-6 |

위 표의 각 학년별 구체적인 내용은 아래의 〈표 Ⅲ-3-2〉와 같다.

〈표 Ⅲ-3-2〉 1947년판 학습지도요령 사회과편(一)(시안)의 학년별 교재 내용

| 학 년 | 아동 심신발달과 경험영역 |
|---|---|
| 1학년 | 가정, 학교 및 근처의 생활(이 시기에 아동은 자기중심적이며 가까운 사회를 그들에게 직접 관계있는 한 행동을 통해 이해할 수 있다) |
| 2학년 | 가정, 학교 및 가까운 생활(1학년에 비해 경험이 한 단계 넓어지고 깊어져 간다. 근처의 사회생활의 경험이 깊게 된다. 근처의 사회에서의 사람들의 협력과 각종의 직업 및 공공시설을 어느 정도까지 이해할 수 있다.) |

41) 日本カリキュラム學會 編, 2001 ≪カリキュラム事典≫(ぎょうせい, 東京) 227

| | |
|---|---|
| 3 학년 | 지역사회의 생활(옛날의 생활비교로서)(경험 영역이 가까운 생활에서 점차 넓어져 가 마을로 까지 넓어진다. 자연 환경과 인간과의 상호적응이 흥미의 중심이 된다. 그리고 문명이 없었던 부자유한 시대의 사람들의 생활에도 점차 흥미를 나타낸다.) |
| 4 학년 | 우리들의 생활의 현재와 과거(경험 영역은 더욱 넓혀져 현 혹은 일본에 까지 미친다. 자연환경과 인간과의 상호의 적응이 여전히 흥미의 중심이다. 역사적인 의식이 드디어 싹을 피우지만 시대의 관념은 아직 분화하지 않고 과거의 시대는 모두 현재와 대비되어지는 옛날로서 일괄적으로 생각되어지는 정도이다.) |
| 5 학년 | 현대 일본의 생활(발명 발견에 흥미를 가지고 일본의 생활이 발명 발견에 의해 변화하여 현대에 이른다는 점을 이해한다.) |
| 6 학년 | 일본의 생활과 제외국(발명과 발견에 흥미를 가지는 것은 전(前) 학년과 같다. 그리고 발명 발견에 의해 세계적 규모를 가지도록 된 산업, 교통, 통신 등의 이해를 통해 우리 구가의 생활을 특히 세계와의 연관상에서 보는 것이 가능하다.) |

위의 〈표 Ⅲ-3-2〉와 같이 1947년의 학습지도요령사회과편(一)에는 각 학년의 아동이 경험하는 사회생활의 영역이 나타나 있었다. 이것은 각 학년의 아동의 심신의 발달과 그 특성, 또는 학년의 목표 및 참고해야할 문제의 예를 통해 나타내고 있다. 위의 표에서 아동 심신 발달과 영역은 학습지도요령사회과편(一)의 내용을 정리하여 소학교 사회과 학습지도요령(보설)(1948년 9월 15일 발행)에 나타난 것이다.

소학교 사회과 학습지도요령(보설)(1948년 9월 15일 발행)에서는 사회과 학습의 계통은 어떠한 것이면 좋을까하는 것은 큰 문제라고 지적하고 있다. 이 문제에 대해 연구자들은 학습의 계통은 학년마다 고정해야 하는 것이 아니라 오히려 그것은 아동의 활동 중에서 살아있지 않으면 안 된다고 하였다.

### 2) 성격 및 목표

학습지도요령 사회과편(一)(시안)(1947년 5월 5일 발행)에서 사회과의 목표는 잠정적이지만, 교육의 일반목표를 기반으로 소학교의 6개년에 대해서는 각 학년마다 그것에 근간하여 학년의 목표를 나타내는 것으로 하였다.

소학교 사회과의 구체적인 주요 목표는 소학교 사회과 학습지도요령(보설)(1948년 9월 15일 발행)에서 나타났다.

여기에서 나타난 사회과의 주요 목표를 한마디로 말한다면 가능한 한 훌륭한 공민적 자질을 발전시키는 것이었다. 이것을 보다 구체적으로 말하면 아동들이 첫째, 자신들이 살고 있는 세계에 바르게 적응할 수 있도록, 둘째, 그 세계 가운데 바람직한 인간 관계를 실현시켜 가도록 셋째, 자신이 속한 공동사회를 진보 향상시켜 문화의 발전에 기여할 수 있도록 아동들에게 그 살고 있는 세계를 이해시키는 것이었다. 그리고 그 같은 이해에 달하는 것은 결국 사회적으로 눈이 열린다고 하는 것을 말한다.

### 3) 내용

학습지도요령 사회과편 시안(一)에 나타난 사회과의 내용으로서는 넓게 인류학, 경제학, 역사학, 지리학, 정치학, 사회학 등이 대상인 각종의 분야로 보고, 그것은 서로 관련시켜 보다 넓은 영역의 일부를 이루고 있는 것이라는 관점을 취하고 있다.

사회과 학습 영역은 인간의 기본적 요구를 충족시키기 위해 인간이 영위하는 소위 사회사상社會事象을 포함하고 있으며, 그 기본적 욕구에 대해서 여러 가지 분류가 가능한데, 보설에서는 사회적 기능에 의한 분류를 한 예로 들고 있다.

사회과 학습지도요령 보설에서는 아동의 심심의 발달과 경험 영역으로 구분하여 단원을 구성하고 있으며 이를 부록에서 보완하고 있다. 부록에 나타나 있는 주제의 내용은 아동에게 가르치지 않으면 안 되는 교재가 아니라, 개개의 교사가 이들의 기저상에 작업단원을 구성하여 전개할 경우 고려해야 될 사항, 즉 아동의 학습활동을 생각할 경우에 유의해야 할 것으로 정의하고 있다. 그 예시로서 다음과 같이 나타나 있다.

> 1학년: 가정, 학교, 친구, 건강한 생활
> 2학년: 근처의 생활, 농가, 상점, 우편배달부, 공공을 위해 일하는 사람들
> 3학년: 지역사회의 생활(시골 생활 혹은 마을의 생활-가능하면 옛날의 생활과 비교) 동
>       식물과 인간의 생활(가능하면 옛날의 생활과 비교), 향토의 교통운송(가능
>       하면 문명을 개화하기 전의 교통운송과 비교)
> 4학년: 지역사회의 현재와 과거, 옛날의 교통통신, 자원의 보호이용, 옛날의
>       상공업
> 5학년: 의식주의 발달과 그 자원, 현대의 교통, 통신, 운송, 보건과 후생위안,
>       정치(국민의 복지를 위한 조직과 시설)
> 6학년: 공업과 동력, 신문과 라디오, 교역, 현재의 사회와 그 장래(현재의 사회
>       의 제문제)

여기에서도 역사 내용에 관해서는 그다지 나타나 있지 않음을 알 수 있다. 일본 전체의 통사에 관한 내용은 없고 다만, 3학년과 4학년에서 생활사적 측면에서 지역사회의 과거 정도를 배울 수 있다. 세계사 관련 내용도 마찬가지로 서술이 나타나지 않는다. 다만, 6학년 마지막 제시된 문제해결형 과제에 'Ⅷ 세계 중의 사람들이 사이좋게 살기위해 우리들은 어떻게 하면 좋을까.'정도가 서술되어 있다.

## 4) 방법 및 평가

학습지도요령 일반편(시안)의 '제4장 학습지도법의 일반'에서 나타난 방향은 이 시기 사회과의 학습지도의 방향을 나타내고 있다.

여기서는 사회과의 학습지도법의 주안점으로, 사회과에서 목적으로 하고 있는 사회적 태도라든가 사회적 능력이라든가 하는 것, 즉 생활의 모습

으로서 민주주의는 일상생활의 실천에 의해서만이 이해  되고 체득되어지는 것이므로 청소년의 생활의 문제를 정확하게 구해 그 해결을 위한 활동을 지도하여 가는 것이라고 하고 있다.

교구, 설비, 시설에 대해서는 일반편(시안) '제4장 학습지도법의 일반, 3. 구체적인 지도법은 어떻게 조직되어지는가'라는 항에서 나타나 있다.

"도서와 사진, 그림, 영화, 라디오, 게시판, 그 외 교실과 학교의 설비가 부족하여도 그것은 결코 구식적인 사고방식을 반복해서는 안 된다"고 하여 패전 당시의 곤란한 학습 환경을 말해주고 있다.

사회과의 지도방법에 대한 요구는 다음과 같은 이유에서 사회과의 지도방법에서 충분히 보여 진다.

첫째, 사회과의 지도방법은 아동이 직면하고 있는 현실 생활의 문제에서 출발한 것이므로 아동은 학습의 목적을 용이하게 아는 것이 가능하며 또한 이것을 끝날 때 까지 추구하는 의욕을 가지고 있다.

둘째, 그것은 그 문제의 해결을 위한 것이므로 아동은 자신이 가지고 있는 경험과 지식을 가능한 한 활용하려고 한다.

셋째, 자신이 직면한 문제를 해결하기 위해 계획을 세워 시행하는 것은 아동의 사고의 성질에 따른 것이다.

넷째, 아동은 그 생활에서 현실의 문제를 해결하기 위해 학습하므로 거기에서 얻은 지식, 사고방식, 능력, 태도를 직접 그 실생활에 적용한다. 이것은 무리하게 연습시키면 안 되고 자연스럽게 습득할 기회를 주는 것으로 한다.

또한 ≪くにのあゆみ≫는 보조교재로서 사용하는 것을 인정하지만 이것은 시간을 정해 처음부터 점차 가르친다고 하는 방식이 아니라 아동의 자발적 활동 중에 적당히 필요하다는 것만을 취해 일종의 참고서로서 취급해야 한다고 하고 있다.

다음으로 이 시기 사회과의 평가에 대해서 보자.

학습지도요령사회과편(一)에 의하면, 사회과는 몇 가지의 목표를 향해 학생이 생활의 여러 가지 방면을 자신 스스로 이해하고 실천하여 가도록 학습을 진전시켜 가는 것이지만, 이들의 목표가 달성되었는지 안되었는지를 보는 여러 가지 절차도 필요하다고 하였다. 이 교과의 내용은 전에 서술했듯 대부분 아동의 생활에서 구해진 것으로 근거하여 구성되어져 있는데 학습 효과의 판정의 주요한 일은 아동이 자신 및 주변의 사람들의 생활을 어떻게 풍부하게 향상하여 왔는가를 확인하는 것이다. 교사는 아동의 활동과 태도를 관찰하거나 아동이 환경에 응하여 행동하는 일 등을 관찰하는 것이 중요하다. 각 단원에는 각각의 단원이 목표로 하는 것에 따라 판정해야 하는 항목이 들어져 있다. 이들의 판정을 할 때에는 위에 설명한 것이 근본이 될 것이다. 일반편(시안)의 제5장에는 여러가지의 판정법이 들어져 있지만 이들을 사용할 때에는 여러 가지 각도에서 종합적으로 생각하여 사용하는 것이 중요하다.

아동의 활동에 대해 판정할 경우에는 다음과 같은 방법을 말하고 있다.

1. 아동 상호간 및 학부모가 어떠한 평가를 하고 있는가를 기록할 것.
2. 관계있는 교사에게 상담할 것.
3. 아동의 일상의 활동, 생각, 감정, 반응 등의 일기를 사용할 것.
4. 신문과 잡지에 나타난 시사문제에 대한 반응을 기록할 것.
5. 아동의 잡지, 서적의 독서기록, 라디오의 청취 기록 등을 참조할 것.
6. 아동에게 자신이 향상한 점 및 그 정도에 대해 도표를 만들게 하고 그것을 참조할 것.
7. 개선표를 만들 것 등.

한편, 이 시기 평가의 관점은 ≪소학교학적부에 대해서(소화 23년 11월 12일)(1948년)(학적부)≫에 따르면, 이해·태도·기능의 3요소로 구분되어 있다.

## 나. 1951년판 학습지도요령[42]

### 1) 편제 및 특성

1947년판의 작업 단원을 내용편성의 원리로 하는 것을 변화시키지 않고 타 교과에 병렬하는 일교과 사회를 구상한 것이 1951년판이다. 문제 단원을 편성 원리로 하고 실생활에서 아동이 직면한 구체적 문제를 해결하는 과정으로서 수업을 조직하는 것으로 하였다.[43] 그러나 1955년판부터 사회과는 계통 학습으로 변화되어 간다.

1951년판 사회과 편제는 〈표 Ⅲ-3-3〉과 같다.

〈표 Ⅲ-3-3〉 1951년판 학습지도요령 초등사회과(역사분야) 편제

|  | 1학년 | 2학년 | 3학년 | 4학년 | 5학년 | 6학년 |
|---|---|---|---|---|---|---|
| 편제 | 학교·가정 | 이웃 (近所) | 향토의 생활 | 우리들의 생활의 지금과 옛날 | 산업의 발달과 현대의 생활 | 세계에서의 일본 |
| 시수 | 870시의 20-0% (사회와 이과) *이과와 합쳐 6-9 | 870시의 20-0% (사회와 이과) *이과와 합쳐 6-9 | 970시의 20-0% (사회와 이과) *이과와 합쳐 6-9 | 970시의 20-0% (사회와 이과) *이과와 합쳐 6-9 | 1,025시의 20-0% (사회와 이과) *이과와 합쳐 4-7 | 1,025시의 20-0% (사회와 이과) *이과와 합쳐 4-7 |

이 시기의 사회과는 시수가 한정되지 않은 것이 특징이다.

---

42) 본 장에서 살펴볼 학습지도요령과 관련된 자료는 소학교 학습지도요령 일반편(시안) 개정판 소화26년 7월 10일(1951년) 발행, 소학교 학습지도요령 사회과편 (시안) 소화26년 7월 10일(1951년) 발행, 교육과정심의회 답신 소화28년 8월 7일(1953년) 이다.

43) 日本カリキュラム學會 編, 2001 《앞의 책》 227

## 2) 성격 및 목표

소학교학습지도요령 사회과편(시안)(소화26년 7월 10일(1951) 발행)에서 나타난 목표는 다음과 같다.

첫째, 자기 및 타인의 인격, 따라서 개성을 존중해야 하는 것을 이해시켜 자주적 자율적인 생활 태도를 기른다.

둘째, 가정, 학교, 시정촌, 국가 그 외 여러 가지 사회집단에 대해 집단 내에서 인간과 인간과의 상호 관계와 집단과 개인, 집단과 집단과의 관계에 대해 이해시켜 집단 생활로의 적응과 그 개선에 적합한 태도와 능력을 기른다.

셋째, 생산, 소비, 교통, 통신, 생명 재산의 보전, 후생 위안, 교육, 문화, 정치 등의 근본적인 사회 기능이 상호 어떤 관계를 가지고 있는가, 이들의 제 기능은 어떻게 운영되는지 인간 생활에 있어서 어떠한 의미를 가지고 있는가에 대해 이해시켜 사회적인 협동 활동에 적극적으로 참가하는 태도와 능력을 기른다.

넷째, 인간생활이 자연 환경과 밀접한 관련을 가지고 있는 것을 이해시켜 자연 환경에 적응하고 그것을 이용하는 태도와 능력을 기른다.

다섯째, 사회적인 제도, 시설, 관습 등의 모습과 그 발달에 대해 이해 시켜 이것에 적응하고 이것을 개선하여 가는 태도와 능력을 기른다.

이전의 학습지도요령과 달리 이번의 개정에 의해서 크게 5개 항목으로 하고, 목표를 간소하게 함과 함께 사회과의 학습의 영역을 보다 명확하게 하였다.

## 3) 내용

1951년판에서는 학습지도요령 보설에 나타나 있는 '단원의 기저의 예'에 대한 문제점을 들고 있다. 학습지도요령 보설에서 학년마다의 단원의 기저의 예를 나타내고 있지만, 이것은 일본의 사회과가 실시되어지고 나서 1년도 안되어 입안되어진 것으로 경험적으로 충분한 근거를 가지고 있지 못하며 실제로 이것에 근거하여 단원을 만들어 지도해 온 상황을 보면 몇 가지의 결함이 눈에 들어온다고 하였다. 예를 들면 학년의 아동의 관심과 능력에 합치되지 않는 점, 목표가 명확하지 않은 점, 다른 단원의 기저와 중복되는 점 등이 보여 진다.

그래서 1951년판에서는 그 같은 눈에 띄는 결함을 제거하기 위해 가감, 폐합, 배치 전환 등을 행하였다. 이전의 것보다도 한층 아동의 발달에 합치하고 게다가 목표의 명확한 것으로 하려고 기획하였다. 그 수도 전보다 적게 하고 1학년부터 3학년까지 2개씩, 4학년이상은 3개씩으로 하였다. 주제 표현의 방식도 되도록 목표와 내용을 시사하도록 하였다. 그러나 이전과 마찬가지로 이것은 어디까지나 각 지역에서 단원의 기저를 설정하는 경우의 참고 예에 지나지 않는다. 각 학년의 목표에 아동을 도달시키기 위해서는 이 같은 영역의 경험을 가져올 필요가 있을 것이라고 생각되어지는 것에 지나지 않는다고 지침의 한정성을 나타내었다. 따라서 이를 부록으로 예시하고 있다.(단원 내용)

1학년: 학교 · 가정

—학교에서 생활

—가정을 중심으로 하는 생활

2학년: 이웃

—이웃의 생활

—우리들을 지켜주는 사람들

3학년: 향토의 생활

—향토의 생활

—동식물의 이용

4학년: 우리들의 생활의 고금

　　　　—마을의 발달

　　　　—교통의 고금

　　　5학년: 산업의 발달과 현대의 생활

　　　　—생활에 필요한 주요물자의 생산

　　　　—수공업에서 기계생산으로

　　　　—상업의 발달과 소비생활

　　　6학년: 세계에서의 일본

　　　　—통신보도기관의 발달과 현대의 생활

　　　　—우리들의 생활과 정치

　　　　—우리들의 생활과 제외국과의 관계

　여기에서도 마찬가지로 단원은 단원의 구성과 전개의 기반이 되는 아동의 구체적인 문제와 필요와 욕구는 그들의 아동과 일상 접하고 있는 교사만이 충분히 알 수 있기 때문이라고 하여 그 성질상 개개의 학급 교사에 이해서 만들어지는 것이 필요하다고 하였다. 또한 학급 교사는 단원을 구성할 때, 목표를 세우고, 아동이 구체적으로 직면한 문제를 파악하고 아동발달의 상황을 파악해야 한다고 하였다.

　여기서는 일본사 관련 내용은 거의 나타나지 않고 생활사 내용에서 4학년 '교통의 고금' 정도로 서술되어 있다. 세계사 관련 내용도 거의 서술되지 않고 있다. 다만 6학년에서 '우리들의 생활과 제외국과의 관계' 정도에서 세계 제외국에 대한 설명을 하고 있는 정도이다.

## 4) 방법 및 평가

　1951년 사회과 학습지도요령 시안에서는 평가를 보다 넓은 입장에 서서 사회과에서의 학습지도계획, 학습지도법, 아동의 학습 성과라는 3가지 점에 대해서 평가의 관점 및 방법에 대해 개략적으로 설명하고 있다. 특히 아동의 성과에 대한 평가의 방법으로서는 아동의 언동의 관찰과 아동이 제작한 지도, 통계, 설명도 등과 아동의 조사연구의 보고서, 작문 등을 도와주거나 테스트를 행하거나 여러 가지 방법이 적당하다고 하고 있다. 이 중에서 관찰법을 가장 유효한 방법으로 제시하고 있다.

지도 기록을 행한다고 하는 것은 단순히 아동의 학습 성과를 평가하기 위해서 뿐만 아니라 교사의 지도력을 향상시키기 위해서도 극히 효과가 크다고 하고 있다.

### 다. 1955년판 학습지도요령[44]

#### 1) 편제 및 특성

1947년판의 작업단원을 내용편성의 원리로 하는 것을 변화시키지 않고 타 교과에 병렬하는 일교과 사회를 구상한 것이 1951년판이다. 문제단원을 편성 원리로 하고 실생활에서 아동이 직면한 구체적 문제를 해결하는 과정으로서 수업을 조직하는 것으로 하였다.[45] 그러나 1955년판부터 사회과는 계통학습으로 변화되어 간다.

1955년판 사회과 편제는 〈표 III-3-4〉과 같다.

〈표 III-3-4〉 1955년판 학습지도요령 초등 사회과(역사분야) 편제

| 편제 | 1학년 | 2학년 | 3학년 | 4학년 | 5학년 | 6학년 |
|------|-------|-------|-------|-------|-------|-------|
| 편 제 | 학교·가정 | 이웃(近所)의 생활 | 도시와 촌의 생활 | 향토의 생활 | 산업의 발달과 사람들의 생활 -일본을 중심으로- | 일본과 세계 |
| 시 수 | 870시의 10-15% | 870시의 10-15% | 970시의 12.5%-17.5% | 970시의 12.5%-17.5% | 1,050시의 12.5%-17.5% | 1,050시의 12.5%-17.5% |

---

44) 본 장에서 살펴볼 학습지도요령은 소학교학습지도요령 사회과편(개정판) 소화30년 12월 15일(1955년) 발행이다.

45) 日本カリキュラム學會 編, 2001 ≪앞의 책≫ 227

크게 변화된 것은 1951년판의 시수가 전체적인 시수 안에서 사회와 이과가 일정 비율로 정해진 것에 비해 1955년판에서는 사회과만 따로 일정 비율을 정하고 있다. 이는 사회과와 이과가 교과안에서 구분이 되지 않았던 것에 비해 사회와 이과에 대한 구분이 보다 명확해져 가는 것을 나타낸다.

### 2) 성격 및 목표

소학교학습지도요령 사회과편(개정판)(소화30년 12월 15일(1955) 발행)에는 사회과 목표가 1951년판의 학습지도요령과 비교해서 변화되지 않았다.

그러나 이전의 관점에서 조금 변화를 주어 바람직한 생활태도에 대한 사회과의 관점을 제시하였다. 첫째, "인간존중의 정신과 풍부한 인정을 항상 일상생활 상에서 구체적으로 표현하는 생활태도를 기른다." 둘째, "자주적이고 통일된 생활태도를 형성한다." 셋째, "위의 관점을 근저로 하여 청신하고 밝은 사회생활을 영위하는 데에 필요한 생활태도를 기른다." 넷째, "창조적으로 문제해결을 행할 경우에 필요한 힘을 기른다"라고 하고 있다.

또한 여기에서도 사회과에서의 도덕교육의 관점을 서술하고 있다. 즉 사회과의 근본적인 목표에서는 특히 이해, 태도, 능력 등을 구별하지 않고 사회과의 지도에 관한 모든 목적을 총괄적으로 표현하고 있다. 이것은 원래 지도의 목적으로서의 이해, 태도, 능력 등을 기계적으로 나누어 생각하는 것을 불가능한 것이며 이 삼자를 명확하게 구별하여 표현하는 것이 오히려 학습의 방향을 틀리게 할 위험이 있기 때문이다.

1951년판과 1955년판에서 도덕교육에 관한 언급은 이후 1958년판의 도덕수업시간의 창설로 이어진다. 전후 수신교육의 폐지에 의해 일본의 도덕교육은 사실상 사라지게 되는데, 이 시기부터 나타난 도덕교육의 개시는 중요한 의미를 지닌다. 도덕 수업시수가 창설된 이후부터 1998년판 학습지도요령에 이르기까지 소학교 수업에서 매 학년 주 1시간씩 도덕 수업

시수가 주어지게 되었으며 이 시간은 도덕에 관련된 내용을 교사가 교재와 내용을 재편성하고 전국에 성립된 도덕교육 연구 관련 학회에서 만들어진 교재를 사용하여 수업에 임하고 있다.

### 3) 내용

한편, 1955년판 학습지도요령 사회과편(개정판)에서는 다음과 같이 내용을 설정하고 있다.

> 1학년: 학년주제-학교와 가정의 생활
> 2학년: 학년주제-이웃의 생활
> 3학년: 학년주제-마을의 생활
> 4학년: 학년주제-향토의 생활
> 5학년: 학년주제-산업의 발달과 사람들의 생활: 일본을 중심으로
> 6학년: 학년주제-일본과 세계

여기서는 1951년판과는 다르게 처음으로 역사내용이 나타난다. 그러나 역사에 관련된 내용은 6학년을 제외하고는 전혀 보이지 않는다. 또한 학습의 내용에서 이전에 1951년판에서 보였던 발달의 특성과 단원의 내용의 예는 보이지 않고 각 학년별 학습내용이 바로 소개되고 있다.

6학년의 내용에서는 패전 이후 처음으로 大和朝廷이후 통일된 국가로서의 일본을 상정하고 명치유신에 이르기까지 조상들의 훌륭한 업적에 대해 생각하도록 하는 내용을 다루고 있다. 또한 세계사 내용에서는 여러 외국과의 관계속에서 일본사를 찾으려고 하는 노력을 처음으로 보이고 있다.

### 4) 방법 및 평가

1955년 사회과 학습지도요령(개정판)에는 '제4장 지도계획의 작성에 대

해서'라는 항목이 있다. 여기에서는 각 학년의 목표와 내용을 구체적인 지도계획으로서 제시할 경우 사회과에서는 단원이라고 하는 학습내용의 조직을 생각하여 그 계획을 세울 필요가 있다고 하였다.

학습방법으로는 교과서와 교사의 강의 위주에 의한 단조로운 피동적인 수업에서 탈피하여 아동이 그 구체적 생활 경험 중에서 당면하여 그 해결을 구하고 교육적으로 보아도 가치 있는 문제를 취급하여 이것을 중심으로 학습을 전개하여 가는 방법을 중시하였다.

1955년 사회과 학습지도요령에서는 평가에 대한 부분이 생략되어 있다.

평가의 관점과 그 취지는 ≪소학교, 중학교 및 고등학교의 지도요록의 개정에 대해서(통달)(소화 30년 9월 13일(1955년)(지도요록)에서≫에서 아래와 같이 서술하고 있다.

〈표 Ⅲ-3-5〉 평가의 관점과 취지[6]

| 사회사상으로의<br>관심 | 항상 집단으로의 적극적인 참가, 적응을 생각하도록 한다. 사회 제사상에 적극적인 관심을 가지고 나아가 문제를 발견하도록 한다 등. |
|---|---|
| 사고 | 문제의 추구에 있어서 자주적으로 생각하고 여러가지의 관점에서 문제를 생각한다. |

## 라. 1958년판 학습지도요령[47]

### 1) 편제 및 특성

1955년판부터 사회과는 계통학습으로 변질하여 1958년 고시부터 도덕과목이 특설되어 1968년판에서 이 시기의 사회과는 완성 형태를 가지게 된다.

---

46) 國立教育政策研究所, 2005 ≪教育課程の改善の方針,各教科等の目標, 平價の觀點等の變遷≫(國立教育政策研究所, 東京)

47) 본 장의 학습지도요령과 관련있는 자료는 교육과정심의회답신 소화33년 3월 15일 (1958년), 소학교학습지도요령 소화33년 10월 1일(1958년) 고시 (문부성 고시 제80호), 소화33년 10월 1일(1958년) 시행이다.

이 시기 사회과(역사분야)의 편제는 〈표 Ⅲ-3-6〉와 같다.

〈표 Ⅲ-3-6〉 1958년판 학습지도요령 초등 사회과(역사분야) 편제

| 학년 | 1학년 | 2학년 | 3학년 | 4학년 | 5학년 | 6학년 |
|------|-------|-------|-------|-------|-------|-------|
| 편제 | 학교 · 가정 | 近所의 생활 | 도시와 촌의 생활 | 향토의 생활 | 일본의 산업 | 일본과 세계 |
|      | 도덕(1) | 도덕(1) | 도덕(1) | 도덕(1) | 도덕(1) | 도덕(1) |
| 시수 | 2 | 2 | 3 | 4 | 4 | 4 |

이 시기의 특징은 도덕수업시수의 창설이다. 도덕은 교과목명이 아니라 수업시수로 정해진 교재명으로 보는 것이 좋다. 교사는 매주 1시간씩(45분) 매 학년마다 도덕교육과 관련된 수업을 구성하도록 하였다. 이전과 다른 점은 학년이 높아질 수 록 사회과의 시수가 많아지고 있다는 점이다.

사회과의 편제는 학교, 가정, 마을, 일본, 세계로 확장되는 동축원적 구성을 따르고 있다. 그러나 이전과 마찬가지로 일본의 역사에 관해서는 드러나지 않고 있다.

## 2) 성격 및 목표

이 시기 사회과의 목표는 다음과 같다.

첫째, 구체적인 사회생활의 경험을 통해 자타의 인격 존중이 민주적인 사회생활의 기본인 것을 이해시켜 자주적, 자율적인 생활태도를 기른다.

둘째, 가정, 학교, 시정촌, 국가 그 외 여러 가지 사회집단에 대해 집단에서 사람과 사람과의 상호관계와 집단과 개인, 집단과 집단과의 관계에 대해 이해시켜 사회생활에 적응하고 이것을 개선하여 가는 태도와 능력, 국제협조의 정신 등을 기른다.

셋째, 생산, 소비, 교통 그 외 중요한 사회기능과 그 상호의 관계에 대해서 기본적인 것들을 이해 시켜 나아가 사회적인 협동 활동에 참가하려고 하는 태도와

능력을 기른다.

넷째, 인간생활이 자연환경과 밀접한 관계를 가지고 각각의 지역에 따라서 특색 있는 모습으로 운영되고 있는 것을 의식주 등의 일상생활과의 관련에서 이해시켜 이들을 기본으로 하여 자연 환경에 적응한 생활을 꾀하려고 하는 태도, 향토와 국토에 대한 애정 등을 기른다.

다섯째, 사람들의 생활양식과 사회적인 제도, 문화 등이 가지고 있는 의미와 그들이 역사적으로 형성되어 온 것을 생각시켜 조상의 업적과 우수한 문화유산을 존중하는 태도, 바른 국민적 자각을 가지고 국가와 사회의 발전을 추구하는 태도를 기른다.

이상과 같은 사회과의 목표는 서로 밀접한 관련을 가진 것이지만 특히 사회과는 일본에서 민주주의의 육성에 대해 중요한 교육적 역할을 하는 자료이므로 각 학년에서의 구체적인 학습이 주로 목표 두 번째에서 다섯 번째까지 모두 관련 있는 경우에서도 항상 그 지도의 근저에는 첫 번째 목표가 고려되지 않으면 안된다.

저학년에서는 아동의 일상생활에서의 모든 경험을 정리하고 발전시키면서 가까운 사회생활을 지지하고 있는 사람들의 일과 사물의 움직임 등에 착목시켜 이들의 의미를 바르게 이해시키는 것을 통해 사회생활에 대한 바른 견해, 사고의 기초와 집단의 일원으로서의 자주적, 자율적인 생활태도의 싹을 기르는 것이 중점이며 학년이 진행됨에 다라 사물을 계통적으로 생각하는 힘과 사회사상 상호관계를 추구하거나 비판적으로 생각하는 힘 등도 점차 발달하여 가므로 이 같은 특성을 충분히 살리면서 사회과의 목표를 유효하게 달성하고자 할 배려한 것이다.

한편, 이 시기부터 학년별로 목표, 내용, 학습방법이 서술되어 있으며 역사분야는 6학년에 집중되어 있다. 이 시기 6학년의 목표는 아래와 같다.

(1) 구체적인 문제의 학습을 통해 정치의 움직임과 일상생활과의 관계에 대해서 이해시키고 금일의 정치의 기본적인 구조와 사고에 주의시킨다.

(2) 우리나라의 정치의 방식과 국민생활은 각각 시대의 특색을 가지면서 금일에 이르고 있는 것을 구체적으로 이해시키고 국가와 사회의 발전에 공헌하는 사람들의 업적 등에 대해서도 생각시킨다.

(3) 세계의 주요한 국가들의 모습과 우리 국가와 이들 국가들과의 관계 등을 구체적으로 이해시켜 현재의 우리나라가 세계 국가들로부터 독립하지 않고는 존재할 수 없음을 주의시킨다.

(4) 우리나라의 문화와 전통에 대한 바른 이해와 이를 존중하는 태도를 깊게 하고 나아가 세계 평화와 인류의 복지에 공헌하지 않으면 안되는 우리나라의 입장에 대해 생각하게 한다.


사회과의 목표로서 '우리나라(わが國)'라는 표현이 드러나지는 않지만, 6학년의 학년목표로서는 나타나고 있다. 또한 자국의 '문화와 전통'에 대한 강조가 나타나고 있다.

### 3) 내 용

전후 처음으로 자국사 서술에 대한 언급이 나타나고 있다. 6학년에 역사 분야가 집중되어 있기 때문에 이를 살펴보면, 大和(やまと)朝廷부터 역사를 보고 있으며 '개국 후 이윽고 明治維新이 일어나 四民平等의 세상으로 옮겨져 갔을 뿐 아니라 그 후의 정부와 민간의 선각자들의 노력에 의해서 구미의 문화가 들어오고 헌법이 만들어져 의회정치로의 길이 열렸다. 또한 근대 산업도 일어나 일·청, 일·러의 전쟁과 조약 개정을 거쳐 우리나라의 국제적 지위는 향상되었지만'이라고 하여 2차 세계대전 이전까지의 역사를 긍정적으로 보고 있다.

세계사 내용은 주로 전후 일본과의 관계를 서술하는 데만 쓰이고 있으며 세계 여러 외국을 망라하고 있으나 역사적인 관점에서의 서술 내용이 아니라서 그 내용이 빈약하다.

그 중 역사분야를 집중적으로 배우는 6학년의 내용만을 살펴보면 다음과 같다.

### 4) 방법 및 평가

'학습지도요령 제2장 제2절 사회편'에서 지도 계획 작성 및 학습지도상에서 유의할 점으로 다음을 들고 있다.

(1) 특히 교과의 성격상 단원으로서의 목표와 내용의 범위가 너무 넓어 다른 교과와 교육활동과 무용의 중복을 일으키는 경향이 적다.
사회과 본래의 목표가 개개의 단원에서 애매하게 되지 않도록 충분히 주의를 기울이도록 한다.

(2) 단원학습의 취지에서 생각하여 학습의 목표를 아동 자신에게 파악시키는 노력이 특히 중요하다. 각각의 단원의 도입단계 등의 지도계획과 학습지도에는 이 같은 배려가 충분히 있어야 하는 것이 바람직하다.

(3) 사회과에서 행해지는 각종 학습활동 중에는 예를 들어 견학이라든가 조사활동을 사전에 검토하고 면밀한 준비와 계획을 하지 않으면 안된다. 지도의 직전이 되어 당황하여 예정을 변경하거나 아동을 교외에 데려가는 시간의 낭비로 끝나버리지 않도록 유의해야 한다.

(4) 습득한 지식의 정리를 하거나 결론을 확실하게 하거나 하는 단계의 학습이 되면 시간이 부족하게 되어 지도를 급하게 하여 버리는 경우가 적지 않다. 그러나 이 단계는 단원학습으로서도 중요한 것이므로 이 같은 경향에 빠지지 않도록 지도계획을 작성할 때에도 또한 실제 지도에 있어서도 충분히 유의해야 한다.

이 시기 평가의 관점과 그 취지에 대해서는 ≪소학교아동지도요록 및 중학교 생도지도요록에 대해서(통달)(소화36년 2월 13일(1961년)≫에서 아래와 같이 서술되어 있다.

〈표 Ⅲ-3-7〉 평가의 관점과 취지[48]

| 사회사상으로의 관심 | 사회의 제 사상에 대해서 적극적인 의미, 관심을 가지고 나아가 문제를 발견하거나 집단생활로의 참가, 적응에 힘쓰도록 한다. |
|---|---|
| 사회사상에 대해서의 사고 | 사회의 제사상을 이루고 있는 제요인과 제조건에 눈을 뜨고 그 사회적 의미와 사상 상호 관련 등을 잘 생각하는 것이 가능하다. |
| 지식, 이해 | 사회생활에 대해서의 기초적인 지식, 이해를 가지고 자료의 작성, 이용의 모습등도 몸에 익히도록 한다. |
| 사회적 도덕적인 판단 | 사회생활에 대해서의 바른 이해를 기초로서 집단생활에서의 자타의 존재방식에 대해서 적절한 판단이 가능하다. |

## 마. 1968년판 학습지도요령[49]

### 1) 편제 및 특성

1955년판부터 사회과는 계통학습으로 변질하여 1958년 고시부터 도덕과목이 특설되어 1968년판에서 이 기의 사회과는 완성 형태를 가지게 된다.

이 시기 사회과(역사 분야)의 편제는 〈표 Ⅲ-3-8〉와 같다.

---

48) 國立敎育政策硏究所, 2005 ≪앞의 책≫(國立敎育政策硏究所, 東京) 재인용.

49) 본 장의 학습지도요령과 관련있는 자료는 교육과정심의회 답신(소학교) 소화42년 10월 30일(1967년), 소학교학습지도요령 소화43년 7월 11일(1968년) 고시(문부성 고시 제268호) 소화46년 4월 1일(1971년) 실시이다.

〈표 Ⅲ-3-8〉 1968년판 학습지도요령 초등 사회과(역사분야) 편제

| 학년 | 제1학년 | 제2학년 | 제3학년 | 제4학년 | 제5학년 | 제6학년 |
|------|---------|---------|---------|---------|---------|---------|
| 편제 | 학교 · 가정 | 사회적 분업 | 市(町村)의 생활 | 縣, 일본의 각지 | 일본의 산업 | 일본과 세계 |
|      | 도덕(1) | 도덕(1) | 도덕(1) | 도덕(1) | 도덕(1) | 도덕(1) |
| 시수 | 2 | 2 | 3 | 4 | 4 | 4 |

## 2) 성격 및 목표

사회생활에 대해서 바른 이해를 깊게 하고 민주적인 국가, 사회의 성원으로서 필요한 공민적 자질의 기초를 기른다. 이를 위해,

첫째, 가정의 역할, 사회 및 국가의 움직임 등 각각의 특질을 구체적인 사회기능과 연결 지어 바르게 이해시켜, 가정, 사회 및 국가에 대한 애정을 기름과 동시에 자타의 인격 존중이 민주적인 사회생활의 기본인 점을 자각시킨다.

둘째, 다양한 지역에서 보이는 인간생활과 자연 환경과의 밀접한 관계, 자연에 대한 적극적인 움직임의 중요성 등에 대해서 이해시키고, 향토와 국토에 대한 애정, 국제이해의 기초 등을 기른다.

셋째, 우리들의 생활과 일본의 문화, 전통 등은 모두 역사적으로 형성되어 온 것인 점을 이해시키고, 우리 국가의 역사와 전통에 대한 이해와 애정을 깊게 하고 바른 국민적 자각을 가지고 국가와 사회의 발전에 힘을 쏟는 태도를 기르게 한다.

넷째, 사회생활을 바르게 이해하기위한 기초적인 자료를 활용하는 능력과 사회사상을 관찰하거나 그 의미에 대해서 생각하는 능력을 기르고 바른 사회적 판단력의 기초를 기른다.

한편 이 시기 6학년의 학년 목표는 다음과 같다.

(1) 우리의 정치의 중요한 활동과 세계의 평화에 대한 사람들의 염원 등을 이

해시킴과 동시에 세계 제지역에서 특색 있는 생활이 운영되고 있는 모습에 관심을 깊게 하고 국제이해의 기초를 기른다.

(2) 국가, 사회의 발전에 노력했던 조상들의 업적과 우수한 문화유산 등에 대해 관심과 이해를 깊게 하고, 우리나라의 역사와 전통에 대한 이해와 애정, 국민적 심정의 육성을 꾀한다.

(3) 각종의 자료를 효과적으로 활용하여 가능한 한 넓은 시야에서 사회적 사상을 구하거나 그 의미를 합리적으로 추구하여 가는 힘 등을 기초로 기른다.

여기에서는 '조상들의 업적과 우수한 문화유산 등에 대한 관심과 이해', '우리나라의 역사와 전통에 대한 이해와 애정'등이 1958년판보다 더 구체적으로 목표 진술되어 있다.

### 3) 내용

6학년에 역사분야가 집중되어 있기 때문에 이를 살펴보면, 1958년판보다 오히려 그 내용서술이 간략해 졌음을 알 수 있다. 大和朝廷부터 역사를 보고 있으며 인물학습과 문화유산에 대한 학습을 중시하고 있다. 밝고 긍정적이었던 1958년판의 역사서술에 비해, 사실위주의 역사내용만을 언급하고 있는 것이 특색이며 1958년판에서는 "너무 인물학습에 빠지지 않도록 주의하라" 하였던 언급이 전후 처음으로 '인물학습'에 대한 강조로 나타나고 있다.

또한 천황의 국사와 국가의 경축일을 존중하라는 내용이 전후 처음으로 나타나고 있다.

한편, 이 시기 세계사 서술도 "세계의 자연환경과 다양한 기후적 조건 하에서 특색 있는 생활을 운영하고 있는 사람들의 모습, 현재의 세계에서 국가 간 상호의 밀접한 관계를 이해시킴과 동시에 세계의 평화에 대한 사람들의 바람과 이를 위해 노력하고 있는 우리나라의 입장에 대해서 관심을 깊게 한다."고 하여 전후 일본과의 관계만을 서술하도록 하여 전 시기와 같이 계통성 있는 세계사 학습은 이루어지지 않고 있음을 알 수 있다.

### 4) 방법 및 평가

이 시기 학습방법에서는 인물학습의 강조가 큰 특색이다.

학습지도요령의 '사회'편에서는 '제3 지도계획의 작성과 각 학년에 걸친 내용의 취급'이라는 부분에서 학습 방법에 대해 간략하게 논하고 있다.

첫째, 내용을 단원으로서 조직하는 경우에는 여러 가지 방법이 생각되어지므로 특히 이것에 유의하여 지역과 학급의 아동의 실태에 따른 효과적인 지도계획을 작성하는 것이 필요하다. 또한 하나의 단원이 두 학기에 걸치는 지도계획이 되지 않도록 배려할 필요가 있다.

둘째, 지도계획의 작성에 대해서는 다른 교과 등 특히 도덕과의 관계에 대해서 충분히 유의하고 지도의 성과가 높아지도록 노력할 필요가 있다.

이 시기 평가의 관점과 그 취지는 ≪소학교 아동지도요록 및 중학교생도 지도요록의 개정에 대해서(통지)(소화46년 2월 27일(1971년)≫에서 다음과 같이 서술되어 있다.

〈표 Ⅲ-3-9〉 평가의 관점과 취지[50]

| 지식, 이해 | 가정, 사회, 국가 등의 일원으로서 필요한 사회사상에 관한 기초적인 지식을 몸에 익힌다. |
|---|---|
| 관찰, 자료 활용의 능력 | 목적에 응해서 적확한 관찰이 가능하고 지도, 통계, 그래프, 도표, 연표 등 각종의 자료를 활용하는 것이 가능하다. |
| 사회적 사고, 판단 | 사회적 사상에 대해서 관심을 가지고 그들의 의미를 생각하고 적절하게 판단하는 것이 가능함과 동시에 사회의 일원으로서 자각을 가지고 책임을 진다. |

---

50) 國立教育政策研究所, 2005 ≪앞의 책≫(國立教育政策研究所, 東京) 재인용.

## 바. 1977년판 학습지도요령[51]

### 1) 편제 및 특성

이 시기 사회과(역사분야)의 편제는 〈표 Ⅲ-3-10〉와 같다.

〈표 Ⅲ-3-10〉 1977년판 학습지도요령 초등 사회과(역사분야) 편제

|  | 1학년 | 2학년 | 3학년 | 4학년 | 5학년 | 6학년 |
|---|---|---|---|---|---|---|
| 편제 | 학교 · 가정 · 近所 | 직업으로서의 일 | 지역의 생활 | 지역의 생활, 일본의 각지 | 일본의 식료품, 공업, 국토의 특색 | 일본과 세계 *세계의 제지역이 없어짐. |
|  | 도덕(1) | 도덕(1) | 도덕(1) | 도덕(1) | 도덕(1) | 도덕(1) |
| 시수 | 2 | 2 | 3 | 3 | 3 | 3 |

### 2) 성격 및 목표

사회생활에 대해서의 기초적 이해를 꾀하고 우리나라의 국토와 역사에 대한 이해와 애정을 기르고 민주적, 평화적인 국가, 사회의 형성자로서 필요한 공민적 자질의 기초를 기른다.

이 목표는 이후 1989, 1998년 학습지도요령까지 계속 변하지 않고 지속된다.

한편 이시기 6학년 학년의 목표는 다음과 같다.

> (1) 국가, 사회의 발전에 공헌한 조상의 업적과 우수한 문화유산에 대해서의 관심과 이해를 깊게 하고 우리나라의 전통을 중요하게 하는 태도를 기른다.
>
> (2) 현재의 국민생활의 안정 및 향상에 있어 중요한 정치의 활동을 이해시킴

---

51) 본 장의 학습지도요령과 관련있는 자료는 교육과정심의회답신 소화51년 12월 18일(1976년), 소학교학습지도요령 소화52년 7월 23일(1977년) 고시(문부성 고시 제155호) 소화55년 4월 1일(1980년) 시행이다.

과 동시에 우리나라가 국제사회 중에서 점하고 있는 역할에 주의하고 세계에서의 일본인으로서의 자각을 가지도록 한다.

(3) 우리나라의 역사와 국민생활에 관한 기초적 자료를 효과적으로 활용시킨다.

### 3) 내용

역사 분야가 집중되는 6학년의 내용을 1968년판과 비교하면 다음과 같다.

크게 변화된 것은 나타나지 않으나, 1968년판의 '우리나라'라는 말이 1977년판에서는 생략되어 있다. 또한 1977년판에서는 '수 천 년'이라는 말이 첨가되었다. 또한 1977년판에서는 시대구분이 '정치의 중심지'와 '세상의 모습'에 의해 구분된다는 점을 밝히고 있으며 그 내용을 '역사상 주요한 사상'이라고 지침을 주고 있다. 또한 '인물의 활동'과 '대표적인 문화유산'은 1968년판, 1977년판 모두 강조하고 있다.

〈표 Ⅲ-3-11〉 6학년 역사분야 내용 비교(1968년판, 1977년판)

| 1968년판 | 1977년판 |
|---|---|
| 우리나라에서는 옛날 大和(やまと) 朝廷에 의한 국가의 통일이 행해진 후, 飛鳥(あすか), 奈良(なら), 平安, 鎌倉(かまくら), 室町, 江戶 등 각각의 시대의 역사를 거쳐 오면서 금일에 이르고 있는 것을 역사상의 인물의 활동과 대표적인 문화 유산 등을 중심으로 이해시켜 국가의 역사와 조상의 활동에 대해 관심을 깊게 하도록 한다. | 大和朝廷이 국토를 통일하면서 근대에 이르기까지의 수 천 년의 역사는 정치의 중심지에 의해 飛鳥(あすか), 奈良(なら), 平安, 鎌倉(かまくら), 室町, 江戶 등으로 구분되는 점과 세상의 모습에 의해서도 몇 가지의 시기로 구분되는 점을 유의시킴과 동시에 역사상의 주요한 事象에 대해서 인물의 활동과 대표적인 문화유산을 중심으로 이해시킨다. |

세계사 서술은 그 내용에서 "우리나라의 민주정치가 일본국 헌법의 기본적 생각에 근거하고 있는 것을 구체적으로 이해시킴과 함께 평화를 염원하는 일본인으로서 세계의 국가와 협조하여 가는 것이 필요한 것을 자각시

킨다."라는 언급만 있을 뿐, 거의 이루어지지 않고 있다. 이전 학습지도요령과 역사분야는 6학년에서 집중되어 있다.

### 4) 방법 및 평가

'사회'에서는 '제3 지도계획의 작성과 각 학년에서의 내용 취급(第3 指導計畵の作成と各學年にわたる內容の取扱い)'에서 다음과 같이 서술하고 있다.

1. 저학년의 지도에서는 학교, 가정 등 친근한 사회생활에 관심을 가지고 사람들의 활동과 환경을 구체적으로 관찰하고 효과적으로 표현하는 학습활동을 행하여 사회생활에 대해서의 이해를 깊게 하기 위한 기초를 기름과 동시에 특히 언어, 자연, 조형 등에 관한 제 활동과의 관련을 꾀하고 지도의 효과를 높이도록 배려를 할 필요가 있다.
2. 제4학년 및 제5학년의 지도계획의 작성에서는 전 학년까지의 학습을 발전시켜 해당 학년의 목표를 효과적으로 달성시키기 위해 각각의 학년에 대해서 내용 (1) 및 (2)를 취급한 후 내용의 (3)을 취급하는 것이 바람직하다.

한편, 이시기 평가의 관점과 그 취지에 대해서는 ≪소학교아동지도요록 및 중학교 생도 지도요록의 개정에 대해서(통지)(소화 55년 2월 29일(1980년)≫에서 다음과 같이 서술되어 있다.

〈표 Ⅲ-3-12〉 평가의 관점과 취지[52]

| 지식, 이해 | 사회의 일원으로서 필요한 사회적 사상에 관한 기초적인 지식을 몸에 익히고 있다. |
|---|---|
| 관찰, 자료 활용의 능력 | 적확한 관찰과 기초적인 자료의 활용이 가능하다. |

---

52) 國立敎育政策硏究所, 2005 ≪앞의 책≫(國立敎育政策硏究所, 東京) 재인용.

| 사회적 사고, 판단 | 사회적 사상이 가진 의미를 다각적으로 고찰하고 그 의의를 공정하게 판단하는 것이 가능하다. |
| 사회적 사상에 대한 관심, 태도 | 사회적 사상에 대해 관심을 가지고 그 이해를 통해 보다 좋은 사회를 생각하도록 하는 태도를 익숙하게 하도록 한다. |

## 사. 1989년판 학습지도요령[53)

### 1) 편제 및 특성

1989년판부터 드디어 사회과는 해체되어 소학교 저학년(1, 2학년)에서는 이과와 통합되어 생활과가 되었다. 해체의 근거는 명확하지 않지만 '일본인으로서의 자각과 자질'(세계사, 지리) '국민으로서의 자각'과 '일본인으로서의 자질'(일본사)를 기르기 위해 지리와 역사를 사회과로부터 독립시켜 해체시킨 것이다.

제2차 세계대전 후의 신교육이 시작된 1947-1948년에 소·중 및 고교의 교과로서 신설된 사회과 중 소학교 제1, 2학년의 사회과를 저학년 사회과라고 한다. 설치 후 10년을 거쳐 1957년경부터 사회인식 육성의 관점과 소학교 저학년 교육의 합과, 종합화 육성의 관점에서 저학년 사회과 폐지론이 주장되었다. 전자의 관점은 사회과를 사회과학과로 말하는 교육과학연구회로부터 제시되었다. 그것은 사회인식의 심화발전의 과정과 사회과와 사회과학의 관계 등의 논쟁으로 발전했다. 그러나 1973년에 교과연구사회과부회에서 독립한 사회과의 수업을 만드는 회는 무엇인가를 만드는 수업의 입장에서 저학년 사회과의 유용성을 인정했다.

한편, 후자의 주장은 1967년 7월의 교육과정심의회(중간정리)에서 반대되었고 1971년의 중앙교육심의회(답신), 1986년의 임시교육심의회 제

---

53) 본 장의 학습지도요령과 관련있는 자료는 교육과정심의회 답신 소화62년 12월 24일 (1987년), 소학교학습지도요령 평성 원년 3월 15일(1989년) 고시(문부성 고시 제24호), 평성 4년 4월 1일(1992년) 시행이다.

2차(답신)등에서 역시 반대되어졌다. 결국 1987년 12월의 교육과정심의회 (답신)에 의해 실질적으로 저학년 사회과의 폐지가 결정되었다. 이에 따라 1989년 고시된 교육과정에서 저학년에서는 생활과로 명칭이 변경되었다.[54]

이 시기 사회과(역사분야)의 편제는 〈표 III-3-13〉와 같다.

〈표 III-3-13〉 1989년판 학습지도요령 초등 사회과(역사분야) 편제

| 학년 | 제1학년 | 제2학년 | 제3학년 | 제4학년 | 제5학년 | 제6학년 |
|---|---|---|---|---|---|---|
| 편제 | 생활과 | | 지역의 생활<br>=市(區町村) | 지역의 생활<br>=縣(도·도·부),<br>국토의 특색과<br>사람들의 생활 | 일본의<br>식료생산,<br>공업생산,<br>운송, 통신 | 일본 역사의<br>정치,<br>국제협조 |
| | 도덕(1) | 도덕(1) | 도덕(1) | 도덕(1) | 도덕(1) | 도덕(1) |
| 시수 | 3 | 3 | 3 | 3 | 3 | 3 |

편제에서 저학년(1, 2학년)의 생활과는 사회와 이과가 통합되면서 3시간 으로 되었다. 사회과는 수업시수가 3시간으로 변하지 않았다.

## 2) 성격 및 목표

소학교의 역사 분야가 포함되어 있는 사회과의 목표를 살펴보면 다음과 같다.

사회생활에 대해서의 기초적 이해를 꾀하고 우리나라의 국토와 역사에 대한 이해와 애정을 기르고 민주적, 평화적인 국가, 사회의 형성자로서 필 요한 공민적 자질의 기초를 기른다.

이 목표는 이전의 1977년 학습지도요령과 변함이 없으며 이후 1998년

---

54) 日本カリキュラム學會 編, 2001 《위의 책》 230

학습지도요령까지 계속 변하지 않고 지속된다.

사회과 목표 아래에는 이를 좀 더 구체적으로 제시한 학년별 목표가 있다. 그 중에서 역사분야가 본격적으로 취급되고 있는 6학년의 목표에는 다음과 같은 항목이 있다.

(1) 국가, 사회의 발전에 큰 역할을 한 조상의 업적과 우수한 문화유산에 대해 관심과 이해를 깊게 하도록 하고, 우리나라의 역사와 전통을 소중하게 하는 심정을 기른다.
(2) 일상생활에서의 정치의 역할과 우리나라의 정치 구조와 사고방식 및 우리나라와의 관계 깊은 나라의 모습과 국제사회 중에서 점하고 있는 우리나라의 역할을 이해할 수 있도록 세계에서 일본인으로서의 자각을 기른다.
(3) 지도, 연표 등의 각종 기초적 자료를 효과적으로 활용하는 것이 가능하도록 함과 동시에 사회적 事象의 의미를 보다 넓은 시야에서 생각하도록 한다.

위의 내용을 종합해 보면 소학교의 사회과 역사교육이 지향하는 핵심적 목표는 국제적인 감각의 체득과 더불어 민주적, 평화적 국가, 사회의 형성자로서 필요한 자질을 갖추게 하되, 그것은 일본의 역사와 문화에 대한 이해와 긍지를 바탕으로 하여 길러져야 한다는 것이다. 소학교 단계에서부터 국제사회에 사는 일본인을 강조하는 것이 이 시기 학습지도요령의 특색이라고 할 수 있다. 이것은 오늘날 세계 속의 자기 위상을 재평가하고 이에 걸맞는 행동을 적극적으로 모색해 가려는 의지를 표현한 것으로 보인다.[55]

---

55) 정재정, 1992 〈앞 논문〉 164.

### 3) 내용

학습지도요령은 각급 학교 역사교육의 내용과 취급상 배려사항을 분명하게 정해 놓고 있다. 교과서의 집필과 수업진행은 원칙적으로 이 학습지도요령을 준수하지 않으면 안된다. 소학교 6학년에서 처음으로 아래와 같은 줄거리의 일본통사를 배운다. 소학교의 역사교육(6학년)에서 주목되는 것은 원시, 고대에서 일본의 국수주의적인 신화와 전승을 전후 처음으로 취급하고 근 현대에서 일련의 대외 침략전쟁을 국력 확충과 국제적 지위의 향상으로 가르치도록 한 점이다. 이러한 방향은 반드시 가르쳐야 할 인물들 중에 卑弥呼、豊臣秀吉、伊藤博文등이 포함되어 있는 것과 맥락을 같이 한다.[56]

또한 천황에 대한 이야기가 계속되고 있다. 이를 1977년판과 비교하면 아래와 같다.

〈표 Ⅲ-3-14〉 6학년 역사분야 내용 비교(1977년판, 1989년판)

| 1977년판 | 1989년판 |
|---|---|
| 大和朝廷이 국토를 통일하면서 근대에 이르기까지의 수 천 년의 역사는 정치의 중심지에 의해 飛鳥(あすか), 奈良(なら), 平安、鎌倉(かまくら)、室町、江戸등으로 구분되는 점과 세상의 모습에 의해서도 몇 가지의 시기로 구분되는 점을 유의시킴과 동시에 역사상의 주요한 事象에 대해서 인물의 활동과 대표적인 문화유산을 중심으로 이해시킨다. | 우리나라의 역사는 大和朝廷에 의한 국토통일이 이루어지면서부터, 정치의 중심지와 세상의 모습 등에 의한 몇 가지의 시기로 구분되는 점에 주의하면서 각각의 시대의 역사상 주요한 事象에 대해서 인물의 활동과 대표적인 문화유산을 중심으로 이해하도록 함과 동시에 우리나라의 역사와 조상의 활동에 대해 관심을 깊게 하도록 한다. |

큰 변화는 없으나, '飛鳥(あすか), 奈良(なら),平安、鎌倉(かまくら)、室町、江戸'등 나열하였던 1977년판과 달리 1989년 판에서는 이러한 시대구

---

56) 정재정, 1992 〈앞 논문〉 170.

분의 나열을 피하고 있다. 또한 내용의 진술이 '~시킨다'에서 '~하도록 한다'로 교사 중심에서 학생중심으로 변화되었다. 또한 42명의 인물을 구체적으로 소개하고 있는 점은 특이하다.

이 시기 역시 전시기와 마찬가지로 세계사 서술에 있어 그 내용에서 6학년에 "금일, 우리나라는 경제와 문화의 교류 등에서 세계의 국가와 밀접한 연결을 하고 있는 점을 이해하도록 함과 동시에 평화를 염원하는 일본인으로서 세계의 국가들과 협조하여 가는 것이 중요한 점을 자각할 수 있도록 한다."고 하여 계통적인 세계사 서술은 거의 나타나지 않는다.

이 시기에는 소학교 저학년에서는 생활과를 배우며, 사회과가 3학년부터 존재한다. 그러나 이전시기와 마찬가지로 역사분야는 6학년에서 다루고 있다.

### 4) 방법 및 평가

'사회'에서는 '제3 지도계획의 작성과 각 학년에서 내용의 취급'에서 다음과 같이 서술하고 있다.

1. 지도계획의 작성에서는 박물관과 향토자료관등의 활용을 꾀함과 동시에 근처의 지역 및 국토의 유적과 문화재 등의 관찰과 조사를 행하고 그것에 기본으로 한 표현활동을 하도록 배려할 필요가 있다.
2. '제2 내용의 취급'에 대해서는 다음의 사항에 배려할 필요가 있다.
   (1) 각 학년의 지도에 대해서는 아동의 발달단계를 고려하여 사회적 事象을 공정하게 판단할 수 있도록 함과 동시에 개개의 아동에게 사회적인 일의 견해와 생각을 함양하도록 한다.
   (2) 제4학년 이후에서는 아동이 교과용 도서의 지도를 활용하도록 할 것.

한편, 이 시기 평가의 관점과 그 취지에서는 ≪소학교아동지도요록, 중학교생도지도요록 및 맹학교, 용학교 및 양호학교의 소학부 아동지도요록 및 중학부생도지도요록의 개정에 대해서(통지)(평성 3년 3월 20일(1991년)≫에서 아래와 같이 서술되어 있다.

〈표 Ⅲ-3-15〉 평가의 관점과 취지[57]

| 사회적 사상으로의 관심, 의욕, 태도 | 사회적 사상에 관심을 가지고 그것을 의욕적으로 조사하는 것을 통해 사회의 일원으로서 자각을 가지고 책임을 다하도록 한다. |
|---|---|
| 사회적인 사고, 판단 | 사회적 사상에서 과제를 해결하고 사회적 사상이 가진 의미를 생각하고 적절하게 판단한다. |
| 관찰, 자료 활용의 기능, 표현 | 적확한 관찰과 기초적인 자료의 활용을 행함과 함께, 그 성과를 구체적으로 표현한다. |
| 사회적 사상에 대해서의 지식, 이해 | 사회적 사상에 대해서 그 특색과 상호의 관련을 구체적으로 이해하고 있다. |

## 아. 1998년판 학습지도요령[58]

### 1) 편제 및 특성

1989년판부터 드디어 사회과는 해체되어 소학교 저학년에서는 이과와 통합되어 생활과가 되었다.

이후 1998년에도 이 편성의 원리가 계승되어져 있지만 수업시간수의 감소에 따라 내용이 점차 삭감되어져 부분적으로 재편되었다.[59]

한편, 이 시기 사회과(역사 분야)의 편제는 〈표 Ⅲ-3-16〉과 같다.

1998년도에서는 새로이 '종합적인 학습의 시간'이 설치되었다. 종합적

57) 國立敎育政策研究所, 2005 ≪앞의 책≫(國立敎育政策研究所, 東京) 재인용.

58) 본 장의 학습지도요령과 관련있는 자료는 교육과정심의회 답신 평성10년 7월 29일 (1998년), 소학교학습지도요령 평성10년 12월 14일(1998년) 고시(문부성 고시 제 175호) 평성 14년 4월 1일(2002년) 시행이다.

59) 日本カリキュラム學會 編, 2001 ≪앞의 책≫ 227

인 학습의 시간에서는 각 학교는 지역과 학교, 아동이 실태 등에 응해서 횡단적, 종합적인 학습과 아동의 흥미, 관심 등에 근거한 학습등의 노력을 살린 교육활동을 하는 것으로 하였다.

〈표 Ⅲ-3-16〉 1998년판 학습지도요령 초등 사회과(역사분야) 편제

| 학년 | 1학년 | 2학년 | 3학년 | 4학년 | 5학년 | 6학년 |
|------|------|------|------|------|------|------|
| 편제 | 생활과 | | 지역의 생활<br>=시(구정촌) | 지역의 생활<br>=현(도도부),<br>토의 특색과<br>사람들의 생활 | 일본의<br>식료생산,<br>공업생산, 운송,<br>통신 | 일본의 역사의<br>정치, 국제협조 |
| | 도덕(1) | 도덕(1) | 도덕(1) | 도덕(1) | 도덕(1) | 도덕(1) |
| | | | 종합적인<br>수업시간(3) | 종합적인<br>수업시간(3) | 종합적인<br>수업시간(3.1) | 종합적인<br>수업시간(3.1) |
| 시수 | 3 | 3 | 2 | 2.4 | 2.6 | 2.9 |

한편, 이 시기는 종합적인 수업시수의 증설과 주 5일제 수업의 실시로 사회과의 시수는 이전 시기보다 축소되었다.

## 2) 성격 및 목표

이 시기 사회과의 목표는 아래와 같다.

사회생활에 대해서의 기초적 이해를 꾀하고 우리나라의 국토와 역사에 대한 이해와 애정을 기르고 민주적, 평화적인 국가, 사회의 형성자로서 필요한 공민적 자질의 기초를 기른다.

이는 이전(1977년, 1989년) 학습지도요령과 목표가 전혀 변화하지 않았음을 알 수 있다.

한편, 6학년 목표는 아래와 같다.

(1) 국가, 사회의 발전에 큰 역할을 한 조상의 업적과 우수한 문화유산에 대해
    서 흥미, 관심과 이해를 깊게하도록 함과 동시에 우리 국가의 역사와 전통
    을 소중하게 하고 국가를 사랑하는 심정을 기르도록 한다.
(2) 일상생활에서의 정치의 역할과 우리나라의 정치의 사고 및 우리나라와 관
    계 깊은 국가의 생활과 국제사회에서의 우리나라의 역할을 이해할 수 있
    도록 하고 평화를 염원하는 일본인으로서 세계의 국가와 함께 살아가는
    것이 중요한 것을 자각할 수 있도록 한다.
(3) 사회적 事象을 구체적으로 조사하고 지도와 연표 등의 각종 기초적인 자
    료를 효과적으로 활용하고 조사한 것을 표현함과 동시에 사회적 事象의
    의미를 보다 넓은 시야에서 생각하는 힘을 기르도록 한다.

## 3) 내용

내용은 이전과 달리 3학년과 4학년을 묶어서 설명하고 있으며 역사분야를
집중적으로 공부하는 6학년에서는 아래와 같이 그 내용을 서술하고 있다.

〈표 Ⅲ-3-17〉 6학년 역사분야 내용 비교(1989년판, 1998년판)

| | 1989년판 | 1998년판 |
|---|---|---|
| 내용 | 우리나라의 역사는 大和朝廷에 의한 국토통일이 이루어지면서부터, 정치의 중심지와 세상의 모습 등에 의한 몇 가지의 시기로 구분되는 점에 주의하면서 각각의 시대의 역사상 주요한 事象에 대해서 인물의 활동과 대표적인 문화유산을 중심으로 이해하도록 함과 동시에 우리나라의 역사와 조상의 활동에 대해 관심을 깊게 하도록 한다. | 우리나라 역사상의 주요한 事象에 대해서 인물의 활동과 대표적인 문화유산을 중심으로 유적 및 문화재, 자료 등을 활용하여 조사하고 역사를 배우는 의미를 생각하도록 함과 동시에 자신의 생활의 역사적 배경, 우리 국가의 역사와 조상의 활동에 대해 이해와 관심을 깊게 하도록 한다. |

1989년판과 1998년판의 내용을 비교해 보면 큰 변화는 없으나, '大和朝
廷에 의한 국토통일'에 대한 서술이 사라지며, 유적, 문화재, 자료 등의 활
용이 강조되고 '자신의 생활의 역사적 배경'을 첨가하고 있다. 특히 6학년

내용의 취급에서는 "'건축물과 회화', '歌舞伎와 浮世繪' 및 '국학과 난학'에 대해서는 각각 어느 쪽인가를 정선하여 예를 드는 것이 가능할 것."이라고 하여 문화사를 중시하고 있다.

세계사 분야는 6학년 내용에서 "세계 중의 일본의 역할에 대해서 다음과 같이 조사하거나 지도와 자료 등을 활용하거나 하여 조사하고, 외국 사람들과 같이 살아가기 위해서는 다른 문화와 관습을 서로 이해하는 것이 중요한 점, 세계평화의 중요성과 우리나라가 세계에서 중요한 역할을 담당하고 있는 점을 생각하도록 한다."라고만 서술되어 있을 뿐 역사적인 측면에 대한 서술은 거의 없고, 국제협조적인 측면에서만 강조하고 있다.

이 시기 사회과에서는 3학년과 4학년의 내용을 함께 묶어 '지역의 생활'로 설명하고 있다. 이전 시기와 마찬가지로 역사 분야는 6학년에 집중되어 있다.

### 4) 방법 및 평가

학습지도요령의 '3. 지도계획의 작성과 각 학년에 걸친 내용의 취급'에서 다음과 같이 서술되어 있다.

> (1) 각 학년의 지도에 대해서는 아동의 발달단계를 고려하고 사회적 事象을 공정하게 판단할 수 있도록 함과 동시에 개개의 아동에게 사회적인 견해와 생각이 함양되도록 할 것.
> (2) 각 학년에서 지도와 통계자료 등을 효과적으로 활용하고 점차적으로 우리나라의 도도부현의 구성에 대해 알 수 있도록 할 것.

한편, 이 시기 평가의 관점과 그 취지에 대해서는 ≪소학교아동지도요록, 중학교생도지도요록, 고등학교생도지도요록, 중등교육학교생도지도요록 및 맹학교중학부생도지도요록 및 고등부생도지도요록의 개선 등에 대해(통지)(평성13년 4월 27일(2001년)≫에서 아래와 같이 서술되어 있다.

<표 Ⅲ-3-18> 평가의 관점과 취지[60]

| 사회적 사상으로의 관심, 의욕, 태도 | 사회적 사상에 관심을 가지고 그것을 의욕적으로 조사하는 것을 통해 사회의 일원으로서 자각을 가지고 책임을 다하도록 한다. |
|---|---|
| 사회적인 사고, 판단 | 사회적 사상에서 과제를 해결하고 사회적 사상이 가진 의미를 생각하고 적절하게 판단한다. |
| 관찰, 자료 활용의 기능, 표현 | 사회적 사상을 적확하게 관찰, 조사하거나 각종의 자료를 효과적으로 활용하거나 함과 함께 조사한 것을 표현한다. |
| 사회적 사상에 대해서의 지식, 이해 | 사회적 사상의 모습과 움직임, 특색 및 상호 관련을 구체적으로 이해하고 있다. |

## 자. 2008년판 학습지도요령

### 1) 편제 및 특성

2008년판 사회과 교육과정의 편제는 아래의 표와 같다.

<표 Ⅲ-3-19> 2008년판 학습지도요령 초등 사회과(역사분야) 편제

| 학년 | 1학년 | 2학년 | 3학년 | 4학년 | 5학년 | 6학년 |
|---|---|---|---|---|---|---|
| 편제 | 생활과 | | 지역의 생활 = 시(구정촌) | 지역의 생활= 현(도·도·부), 국토의 특색과 사람들의 생활 | 일본의 식료생산, 공업생산, 운송, 통신 | 일본의 역사의 정치, 국제협조 |
| | 도덕(1) | 도덕(1) | 도덕(1) | 도덕(1) | 도덕(1) | 도덕(1) |
| | | | 종합적인 수업시간(2) | 종합적인 수업시간(2) | 종합적인 수업시간(2) | 종합적인 수업시간(2) |
| 시수 | 3 | 3 | 2 | 2,6 | 2,9 | 3,0 |

사회의 경우 3학년은 70단위시간으로 이전과 변함이 없으나 4학년은 85 단위시간에서 90단위시간으로, 5학년은 90단위시간에서 100단위시간으로, 5학년은 90단위시간에서 100단위시간으로 제6학년은 100단위시간에

---

60) 國立教育政策研究所, 2005 ≪앞의 책≫(國立教育政策研究所, 東京) 재인용.

서 105단위시간으로 3-6학년 전체적으로 30단위시간이 늘었다. 또한 종합적인 학습의 시간에 대해서는 체험적인 학습활동, 교과 등의 횡단한 과제 해결적 학습 및 탐구활동에 조직되는 것은 금후도 중요하기 때문에 일정의 수업시수를 확보할 필요가 있지만 지금까지 종합적인 학습 시간에서 사용되어지는 교과의 지식, 기능을 활용한 학습활동을 각 교과 중에서도 충실할 것과 고학년에서 외국어 활동(가칭)을 세우는 등으로부터 종합적인 학습의 시간의 수업시수에 대해서는 각 학년에서 35단위시간(주1시간 상당) 정도 축소하여 3학년부터 6학년을 통해 연간 70단위시간(주2시간)로 하는 것으로 하였다.

### 2) 성격 및 목표

사회과의 목표는 다음과 같다.

사회생활에 대해서의 기초적 이해를 꾀하고 우리나라의 국토와 역사에 대한 이해와 애정을 기르고 평화적이고 민주적인 국가, 사회의 형성자로서 필요한 공민적 자질의 기초를 기른다.

또한 각 학년의 목표에 대해서는 다음과 같은 시점을 한층 더 중시하여 개선하였다고 밝히고 있다.

― 아동이 사회생활과 우리 국가의 국토에 대해 이해와 자연재해의 방지의 중요성에 대해서의 관심을 심화하는 것이 가능하도록 한다.
― 기초적, 기본적인 지식, 기능을 활용하여 학습문제를 추구, 해결하는 것이 가능하도록 하기 위해 각 학년의 단계에 따라 관찰, 조사하거나 지도와 지구의, 통계, 년표등의 각종의 기초적인 자료를 효과적으로 활용하여 사회적 사상의 의미와 움직임등에 대해 생각하고 표현하거나 하는 힘을 기르도록 한다.

이에 따라 각 학년의 목표를 지금까지와 같이 이해, 태도, 능력의 3가지 측면에서 구성하고 그것을 통일적으로 육성하는 것을 목표로 하였다.

한편, 6학년 목표는 아래와 같다.

(1) 국가, 사회의 발전에 큰 역할을 한 조상의 업적과 우수한 문화유산에 대해서 흥미, 관심과 이해를 깊게하도록 함과 동시에 우리 국가의 역사와 전통을 소중하게 하고 국가를 사랑하는 심정을 기르도록 한다.

(2) 일상생활에서의 정치의 역할과 우리나라의 정치의 사고 및 우리나라와 관계 깊은 국가의 생활과 국제사회에서의 우리나라의 역할을 이해할 수 있도록 하고 평화를 염원하는 일본인으로서 세계의 국가와 함께 살아가는 것이 중요한 것을 자각할 수 있도록 한다.

(3) 사회적 事象을 구체적으로 조사하고 지도와 지구의, 연표 등의 각종 기초적인 자료를 효과적으로 활용하고 조사한 것을 표현함과 동시에 사회적 事象의 의미를 보다 넓은 시야에서 생각하는 힘, 조사한 것과 생각한 것을 표현하는 힘을 기르도록 한다.

이상과 같이 능력에 관한 목표에 대해서는 새로이 '지구의'를 첨가함과 동시에 지금까지의 '조사한 것'에 '생각한 것'을 더하고 다른 학년과 같이 '생각한 것을 표현하는'것을 더욱 중시하였다.

### 3) 내용

신학습지도요령 사회과 해설서에는 '내용의 개선'에 대해서 "넓은 시야로부터 지역사회와 우리 국가의 국토에 대해 이해를 한층 깊게 하고 일본인으로서의 자각을 가지고 국제사회에서 주체적으로 살아가기 위한 기반인 지식, 기능을 몸에 익힐 것, 또한 우리 국가의 역사와 문화를 소중하게 하고 일본인으로서의 자각을 가지는 것과 함께 지속가능한 사회의 실현 등, 보다 좋은 사회의 형성에 참여하는 자질과 능력의 기초를 배양하는 것이 가능하도록 내용의 구성은 현행과 같도록 하고 내용의 일부를 수정하거나 새롭게 필요한 내용을 첨가하였다"고 밝히고 있다.[61]

내용은 1998년판과 같이 3학년과 4학년을 묶어서 설명하고 있으며 역사 분야를 집중적으로 공부하는 6학년에서는 아래와 같이 그 내용을 서술하고 있다.

〈표 Ⅲ-3-20〉 6학년 역사분야 내용 비교(1998년판, 2008년판)

| 1998년판 | 2008년판 |
|---|---|
| 우리나라 역사상의 주요한 事象에 대해서 인물의 활동과 대표적인 문화유산을 중심으로 유적 및 문화재, 자료 등을 활용하여 조사하고 역사를 배우는 의미를 생각하도록 함과 동시에 자신의 생활의 역사적 배경, 우리 국가의 역사와 조상의 활동에 대해 이해와 관심을 깊게 하도록 한다. | 국가, 사회의 발전에 큰 영향을 미친 조상의 업적과 우수한 문화유산에 대해서 흥미, 관심, 이해를 깊게 하도록 함과 동시에 우리 국가의 역사와 전통을 소중하게 생각하고 <u>국가를 사랑하는 심정을 기르도록 한다.</u> |

이를 비교해 보면 1998년판이 이해와 기능적 측면을 중시하고 있는 것에 반해 2008년도판에는 "국가를 사랑하는 심정을 기르도록 한다"고 하여 태도적 측면을 중시하고 있다.

6학년의 역사학습에 대해서는 전통과 문화에 대해서의 이해를 깊게 하고 존중하는 태도를 기르는 것을 한층 더 중시하고 있는 것을 알 수 있다.

세계사 분야는 6학년 내용에서 1998년판의 내용과 같다. 다만, 활용되는 기자재에 '지구의'를 첨가하였다.

이전 시기와 마찬가지로 역사 분야는 6학년에 집중되어 있는데, 역사 내

---

61) 文部科學省, 平成20년 6月 ≪學習指導要領 解說 社會編≫ 7.

용의 취급에서 달라진 점은 다음과 같다.

- 새로이 '예를 들면, 국보, 중요문화재로 지정되고 있는 것과 그 중 세계문
  화유산에 등록되어져 잇는 것등을 예로 들어, 우리 국가의 대표적인 문화
  유산을 통해 학습할 수 있도록 배려할 것'을 첨가하고 있다.
- 대화조정에 의한 국토의 통일에 관한 내용에 대해서는 새로이 '狩獵, 採集'
  을 첨가하고 지금까지의 '농경의 시작'을 '수렵,채집과 농경의 생활'로 수
  정하였다.
- 室町문화, 町人의 문화와 새로운 학문에 관한 내용에 대해서는 '건조물과
  회화','歌舞伎와 浮世繪' 및 '국학과 난학'에 대해서는 각각 어느 쪽인가를
  선택하여 드는 것이 가능할 것이라는 내용의 취급을 삭제하였다.

## 4) 방법 및 평가

학습지도요령의 '3. 지도계획의 작성과 각 학년에 걸친 내용의 취급'에
서 다음과 같이 서술되어 있다.

(1) 각 학년의 지도에 대해서는 아동의 발달단계를 고려하고 사회적 事象을
  공정하게 판단할 수 있도록 함과 동시에 개개의 아동에게 사회적인 견해
  와 생각이 함양되도록 할 것.
(2) 각 학년에서 지도와 통계자료 등을 효과적으로 활용하고 우리나라의 도도
  부현의 명칭과 위치를 익히도록 지도할 것.

내용의 취급에서 달라진 점은 다음과 같다.

- 지도계획의 작성에서 '제3의 내용에서 대상과 사례를 정선할 때에는 지역
  의 실태와 아동의 흥미, 관심 등에 응해서 엄선하여 취급할 것'이라는 내용
  이 삭제되었다.

―'각 학년에서 지도와 통계자료 등을 효과적으로 활용하고 점차적으로 우리나라의 도·도·부·현의 구성에 대해 알 수 있도록 할 것.'이란 내용이 '도·도·부·현의 명칭과 위치'로 보다 구체적으로 명시되고 있다.

# IV. 한·일 중학교 역사 교육과정 변화 분석

이 장에서는 1945년 이후 한국과 일본 중학교 역사 교육과정의 시기별 변천 과정을 비교함과 동시에 양국의 교육과정 변천 과정을 분석하였다. 이와 같이 국가간 교육과정의 시기별 변천 과정을 학교급별로 비교하는 것이 종래와 다른 본 연구의 특색이다.[1]

## 1. 한·일 중학교 역사 교육과정 비교

이 절은 한국과 일본 각국의 중학교 교육과정을 시기별로 비교한 것이다. 각국의 교육과정에 대한 상세한 내용은 2절에서 다룰 것이다. 양국의 교육과정 개정 시기가 다르고, 표현 양식이 일치하지 않기 때문에 비교가 용이하지 않은 측면이 있다. 이 점을 고려하면서 이 절에서는 국가수준 교육과정 문서를 바탕으로 1) 한일 양국의 사회과 편제의 변천, 이를 통해 나

---

1) 기왕의 비교 연구로는 송춘영, 1979 〈한·중·일 3국의 중학교 국사교육과정 비교연구〉 ≪대구사학≫ 17; 이문기, 1984 〈한·중·일 삼국의 사회과 국사 지도 내용의 비교〉 ≪대구사학≫ 25 등이 있다.

타나는 역사과와 사회과와의 관계, 2) 한일 역사분야의 교육 목표, 3) 한일 역사교육 내용과 특징 등을 시기별로 살펴보았다.

## 가. 1940년대 후반기 한·일 중학교 역사 교육과정 비교

1945년은 한국과 일본에서 각기 다른 역사적 의미를 지닌 해였다. 그 해 한국은 해방을, 일본은 패전을 겪으며, 미군정에 의해 사회적·정치적 질서가 재편되었다. 이 때 한국은 일본 제국주의에 의한 식민지의 잔재를, 일본은 국가주의적 군국주의적 잔재를 청산하는 것이 급선무였다. 한일 양국은 모두 미군정기를 거치며, 각각 교수요목과 학습지도요령을 통해 '사회생활과'와 '사회과'를 신설하였다. 〈표 IV-1-1〉은 1940년대 후반 한국과 일본의 사회과 과목 편제와 시수를 표시한 것이다.

〈표 IV-1-1〉 1940년대 후반기 한·일 중학교 사회과 과목 편제 및 시수 비교

| 한국 | | | | | 일본 | | |
|---|---|---|---|---|---|---|---|
| 시기 | 학년 | 편제 및 시수 | | | 시기 | 학년 | 편제 및 시수 |
| 교수요목(1946년) | 3 | 우리 나라 생활* (2) | 우리 나라 생활** (2) | 공민 생활 III (1) | 1947년 | 3 | 사회(5) | 국사(2) |
| | 2 | 먼 나라 생활 (2) | 먼 나라 생활 (2) | 공민 생활 II (1) | | 2 | 사회(4) | 국사(1) |
| | 1 | 이웃 나라 생활 (2) | 이웃 나라 생활 (2) | 공민 생활 I (1) | | 1 | 사회(4) | |

(* 행은 역사 영역, **행은 지리 영역)

교수요목은 '사회생활과'를 통해 종래 한 교과로 묶기 어려운 제 사회과학 분야와 역사, 지리 등을 통합하여 교수하도록 하였다. 위 표에서 보이듯, 중학교 1, 2, 3학년에 걸쳐 학년별로 5시간씩 배우도록 편제되었다. 특히 1학년은 가까운 이웃 나라의 생활을, 2학년에서는 먼나라의 생활을 배우도록

하여 세계사를 선수 학습한 후, 3학년에서 한국사를 배우도록 하였다.

일본 역시 통합 사회과 체제가 나타났다. 역사분야의 독자성은 부정되고 역사, 지리, 사회가 통합 단원으로 구성된 통합 사회과의 형태로만 존속되었다. 그런데 일본의 경우 이와는 별도로 독립과목으로서 국사과목이 존속하고 있었다. 여기서 2학년 1시간, 3학년 2시간의 역사 수업이 이루어졌고 이 때문에 역사 과목의 독자성은 일정 부분 유지되었다.

한국의 중학교 역사는 사회생활과 교육의 일부로 교수되어, 독자적인 교육 목표를 설정하기보다는 '인간과 자연 환경 및 사회 환경과의 관계를 밝게 인식시켜 사회생활에 성실 유능한 국민'을 길러내도록 하는 미국식 사회과 교육을 지향하였다. 설문식으로 제시된 교수요목기 대주제는 국사와 세계사 영역이 별도로 설정되어 있었고, 학년이 올라가면서 동양사-서양사-한국사 순서대로 학습하도록 제시하였다.

일본의 1947년판 학습지도요령은 사회과에만 한정되었고 역사 분야는 별도로 만들어지지 않았다. 따라서 목표는 사회과 속의 일부분으로 역사목표가 제시되었다. 교과 내용 면에서는 학생의 경험과 문제 해결을 중시하는 입장에서 구성되었다. 각 학년을 총괄하는 단원명은 제시되지 않았고 7학년(중학교 1학년), 8학년, 9학년에 각각 6개씩의 단원 내용만 제시되었다. 그 내용은 역사·지리·사회를 포괄할 수 있는 주제로 구성되었다. 따라서 이 시기 일본 사회과의 특징은 ① 역사 과목을 사회과로 흡수하여 통합 사회과로 운영하겠다는 원칙이 정해졌으면서도, 독립 교과로서 국사 과목이 존재하고 있었다는 점, ② 학습 내용이 너무 다양하고, 이를 선택할 권한을 학생과 교사에게 위임함으로써 표준화된 일정 정도의 학습 성과를 추출해 내기 어려운 측면이 있었다는 점에 있다.

## 나. 1950년대 한·일 중학교 역사 교육과정 비교

한국의 1차 교육과정은 교육사조상 교과 중심 교육과정에서 경험 중심 교육과정으로의 과도기적 성격뿐 아니라, 한국 전쟁기 직후 만들어져 형식과 내용 측면에서 미숙한 점을 드러냈다. 일본은 1950년대 초반까지는 1940년대 후반의 교육사조가 그대로 유지되고 있었다. 아동 중심주의와 경험주의는 계승되었고 교사와 학생에게 학습내용의 선택권이 위임되었다. 그러나 1950년대 중반부터 학력 저하에 대한 우려감이 점차 커져 갔고, 수학, 과학 등 배워야 할 가치 내용을 학생에게 균등하게 제시해야 한다는 주장이 대두되었다.

〈표 Ⅳ-1-2〉 1950년대 한·일 중학교 사회과 과목 편제 및 시수 비교

| 한국 | | | | 일본 | | | |
|---|---|---|---|---|---|---|---|
| 시기 | 학년 | 편제 및 시수 | | 시기 | 학년 | 편제 및 시수 | |
| 1차<br>(1955년) | 3 | 세계의<br>역사(1) | 다른 나라<br>지리(1) | 국제관계<br>(1) | 1951년 | 3 | 국민생활의<br>발전(4-6) | 일본사(1-3) |
| | | | | | 2 | 근대 산업시대의<br>생활(3-5) | 일본사(1-3) |
| | | | | | 1 | 우리들의<br>생활권(4-6) | |
| | 2 | 세계의<br>역사(1) | 우리나라<br>지리(1)<br>다른나라<br>지리(1) | 국가생활<br>(1) | 1955년 | 3 | 현대 생활의 제문제<br>(정·경·사 5-9) | 민주생활의 발전<br>(정·경·사 5-9) |
| | | | | | 2 | 우리 사회생활의<br>발전(역사 4-8) | 세계의 통합<br>(지·역 4-8) |
| | | | | | 1 | 우리의 생활권<br>(지리 4-6) | 일본의 사회생활<br>(지·역 4-6) |
| | 1 | 우리나라<br>역사(2) | 우리나라<br>지리(1) | 공동생활<br>(1) | 1958년 | | A안 | B안 |
| | | | | | 3 | 정·경·사 분야(4) | |
| | | | | | 2 | 역사분야(5) | |
| | | | | | 1 | 지리분야(4) | |

한국의 1차 교육과정은 지리, 역사, 공민 영역을 아우른 사회과 통합이라는 교수요목기 틀을 유지하였다. 하지만 역사는 한국사를 먼저 배운 후, 세계의 역사를 배우도록 순서를 변경하였고, 다른 영역에 비해 시수가 더 많았다. 1950년대는 교과 중심 교육과정을 표방하였기에 영역별로 목표를 제시하였다. 역사 영역에서는 도의교육과 함께, 국난 극복, 통일, 경제 발전, 세계 평화와 같은 국가적, 사회적 요구가 반영된 목표를 설정하였다. 이를 통해 개인의 역사적 사고나 역사 탐구보다는 사회와 국가 발전에 이바지하는데 당시 역사교육의 강조점이 있었음을 알 수 있다.

전쟁 직후 개정된 1차 교육과정에서는 중학교 역사교육에서 '민주 대한'이라는 주제를 설정하여 남북통일과 공산주의의 극복을 가르치도록 하였다. 또한 학습자 수준을 반영한 역사 학습이 이루어져야 한다는 대의명제와 함께 한국사와 세계사의 상호 관계 파악과 한국사 이해에 기반한 세계사 인식을 강조하였다.

일본은 1951년판까지는 1940년대와 동일하였다. 사회과의 틀을 유지하면서도 '일본사'가 별도로 두어졌다. 1955년판에 이르면 사회과를 역사, 지리, 정치·경제·사회로 구분하는 방안이 마련되었다. 두 가지 방안이 마련되어 1학년(지리), 2학년(역사), 3학년(정치·경제·사회)의 (A)안과 1-2학년(지리·역사), 3학년(정치·경제·사회)의 (B)안이 제시되었다. 1958년판에 이르러 (A)안이 채용되어 1학년(지리분야), 2학년(역사분야), 3학년(정·경·사)분야로 되었다. 여기서 전후 교과과정의 근간인 파이(π)형 교과과정이 만들어졌다.

사회과 목표의 틀 안에서 존재하고 있던 역사 분야가 1951년판에 이르러 비로소 독자적인 목표가 제시되었다. 일본 사회가 원시·고대·봉건을 거쳐 근대 사회로 발전하였음을 이해시킬 것을 목표의 첫 부분에 위치시켰는데 이것은 이른바 사회발전 5단계에 입각한 마르크스주의 역사학이 전후 일본 역사교육계에 주류가 되었음을 의미한다. 1955년판은 사회과가 지리 분야, 역사 분야, 정치·경제·사회 분야로 나누어지게 됨으로써 사회과 목표도 이에 영향을 받았다. 사회과의 목표와 역사 분야의 구체목표가 각각 제시되었다. 1958년판에 이르면 사회과 목표도 훨씬 간결해졌고 무엇보다 역사 분야의 목표가 8가지로 압축되었다.

내용과 구성적인 측면에서 1951년판에서 '국사' 독립교과명이 '일본사'로 변경되었다는 점은 중요하다. 국수적인 '국사'체제가 좀 더 객관적인 명칭인 '일본사'가 되었다. 전후 역사교육에 대한 비판 속에 일본 역사를 좀 더 객관적으로 이해하려는 움직임으로 해석할 수 있다. 또한 내용적인 측면에서 1951년판까지는 통합형 사회과를 지향한데 반해, 1955년판은 지리, 역사, 정·경·사로 나누어져 계통성이 강조되었다. 그 결과 그 때까지 각 단원 마다 제시되었던 풍부한 학습 활동의 사례가 생략되었다. 1955년판을 기점으로 통합 사회과의 큰 틀은 유지하되, 학습자의 자발적 학습을 강조하는 문제 해결 방식에서 역사의 계통적 지식을 중시하는 방식으로 변화하였다. 1958년판에는 단원명만을 제시한 1955년판과 달리 세부 단원까지 제시하여 지식 습득을 중시하게 되었다.


## 다. 1960년대 한·일 중학교 역사 교육과정 비교

한국의 교육과정 개정은 교수요목기 이래 몇몇 교육사조의 적용과 실험의 장이 되었다. 즉 생활중심-교과중심-경험중심 교육 사조에 따라 사회생활과 혹은 사회과의 하위 영역으로 일반사회, 지리, 역사 영역이 내용간, 학년간 통합 방식을 실험하였고, 시행착오를 거듭하였던 것이다. 1차 교육과정의 미숙함에 대해 비판하면서 1963년 2차 교육과정이 개정되었다. 일본은 1960년대 고도 경제 성장기를 맞아 전문기술인의 육성과 국제화가 강조되었다. 교육사조의 측면에서는 1950년대 후반이후 유행한 부르너의 학습이론의 영향을 받아 개개 학생들의 탐구심과 사고력을 육성하는데 중점이 두어졌다.

〈표 Ⅳ-1-3〉 1960년대 한·일 중학교 사회과 과목 편제 및 시수 비교[2]

| 한국 | | | 일본 | | |
|---|---|---|---|---|---|
| 시기 | 학년 | 편제 및 시수 | 시기 | 학년 | 편제 및 시수 |
| 2차(1963년) | 3 | 사회 Ⅲ (공민) (2~4) | 1969년 | 3 | 역사분야·공민분야(5) |
| | 2 | 사회 Ⅱ (국사+세계사) (3~4) | | 2 | 지리분야·역사분야(4) |
| | 1 | 사회 Ⅰ (지리) (3~4) | | 1 | 지리분야·역사분야(4) |

1950년대까지 사회과 각 영역을 병렬적으로 구성하던 것을 1963년 2차 교육과정이 개정되면서 한국의 사회과는 세부 영역의 횡적 관련을 강조하는 방향으로 재편되었다. 즉 각 학년에서 지리, 역사, 공민 영역을 모두 가르치도록 독립적인 시수를 부여하던 종전 방식에서 1학년 지리, 2학년 역사, 3학년에 공민 영역을 편제하였다. 실제 편제상 볼 때, 사회과는 표면적인 교과 통합에 불과했던 것이다. 이 시기 일본은 지리 분야(1학년), 역사 분야(2학년), 정·경·사 분야(3학년)로 되어있는 1958년판 편제를, 지리 분야·역사 분야(1학년), 지리 분야·역사 분야(2학년), 역사 분야·공민 분야(3학년)로 바꾸었다. 또한 1969년판에서 정·경·사 분야의 명칭을 '공민'으로 바꾸었다. 이 두 가지 커다란 변화는 현재까지 그대로 이어지고 있다. 중학교 사회과 편제는 이 시기에 이르러 확정되었다고 평가할 수 있다.

한국의 2차 교육과정 역사 영역 목표 설정은 1차와 대동소이하다. 즉 국가와 사회의 요구를 반영하여 애국애족과 민족 정신, 민족 문화 등 가치·태도 측면을 강조하였다. 국사와 세계사를 통합적으로 다룬 2학년 역사 내용은 비교사적 관점에서 구성되었다. 역사는 국사와 세계사를 한 단원으로 통합하여 서술함으로써, 우리나라 역사를 세계사적 관점과 비교하고 관련지어 이해하도록 하였다. 이 같은 융합형 내용 편성은 내용의 유기적 연결

---

2) 한국은 2차 교육과정부터 단위제를 채택하였으며 학기 기준인데 비해서 일본의 단위는 학년 기준이다. 이하 편제표는 이 같은 점을 고려해서 시수를 볼 필요가 있다.

이 전제되지 않아서, 영역별 내용을 기계적으로 조합한 결과를 낳았고, 학습자의 역사 이해에 도움을 주기 어렵다는 비판에 직면했다. 일본의 경우 역사 분야의 목표가 "세계의 역사를 배경으로 하여 넓은 시야에 서서 일본의 역사를 이해시키고, 이를 통해 우리나라의 전통과 문화의 특색을 생각함과 동시에 국민으로서의 심정과 현재·미래에 살아갈 일본인으로서의 자각을 기른다."고 하여 1958년판에서 사회과 목표를 우선시하는 입장에서 벗어났다. 이는 현재로 이어지는 역사목표의 원형을 이루고 있다.

내용 면에서는 1969년판은 '지식의 현대화'라는 시대의 흐름과도 연동되어 보다 세밀하고 방대한 학습 내용이 포함되게 되었다. 이 때 제시된 단원명의 숫자는 전후 학습지도요령을 통틀어 가장 많다. 1958년판에 비해 내용이 크게 늘어나 단원 수가 8개(1958년도)에서 18개로 늘었다. 전체적인 시각과 관련하여 기본적으로 '패전'이란 용어를 사용하면서 '태평양 전쟁'을 일으킨 일본의 행위를 긍정하지 않고 이를 반성하고 있는 점도 주목된다. 이후 학습요령에서는 이러한 내용이 포함된 서술 부분은 삭제된다. 이 점에서 1969년판은 전후 일본 역사분야가 추구한 학습지도요령의 내용상 최종 도달점으로 볼 수 있다. 1977년판 이후 '일본' 역사에 대한 '반성'은 '우리나라' 역사에 대한 '애정'으로 강조점이 크게 달라진다.

## 라. 1970년대 한·일 중학교 역사 교육과정 비교

박정희 정권이 내세운 민족적 주체성에 대한 강조는 국사교육의 강화로 이어졌고, 전통을 바탕으로 한 민족 문화의 창조가 국민적 자질로 강조되어 1968년 발표된 국민교육헌장에 반영되었다. 이러한 정치적 요구와 맞물려, 1973년 개정된 교육과정은 사회과에서 국사과를 독립시키면서 '국적 있는 교육'을 지향하였다. 일본에서는 브루너 학습이론에 따라 고도 지식을 강조하게 되자 공부에 뒤떨어지는 학생이 속출하였다. 이에 대한 반성

이 본격적으로 모색되었다. 1977년판은 고교 진학률이 90%를 넘는 상황이 고려되어 '여유(ゆとり)와 충실'이 교육슬로건이 되었다. 지식 전달의 학문을 중시하는 입장에서 인간 중심입장으로의 전환이었다.

〈표 Ⅳ-1-4〉 1970년대 한·일 중학교 사회과(역사 포함) 과목 편제 및 시수 비교

| 한국 | | | | 일본 | | |
|---|---|---|---|---|---|---|
| 시기 | 학년 | 편제 및 시수 | | 시기 | 학년 | 편제 및 시수 |
| 3차(1973년) | 3 | 사회 Ⅲ(공민) (2~3) | 국사(2) | 1977년 | 3 | 공민분야(3) |
| | 2 | 사회 Ⅱ(세계사) (2~3) | 국사(2) | | 2 | 지리분야·역사분야(4) |
| | 1 | 사회 Ⅰ(지리) (3~4) | - | | 1 | 지리분야·역사분야(4) |

3차 교육과정기부터 역사과가 사회과에서 가장 많은 시수를 확보하였다. 즉 중학교 2학년은 세계사와 국사를 통틀어 주당 4~5시간씩 배정되었다. 한편 세계사는 사회과에 통합된 상태가 지속되면서 국사와 세계사 교육의 이원화라는 결과를 초래하였다. 이는 국가·사회적 요구에 부합하여 국가주의적 인간을 양성하는 과목으로 인식되어온 국사교육의 강화와 사회과교육에 통합된 세계사교육의 위축으로 요약된다.

3차 교육과정기에서는 민족사를 강조하면서, '민족사의 담당자로서 민족 중흥에 몸바치려는 결의를 굳게 한다.'와 같은 결연한 목표를 설정하여 제시하였다. 이는 국사의 대외관계 영역을 충돌과 투쟁, 저항과 극복의 구도로 서술한 점에서 찾을 수 있다. 즉 부족 국가-삼국-고려-조선의 각 단원에서 '다른 민족과의 충돌' 혹은 '이민족과의 투쟁'이 있었음을 진술하고 있다. 우리 민족의 지난한 국난 극복 과정을 통해 강인한 민족 정신과 이속에서 피어난 민족 문화를 강조한 것이다. 또한 일본 식민지 경험을 정리하는 특징적인 방식을 보여주고 있다. 우선 일제의 침략과 독립 투쟁(사) 단

원은 임정을 중심으로 한 국내외 독립 투쟁과 문화 투쟁을 소개하고 있다. 이후 해방과 전쟁, 국토 분단과 같은 시련은 국민의 노력으로 극복하였고, 앞으로 반공 정신을 강화하며 국제협조 정신을 가지도록 하는 내용을 담고 있다. 이 같은 기본 틀은 이후에도 지속되었다.

일본은 단순 지식 주입을 배제하는 입장에서 각 교과의 표준 수업시간수를 삭감하였고 교육 내용을 1할 삭감하였다. 그 결과 사회과는 주당 수업시수가 13에서 11(역사 5→4, 공민 4→3)로 되었고, 1-3학년에 실시되었던 역사분야는 1-2학년에 실시되는 것으로 편제가 바뀌었다.

역사 분야의 목표로는 다섯 개 항목이 제시되었는데, 1969년판과 다른 점은 "세계의 역사를 배경으로 하여 넓은 시야에 서서 일본의 역사를 이해시키고"라고 한 부분을 "우리나라의 역사를, 세계 역사를 배경으로 이해시키고"라고 하여 첫째 '일본'이 아닌 '우리나라'로 표기하고 있는 점, 둘째 '세계의 역사'보다 '우리나라의 역사'를 앞에 두어 이를 강조하고 있는 점에 있었다. 이는 '세계'에서 '일본'으로 관점이 크게 전환되었음을 말해 주는 것이다. 또한 동시에 일본사회가 점차 보수화되기 시작하였음을 의미한다. 그러나 내용의 측면에서 볼 때 전후 학습지도요령의 반성적 모습이 여전히 남아 있다. 요컨대 1977년판은 아시아·태평양 침략 전쟁을 반성하는 기존 인식이 남아 있으면서도 점차 '우리나라'를 강조하는 보수화 움직임이 나타난 것으로 위치지울 수 있다.

## 마. 1980년대 한·일 중학교 역사 교육과정 비교

한국은 1980년대 초반 4차 교육과정이 만들어지고, 이후 1987년 5차 교육과정으로 개정되었다. 한국 사회는 경제적 성장과 민주화 요구와 같은 내적 변화와 함께 다원화된 국제사회에 대응하도록 교육과정의 형식과 내용을 개편하고자 하였다. 일본에서는 1980년대도 '여유와 충실'이란 표어가 계승되었다. 그러면서도 학생들의 능력, 적정성, 진로 등 다양화에 대응한다는 명분 아래 교육과정 편성을 탄력적으로 운영하였다. 이로써 전후 일관되게 지속되었던 '평등'이란 가치가 약화되었다.

〈표 Ⅳ-1-5〉 1980년대 한·일 중학교 사회과(역사 포함) 과목 편제 및 시수 비교

| 한국 | | | | 일본 | | |
|---|---|---|---|---|---|---|
| 시기 | 학년 | 편제 및 시수 | | 시기 | 학년 | 편제 및 시수 |
| 4차<br>(1981년) | 3 | 사회 Ⅲ(세계사+공민) (2~3) | 국사(2) | 1989년 | 3 | 공민분야(2-3) |
| | 2 | 사회 Ⅱ(세계사+지리) (2~3) | 국사(2) | | 2 | 지리분야·역사분야(4) |
| | 1 | 사회 Ⅰ(지리+공민) (3) | | | | |
| 5차<br>(1987년) | 3 | 사회 Ⅲ(지리+공민) (2~3) | 국사(2) | | 1 | 지리분야·역사분야(4) |
| | 2 | 사회 Ⅱ(세계사+공민) (2~3) | 국사(2) | | | |
| | 1 | 사회 Ⅰ(지리+세계사) (3) | | | | |

한국에서는 1980년대 4차와 5차 교육과정기를 거치면서 중학교에서 국사과 독립은 유지되었으나, 사회과 통합은 더욱 진전되었다고 볼 수 있다. 이는 결과적으로 사회과에 통합된 세계사 교육의 약화를 초래하였다. 세계사를 두 학년으로 나누어 가르치거나, 다른 영역과 함께 교과서가 만들어지는 등 세계사 교육은 부침을 거듭하였다. 일본에서는 고등학교의 경우 지리역사과가 신설되고 세계사가 지리·역사과의 필수과목이 되는 등 커다란 변화가 있었다. 반면 중학교에서는 이에 비교할 만한 커다란 변화가 없었고 기본적으로 1977년판 체제를 계승하였다.

한국의 4차 교육과정기부터 교육 목표 진술에 있어 큰 변화를 보이기 시작했다. 즉 지식, 기능, 태도의 세 영역에 대해 골고루 진술하였다. 동시에,

민족사 대신 '한국사'로 표현하였고, 한국사를 세계사와 연관하여 특수성과 보편성을 인식시키도록 하였으며, 문화 교류의 측면을 강조하였다. 이는 이후 개정되는 교육과정 목표 진술의 기본 틀을 마련한 것으로 볼 수 있다. 5차 교육과정에서는 종전의 것을 수정, 보완하거나 구체화하는 정도에 머물렀기 때문이다.

4차 교육과정에서도 전근대 한국사 전반에 걸쳐 대외적으로는 잦은 대외접촉과 갈등 속에서 시련을 극복한 사실과, 대내적으로는 민족 문화의 우수성을 강조하고 있다. 또한 매 단원 '자주'를 반복해서 강조하였다. 삼국과 통일신라의 문화 전파는 중국의 문화와 함께 일본 고대 국가의 기틀과 문화 발전에 기여한 측면이 부각되었다. 세계사뿐 아니라, 한국사에서도 동아시아 문화권에 입각하여 전근대 대일관계를 조망하였고, 그 속에서 일본에 비교 우위를 지닌 한국의 선진 문화를 강조하였다.

일본의 경우 1989년 사회과 목표에 "국제사회에 살아갈"이란 구절이 첨가되어 국제화가 강조되었다. 이 점은 역사 목표에서도 확인할 수 있다. 물론 1970년대도 국제화는 강조하고 있다. 그러나 이 경우 강조점은 "역사에 나타난 국제관계와 문화교류의 개요를 이해시켜 타민족의 문화, 생활 등에 관심을 갖게 하여 국제협조의 정신을 기른다."고 하여 타민족에 있었다. 이것이 1980년대에 이르러 "역사에 나타난 국제관계와 문화교류의 개요를 이해시켜 우리나라와 여러 외국의 역사·문화가 서로 깊이 관련되어 있다는 점을 생각하게 한다."고 되어 주된 강조점을 일본에 두었다. 내용 구성면에서도 국제화가 "세계의 일본으로의 수렴"을 강조하고 있음을 확인할 수 있다. 가령 국제 교류를 설명할 때 과도할 정도로 일본의 자주적 움직임을 강조하고 있으며, 메이지 유신의 잘못된 측면과 전쟁에 대한 반성도 사라졌다. 이와 같이 세계사 그 자체에 대한 설명과 이해 축소, 일본과의 관련에만 초점을 맞추고 있다는 점에서 1980년대는 국수적인 색채가 본격화한 시기라고 할 수 있다.

## 바. 1990년대 한·일 중학교 역사 교육과정 비교

1990년대 한국은 1992년 6차 교육과정을 통해 내적인 논리적 정합성을 더하고, 1997년 7차 교육과정을 통해 '국민공통 기본 교육과정'과 수준별 학습을 설정하는 형식적인 변화를 경험하였다. 또한 6차 교육과정부터 독립교과였던 국사과를 폐지하고, 사회과로 통합되었다. 국가수준의 교육과정이 자율화, 분권화 원칙을 지향했으나, 역사교육의 실제는 약화되어 역사교육 정상화를 요구하는 목소리가 높았다. 일본은 1990년대에 이르러서도 '여유'라는 교육슬로건은 지속되었다. 다만 "여유로운(ゆとり) 속에 살아가는 능력(生きる力)을 길러냄"이 새로운 교육 방침이 되었다. 교육내용을 엄선하여 3할을 삭감하였고, 지역사회와 연계한 체험활동·도덕적 가치를 중시하는 심성교육을 강화하였다. 또 지식이나 이해만을 중시해 온 학력에 대한 개념도 변화시켰다. 학생들의 학습의욕, 스스로 조사하고 사고·판단하는 능력, 이를 표현하는 능력 등도 모두 학력의 범주에 넣는 이른바 '新학력관'을 제시하였다.

한국에서는 6차와 7차 교육과정 개정을 통해 사회과 통합의 움직임이 더욱 강화되었다. 위 표에서 보이는 것처럼 한 학년에 지리, 역사, 공민 세 영역이 함께 포함되기도 하고, 통합 단원이 나오기도 하였다. 즉 같은 학년에서, 혹은 같은 교과서에서 서로 다른 사회과의 영역을 다루게 되고, 국사와 세계사의 시간적·내용적 연계성이 고려되지 않는 등의 문제점이 사회과 편제에 의해 파생됨으로써 역사교육의 정상화를 요구하기에 이르렀다. 반면 일본의 1998년 학습지도요령의 사회과 편제는 기본적으로 1989년판과 크게 다르지 않았다. 공민분야만 85(2.4)로 축소되었을 따름이다. 또 총 수업시수와 총 필수교과 시수도 3할 삭감에 따라 대폭 줄었음에도 역사 분야는 1989년과 동일하게 주당 수업시수(4)를 유지하였다는 점은 상대적으로 역사 분야가 강화된 것으로 평가할 수 있다.

| 한국 | | | | 일본 | | |
|---|---|---|---|---|---|---|
| 시기 | 학년 | 편제 및 시수 | | 시기 | 학년 | 편제 및 시수 |
| 6차<br>(1992년) | 3 | 사회 Ⅲ(공민+지리) (2) | 국사(2) | 1998년 | 3 | 공민분야(2.4) |
| | 2 | 사회 Ⅱ(세계사+지리+공민) (2) | 국사(2) | | | |
| | 1 | 사회 Ⅰ(지리+세계사) (3) | - | | 2 | 지리분야·역사분야(4) |
| 7차<br>(1997년) | 3 | 사회 Ⅲ(지리+공민) (2) | 국사(2)* | | | |
| | 2 | 사회 Ⅱ(세계사+공민) (2) | 국사(1)* | | 1 | 지리분야·역사분야(4) |
| | 1 | 사회 Ⅰ(지리+세계사) (3) | | | | |

\* 국사는 별도의 교과서

한국의 1990년대 사회과 역사 영역 교육목표는 종전과 크게 달라진 점이 없다. 중학교 국사의 내용 선정과 조직은 종전의 원칙을 부분적으로 수정하는 데 그쳤다. 초등학교 생활사 학습 경험을 바탕으로 중학교에서는 정치사 중심으로 발전상을 이해하도록 하였다. 하지만 사회, 경제, 문화적 요소가 누락된 채 사건이나 주제 중심의 정치사로 내용을 구성함으로써 종합적인 역사상을 학습하기에 난점이 있었다. 또한 교육 내용의 적정화를 표방하였으나 실질적으로는 줄어들지 않아 학습 부담을 가중시키는 결과를 낳았다.

일본의 1998년판 사회과 목표도 1989년판과 크게 달라진 점은 없다. 다만 사회에 대한 관심 고양, 자료 활용을 통한 다면적·다각적 고찰을 새로 강조하고 있으면서도, 일본 국토와 역사에 '이해와 애정'을 갖도록 요구하고 있는 점에 특색이 있다. 이 점은 역사분야의 목표에서도 확인할 수 있는데 "우리나라 문화와 전통의 특색을 폭넓은 시야에 서서 생각하게 함과 동시에 우리나라 역사에 대한 애정을 깊게 하여 국민으로서의 자각을 육성한다."로 '애정'이 목표 첫 머리에 두어졌다.

그리하여 "세계의 역사에 대해 우리나라의 역사를 이해시킬 때의 배경으로서 우리나라의 역사와 직접 관련되는 사항을 다루는 것에 국한시킬 것"이라 하여 결과적으로 1977년판까지 유지되었던 세계사의 독자적 내용에 대한 설명은 이제 완전히 생략되게 되었다. 이에 따라 일본 역사의 미화는 오히려 강조되고 일본의 전쟁책임도 삭제되었다.

또한 신학력관이 제시되어 종래의 지식 위주의 학습방식이 비판되었다. 단순히 사실을 망라적으로 열거하는 것을 피하도록 하였고 대단원과 이에 담을 내용만 적시하여 교과서 집필진이 비교적 서술의 자율성을 높일 수 있는 구성을 취하였다.


### 사. 2000년대 한 · 일 중학교 역사 교육과정 비교

한국에서는 2007년 교육과정이 고시되어 역사과의 과목 독립이 이루어졌다. 이는 역사 영역의 사회과 통합에 따른 문제를 해결하고, 주변국과의 역사 논쟁에 따른 역사교육 강화 방안의 일환이었다. 따라서 국사와 세계사를 통합한 역사 과목을 신설하고 종래에 비해 시수도 늘렸다. 일본에서는 완전 학교 주5일제도 들어간 2002년을 전후로 학력저하 문제를 둘러싼 논의가 끊이지 않게 되었고, 문부성은 2002년에 '확고한 학력'을 강조하면서 학습지도요령에서 제시하는 내용 이상을 가르쳐도 된다는 입장을 밝혔다. 그리하여 2003년에는 이러한 취지가 반영되어 학습지도요령의 일부가 개정되어 1970년대 이후 지속되어 온 '여유'에 대한 노선 수정이 본격화되었다. 이로써 30년간 지속되었던 "여유"의 교육사조가 현저히 퇴색되고 전통적인 "지식"과 "개념"이 다시 부각되었다.

| | | 한국 | | | | 일본 | |
|---|---|---|---|---|---|---|---|
| 시기 | 학년 | 편제 및 시수 | | | 시기 | 학년 | 편제 및 시수 |
| 개정<br>교육<br>과정<br>(<br>2<br>0<br>0<br>7<br>년<br>) | 3 | 사회 Ⅱ(지리+일반사회) (2) | 역사(2) | 2<br>0<br>0<br>8<br>년 | 3 | 역사분야·공민분야(4)* |
| | 2 | - | 역사(3) | | 2 | 지리분야·역사분야(3)** |
| | 1 | 사회 Ⅰ(지리+일반사회) (3) | - | | 1 | 지리분야·역사분야(3) |

* 역사 1.1 공민 2.9, ** 역사 1.3 지리 1.7

　2007년 개정교육과정에 따르면 역사는 2학년 3단위, 3학년 2단위를 편성하였다. 이는 1학년과 3학년에 편제된 사회의 다른 영역, 지리와 일반사회를 통합한 시수와 동일하게 편제됨으로써 시수 확대로 볼 수 있다. 일본은 2008년에 이르러 역사분야가 4 단위시간이 3.7 단위시간으로 되었다. 중학교의 총 수업 시수는 980시간에서 1015시간으로 늘어난 점을 감안할 때, 사회과는 365 단위시간이 350 단위시간으로 축소되어 역사분야를 포함한 사회과는 전반적으로 축소되었다고 평가할 수 있다.

　2007년 개정교육과정에서는 '현대와 가까운 과거에 대한 이해'를 강조함으로써 현대사 교육을 강조하였다. 또한 종전과 다른 점은 다문화, 다인종 사회의 도래에 직면한 한국사회의 변모상을 반영한 교육 목표의 설정이다. 다양한 삶의 방식에 대한 이해를 기초로 다른 문화와 전통을 존중하는 태도는 사회과교육 일반에서 이야기하는 자문화 중심주의를 벗어난 국제이해교육과는 궤를 달리 하는 것이다. 역사교육에서 '단일민족'을 강조하는 종래의 틀에서 벗어나, 한국 사회의 다양한 구성원들이 지닌 문화와 역사를 존중하는 상호존중의 목표를 세우게 된 중요한 변화라 볼 수 있다.

일본의 사회과 목표는 1998년판과 동일하다. "평화적이며 민주적인 국가·사회의 형성자"가 "민주적, 평화적인 국가·사회의 형성자"로 바뀌었을 뿐이다. 역사 분야의 목표도 1998년판과 동일하다. "우리나라 역사에 대한 애정을 깊게 하여 국민으로서의 자각을 기르게 한다."는 목표는 그대로 계승되었다. 다만, "우리나라 역사의 커다란 흐름과 각 시대의 특색을 세계역사를 배경으로 이해시켜"라는 부분(1998년판)을 "우리나라 역사의 커다란 흐름을, 세계 역사를 배경으로, 각 시대의 특색을 고려한 위에 이해시켜"라고 하여 "일본 역사의 흐름"을 가장 강조하였다.

내용 면에서는 2008년판의 개정 포인트가 ① 기초적·기본적인 지식, 개념과 기능의 습득, ② 언어활동의 충실, ③ 사회참가, 전통과 문화, 종교에 관한 학습의 충실에 있다고 하듯이 기초적·기본적 지식, 개념 획득과 표현력의 증진에 주안점이 있다. 특히 종교와 신앙 부분에 대한 학습이 내포된 점이 눈에 띄는데, "세계 고대문명과 종교의 발생"이라 하여 종교 부분이 새로 첨가되었다. 2000년 이후 서양과 이슬람 문명권의 대립이 더욱 심각해져 가는 세계 상황을 감안한 것으로 보인다. 물론 일본 역사의 미화는 여전히 지속되고 있다. 자유민권운동, 대일본제국헌법의 제정, 청일전쟁, 러일전쟁, 조약개정 등은 오로지 일본의 국제적 지위가 향상한 것을 이해시키는데 활용될 뿐이다. 메이지 유신이후 일본 정부의 功過가 객관적으로 논의되지 않고 있다.


## 2. 한국 중학교 역사 교육과정의 변천


10여 차례에 걸쳐 바뀐 한국의 중학교 역사 교육과정은 중학교 역사교육의 내용과 형식에 지대한 영향을 끼쳤다. 이 절에서는 교육과정기별 변천 배경과 변화된 교육과정 내용을 종합적으로 정리하였다.


### 가. 교수요목(1946년)

#### 1) 편제 및 목표

한국 최초의 중학교 역사 교육과정은 1948년 미군정청에 의해 발표된 중등학교 교수요목에 담겨 있다. 당시 교수요목은 중학교와 고등학교를 분리하지 않았기에 중등학교 1~3학년 교수요목이 현행 중학교 과정에 해당한다. 이 시기 초등학교와 마찬가지로, 중등에서도 사회 전 영역을 '사회생활과'라는 교과명 하에 가르치도록 하였다. 하지만 주당 배정된 5시간으로 이 모든 내용을 가르치는 것은 사실상 불가능하였다.[3]

역사 부분에서 세계사에 해당하는 '이웃 나라 생활'과 '먼 나라 생활'이 중학교 1~2학년에, 한국사인 '우리 나라 생활'은 3학년에 편제되었다. 교수요목은 세계사에 두 배의 시수를 배당한 이유를 이웃 나라와 먼 나라의 역사를 배우는 것이 사회생활에 필수적일 뿐 아니라, 현대 사회에 더욱 깊어진 전 세계와의 관련성에 유의할 필요가 있기 때문이라고 설명하였다. 하지만 세계사를 선수 학습하고, 자국사를 나중에 배우도록 한 편제는 타당한 근거를 찾기가 어렵다.[4]

교수요목기 교육 목표는 중학교와 고등학교 학교급에 따른 차별성이 없었다. 미군정은 사회 생활과를 통해 중등학생이 "인간과 자연 환경 및 사회 환경과의 관계를 밝게 인식시켜 사회 생활에 성실 유능한 국민"으로 키

---

3) 교수요목기 중학교 1학년, 2학년, 3학년에서는 먼 나라 생활(2), 이웃 나라 생활(2), 우리나라 생활(2)이라는 동일한 교과명으로 지리와 역사 부분을 가르치도록 했다. 즉 중학교 1학년은 지리에 해당하는 먼 나라 생활 2단위와, 역사에 해당하는 먼 나라 생활 2단위를 배우도록 편제되었다. 공민은 공민 생활 I, 공민 생활 II, 공민 생활 III 각 1단위씩 학년별로 배정되었다.

4) 최상훈, 2001 〈역사과 교육과정의 재고〉 ≪歷史敎育의 方向과 國史敎育≫(솔, 서울) 173

우는 것을 목표로 삼았다. 또한 사회생활과의 특성상 지리 · 역사 · 공민 각 영역의 관련성을 강조하는 방향의 통합적인 목표를 제시하였다. [5]

'교수상의 주의'는 과거의 사실을 현재와 관련하여 이해시켜 당면 문제 해결에 도움이 되어야 함을 강조하였다. 즉 역사교육 역시 사회생활과의 목표에 복무할 때 그 의미를 지니고 있음을 명시하였다. 이 점은 세계사 교육에서 강조되었다. 즉 국사는 '민족의 자주 정신과 도의 관념의 함양 및 문화의 전승 발전'에 기여하는 동시에 '완전 자주 독립'에 이바지하도록 지도할 것을 강조한 데 반해, 세계사는 사회생활에 지극히 필요한 지식으로 우리나라 역사와의 '호상 관련성'에 유의해서 가르칠 것을 유의점으로 제시하였다. [6]

### 2) 내용

역사 영역 교수요목은 중학교 1학년 '이웃 나라 생활' 8단위, 2학년 '먼나라 생활' 13단위, 3학년 '우리 나라 생활'은 8단위로 구성되어 있었다. [7] 단위는 현행 대단원과 같은 것으로 이해되며, 그 아래 항목과 세목은 중단원과 소단원이라 볼 수 있다. 교수요목은 각 단위별로 세목이 설문식으로 표시되어 있다. [8]

교수요목기 중학교 1, 2학년 학생들은 동양사와 서양사를 순차적으로 학

---

5) 문교부, 1948 ≪교수요목집-중학교 사회 생활과≫ 45

6) 문교부, 〈위의 책〉 46

7) '역사 부분 교수 상의 주의'에서는 3학년 '우리 나라 생활'이 8단위라고 적고 있으나, 〈표 3〉에서도 보이듯 9단위로 구성되어 있다. 이와 같은 불일치는 교수요목의 국가 문서로서의 완성도를 떨어뜨리게 된다. 대표적으로 '우리 나라 생활'을 '우리 나라의 생활'로, '먼 나라 생활'을 '먼 나라의 생활' 등으로 과목명을 상이하게 쓴 예를 들 수 있다.

8) 하지만 당시 사용된 교과서에서는 교수요목과 달리 이와 같은 설문식 제목을 쓰지 않았다. 김성칠, 1949 ≪중등 사회생활과 우리나라 생활: 역사 부분≫(정음사, 서울); 금룡도서 편집부, 1949 ≪중등 사회생활과 우리나라 생활: 역사 부분≫(금룡도서, 서울)

습하도록 구성되어 있었다. 특히 첫 단원에 배치된 역사의 시작과 그 자연 환경적 배경이 주목된다. 또한 2학년에서 서양 현대사 단원에 해당하는 '2차 세계대전의 발발과 결과'는 일본 제국주의에 의한 식민지 상태를 극복하고, 미군정기를 거치며 새로운 정부를 구성하기 위한 세계사적 지식의 필요성에서 나온 것으로 보인다. 유사한 강조점이 3학년 국사 영역에서 세계대전과 우리나라와의 관계를 다룬 단원을 설정한 데서도 발견된다. 구체적인 각 학년 내용 구성은 아래 표와 같다.

교수요목기 중학교 3학년 국사 영역은 타 시대에 비해 고대에 해당하는 단원 비중이 높다. 고대사의 강조는 일제에 의해 훼손된 민족적 자긍심을 회복하고 자주적인 민족의식을 되찾고자 하는 해방 이후 시대적 분위기가 반영된 것으로 볼 수 있다.[9] 하지만 교수요목기 사용된 국사 교과서에서는 통일신라 이전을 다룬 장이 그 이후를 다룬 장보다 분량이 적거나 세부 내용이 세밀하지 않은 경우가 있음을 확인할 수 있다.[10] 오히려 '역사 부분 교수상의 주의'에서 제시한 바와 같이, "시대가 가까워질수록 자세히 다루어 현대 생활을 똑바로 이해하도록" 최근세사와 현대사에 대한 인식을 강조했다.

---

9) 김홍수, ≪앞의 책≫ 184

10) 전술한 김성칠(1949)과 금용도서편집부(1949)의 국사책은 대체로 교수요목에서 제시한 대단원의 틀을 따르고 있다. 목차를 살펴보면 통일신라 이전을 다룬 장은 전자가 36장 중에서 12장, 후자는 28장 중에서 12장 분량이 해당된다. 박진동, 2004 ≪한국의 교원양성체계의 수립과 국사교육의 재구성: 1945~1954≫(서울대학교 대학원 박사학위논문) 202-203 〈표 5-1〉 참조

## 〈표 Ⅳ-2-1〉 교수요목 중학교 사회 생활과 역사 부분 내용 구성

| 1학년<br>이웃 나라 생활(동양사) | 2학년<br>먼 나라 생활(서양사) | 3학년<br>우리나라 생활(국사) |
|---|---|---|
| (一) 이웃 나라의 자연 환경은 어떠하며 그 민족의 유래와 발전은 어떠하였는가? | (一) 먼 나라의 역사는 어디서 어떻게 자라 왔는가? | (一) 우리 나라의 자연 환경은 어떠하며 민족의 유래와 발전은 대략 어떠하였는가? |
| (二) 역사의 시작은 어떠하였는가? | (二) 역사의 새벽은 어떠하였는가? | (二) 역사 있기 이전의 생활은 어떠하였는가? |
| (三) 중국은 어떻게 통일 또 분립되고 그 문화는 어떠하였으며 동ㆍ북방 민족은 어떻게 발전하였는가? | (三) 그레시아(Greece)와 마케도니아(Macedonia)의 성쇠와 그 문화는 어떠하였는가? | (三) 고대 우리 겨레의 생활 상태는 어떠하였는가? |
| (四) 인도 및 서역 여러 나라의 변천과 그 문화는 어떠하였는가? | (四) 로마(Rome)는 어떻게 흥망하였으며 그 문화는 어떻게 발달하였는가? | (四) 삼국의 흥망 및 그 사회 생활은 어떠하였는가? |
| (五) 아시아의 여러 나라는 어떻게 융성하였는가? | (五) 신흥 여러 민족은 어떻게 이동 활동하였으며 아시아 여러 민족의 유우롭에의 진출은 어떠하였는가? | (五) 신라 및 발해의 변천과 그 사회 생활은 어떠하였는가? |
| (六) 몽고족의 극성과 한민족의 부흥 및 일본족의 발전은 어떠하였으며 그들의 문화는 어떠하였는가? | (六) 그리스도교와 十자군은 어떠하였으며 중세 말기 여러 나라의 모양은 어떠하였는가? | (六) 고려의 정치와 다른 민족과의 관계는 어떠하였으며 그 사회 생활은 어떠하였는가? |
| (七) 근세 아시아 여러 나라의 사정과 그 문화는 어떠하였으며 구미인들은 어떻게 진출하여 왔는가? | (七) 중세의 사회 생활과 그 문화는 어떠하였는가? | (七) 근세 조선은 어떻게 성쇠하였으며 그 사회 생활은 어떠하였는가? |
| (八) 현대 아시아 여러 민족은 어떻게 친선(親善)하고 또 투쟁하였으며 또 어떻게 자라고 있는가? | (八) 먼 여러 나라의 새로운 기운(機運)은 어떻게 일어났는가? | (八) 최근세의 사회 생활은 어떠하였는가? |
| | (九) 근세 유우롭 여러 나라는 어떻게 발전하였으며 그 사회 생활과 문화는 어떠하였는가? | (九) 두 번째 세계 대전과 우리 나라와의 관계는 어떠하였는가? |
| | (十〇) 최근세 여러 나라에는 어떠한 큰 변동이 있었는가? | |
| | (十一) 최근세 여러 나라의 사회 생활과 그 문화는 어떠하였는가? | |
| | (十二) 두 번째 세계 대전은 어떻게 일어났으며 그 결과는 어떠하였는가? | |
| | (十三) 먼 여러 나라의 현상은 어떠하며 아시아와의 관계는 어떠한가? | |

### 3) 방법 및 평가

교수요목기 사회생활과는 민주시민의 양성을 목표로 한 미국식 교육관이 반영되었다.[11] 따라서 교수-학습 방법에서도 기존의 교사 중심의 교수법 대신 학생들과 교사가 협력하여 문제 해결 학습을 하도록 권장하였다. 중학교 교수요목에서 설문식으로 주제를 제시한 것이 대표적이다.[12] 이에 따라 교사는 설문식 세목의 해결 방식이 다양하게 존재함을 학생들에게 가르치도록 하였다.[13] 이는 미국 진보주의 교육의 영향을 받아서 당시 전개된 '새교육운동'에서 중시되었던 교수방법이기도 하였다.[14] 교수요목은 내용의 중요성과 타당성, 상호 관련되는 성격, 학생들의 인지 능력, 교수-학습의 상황에 따라 주제(세목)를 효율적으로 재구성하도록 하였다.[15] 하지만 교수 내용과 정도가 학생 수준에 비해 높고,[16] 설문식 제시 방식의 효과도 교과서 제작이나 실제 교수 학습 현장에서는 미미했던 것으로 보인다.[17]

### 나. 제1차 교육과정(1955년 공포)

### 1) 편제 및 목표

1차 교육과정은 교육과정(혹은 커리큘럼)이라는 용어를 처음 사용했고, 미국의 경험교육과정의 영향으로 이전의 교과 중심 교육과정에서 생활 중심 교육과정으로 개편되는 과도기적인 상태였다. 우리 손으로 만든 최초의 교육과정이라는 점은 의미가 깊지만, 한국전쟁기 직후 만들어져 교육과정

---

11) 김흥수, ≪앞의 책≫ 179
12) 고등학교 과정에 해당하는 제4~6학년 교수요목은 설문식으로 제시되지 않았다.
13) 문교부, ≪앞의 책≫ 4
14) 정선영 외, 2001≪역사교육의 이해≫ 283
15) 문교부, ≪앞의 책≫ 4
16) 김흥수, ≪앞의 책≫ 176
17) 최상훈, 〈앞의 글〉 189

의 내용과 형식에 있어 여러모로 미숙한 점을 드러냈다.[18]

1949년 교육법이 제정, 공포되면서 중등학교로 묶여있던 중학교와 고등학교가 분리되었다. 교수요목기와 마찬가지로 중학교 역사는 공민, 지리와 함께 사회 생활과에 통합되었다. 역사는 국사와 세계사 영역으로 나누어, 국사는 '우리 나라 역사'로, 세계사는 이전의 이웃 나라 역사와 먼 나라 역사로 분류하던 것을 '세계의 역사'로 통합하여 구성하였다.

중학교 사회 생활과는 도의 영역을 포함하여 지리, 역사, 공민이 1주에 1~2시간씩 1학년에서 3학년까지 병렬되어 있었다. 역사 영역은 중학교 1학년에서 주당 2시간씩 우리 나라 역사를, 2학년과 3학년에서는 각각 주당 1시간씩 세계의 역사를 가르치도록 구성하였다.[19] 따라서 1차 교육과정기 중학교에서는 국사와 세계사에 동일한 비중을 두고 있고, 자국사 교육이 세계사 교육에 선행하고 있음을 알 수 있다.

이 시기 사회 생활과의 각 영역은 독자적인 정체성을 중시하여 고유의 목표를 제시하였다. 중학교 역사는 국사와 세계사 영역에서 각각 5가지 학습 목표를 설정하였다.[20] 역사 영역의 목표는 1차 교육과정의 교육 목표인 도의 교육에 대한 강조가 반영되었다. 또한 국난 극복, 통일, 경제 발전, 세계 평화와 같은 목표는 1950년대 중반 전란을 겪은 후 한국 사회의 국가적, 사회적 요구가 반영된 것으로 보인다.[21] 이와 같은 목표는 역사 학습이 학

---

18) 유봉호 · 김융자, 1998 ≪한국 근/현대 중등교육 100년사≫(교학연구사:서울), 241; 246

19) 1차 교육과정기 중학교 사회 생활과 역시 공민, 지리, 역사로 구성되었다. 중학교 학년별로 공동 생활(1), 국가 생활(1), 국제 관계(1)가 편제된 공민에 비해, 우리 나라 지리(1), 우리나라 지리(1)+ 다른 나라 지리(1), 다른 나라 지리(1)로 편제된 지리 영역은 중학교 2학년 시수가 다른 영역에 비해 다소 많다.

20) 우리 나라 역사의 목표는 ① 통일과 민주국가 육성 ② 애국심과 세계 평화에 이바지 ③ 경제 생활 향상 ④ 민족 문화 발전 ⑤ 민주 사회 건설에 이바지하도록 하는 것을 포함하였다. 세계의 역사는 ① 인간의 사명과 책임 완수 ② 민주 국가 건설과 인류 평화 ③ 산업과 경제 생활 향상 ④ 민족 문화 앙양과 세계 문화 발전 ⑤ 질서있는 사회 건설에 공헌하는 것을 목표로 삼았다.

습자 개인의 역사 인식보다는 사회와 국가 발전에 기여하는 방향으로 설정되어 있음을 알 수 있다.[22]

## 2) 내용

중학교 국사는 왕조사와 정치사를 중심으로 7단원으로 구성되어, 단원별 단원 목표와 내용이 제시되었다. 단원 목표는 교사가 행위의 주체로 내용 요소를 '이해시킨다.'고 진술되었다. 특히 '민주 대한에서 "UN과 국제협조 정신을 인식시킨다." 혹은 "조국 통일의 사명을 인식시킨다." 등의 목표는 6·25 이후 남북통일과 공산주의 극복이라고 하는 정치사회적, 교육외적 요구가 역사교육 목표 속에 반영된 것으로 볼 수 있다.

세계사는 중학교 2~3학년에 걸쳐 학습하도록 설계되었다. 특히 같은 시기의 동양과 서양의 역사를 나란히 서술하고 있다. 1차 교육과정기 중학교 역사 영역 단원 구성을 정리하면 아래 표와 같다.

〈표 Ⅳ-2-2〉 1차 교육과정 중학교 역사 영역 단원 구성

| 1학년 | 2학년 | 3학년 |
|---|---|---|
| 국사 | 세계사 | |
| (1) 부족 국가 생활<br>(2) 세 나라로 뭉친 사회<br>(3) 신라 통일 사회<br>(4) 고려의 재 통일 사회<br>(5) 유교 중심의 조선 사회<br>(6) 근대화하여 가는 조선 사회<br>(7) 민주 대한 | (1) 문화의 발생<br>(2) 고대의 동양과 서양<br>(3) 아시아 세력의 팽창과<br>　　유럽 사회의 형성 | (4) 서양 세력의 발전과 근세<br>　　문명<br>(5) 근세 동양은<br>　　어떠하였는가?<br>(6) 민주주의의 발달과 현대<br>　　문명 |

---

21) 최상훈, 〈앞의 글〉 180

22) 역사 영역의 목표와 내용 구성에 대한 진술은 공민의 그것과 비교했을 때 분량과 내용이 대단히 소략하다.

### 3) 방법 및 평가

중학교 국사와 세계사의 '(지도상) 유의할 사항'은 거의 대동소이하다. 역사 학습에서 중요한 내용의 양과 수준은 학생을 기준으로 해야 하고, 학습 목표와 내용과의 연관성, 지도·사진·도표 등을 활용한 구체적인 학습, 토의 학습 등이 강조되었다. 연대 표기 방식을 '서기'로 통일함으로써 한국사와 세계사의 상호 관계 파악과, 세계사에 대비한 한국사 인식을 용이하게 하는 기반을 마련하였다.

### 다. 제2차 교육과정(1963년 공포)

### 1) 편제 및 목표

2차 교육과정은 '사회 생활과'에서 '사회과'로 교과 명칭을 변경하고, 과목명은 사회I, 사회II, 사회III으로 하였다. 또한 경험 중심 교육과정을 지향하며 학생들이 흥미를 느끼는 것으로 사회과의 내용을 구성해야 한다는 원칙을 제시하였다. 이는 교과 중심 교육과정을 배격하였다기보다는 교과와 아동의 경험과의 간격을 최소화하자는 원칙이 재차 강조된 것이다.

이 시기 학년별 사회과 세부 영역은 병렬적 구성에서 벗어나 횡적 관련을 강조하는 방향으로 재편되었다. 따라서 중학교 1학년에서 '생활환경의 공간적인 고찰(지리)', 2학년에서 '인류 생활 발전의 시간적 고찰'(역사), 3학년에서 '현실 사회 생활의 기구와 활동에 대한 고찰'(공민)을 추구하였다.[23] 국사와 세계사는 2학년 한 학년에 편제되어 있다. 이는 같은 시기의 국사와 세계사를 연계시켜서 학습할 수 있으므로 연대기적으로 역사를 이해하는 데 도움이 된다는 인식에서 나온 것이다.[24] 표면적으로는 사회과

---

23) 유봉호·김융자, ≪앞의 책≫ 262; 사회 I(지리)는 1학년 3~4단위, 사회II(국사+세계사)는 2학년 3~4단위, 사회III(공민)은 3학년에 2~4단위로 편제되었다.

24) 최상훈, 〈앞의 글〉 173

통합을 시도하였으나 교과서나 학년 배정의 측면에서 볼 때 실질적으로 통합되었다고 볼 수 없다.[25]

2차 교육과정은 사회과의 교과 전체 목표를 설정하였다. 2학년 학년 목표가 역사과 내용 목표로서, 애국애족과 반공 민주 국가, 국제 협조, 민족정신과 민족 문화, 경제 발전 등이 제시되었다. 이와 같은 목표는 1차와 대동소이하고, 1969년 부분 수정된 교육과정에서도 크게 달라지지 않았다.

## 2) 내용

1962년과 1969년 부분 개정된 교육과정의 2학년 역사 영역학습 내용을 정리하면 다음 표와 같다.

〈표 Ⅳ-2-3〉 2차 교육과정 중학교 역사 영역(사회Ⅱ) 단원 구성

| 2학년 | | |
|---|---|---|
| 1962년 | | 1969년 |
| 1. 인류 문화의 시작 | (1) 인류의 기원과 세계 문명의 발생 | 1. 우리 역사의 시작 |
| | (2) 우리 민족의 원시 생활 | 2. 삼국 시대와 통일 신라 시대의 생활 |
| | (3) 단군 신화와 건국 이념 | 3. 고려 시대의 생활 |
| 2. 삼국 시대와 고대 세계의 생활 | (1) 고대 동양의 생활 | 4. 조선 시대의 생활 |
| | (2) 고대 서양의 생활 | 5. 우리 나라의 근대화 운동 |
| | (3) 삼국 시대의 생활과 대외 관계 | 6. 민족의 시련과 발전 |
| 3. 민족의 통일과 세계의 발전 | (1) 서양 중세 생활과 동양의 발전 | 7. 고대 세계의 생활 |
| | (2) 통일 신라 시대의 생활 | 8. 중세 세계의 생활 |
| | (3) 고려 시대의 생활 | 9. 근세 세계의 생활 |
| | (4) 조선 시대의 생활 | 10. 현대 사회와 우리의 할 일 |
| 4. 우리 나라와 세계의 근대화 | (1) 서양 근세 국가의 형성과 그 발전 | |
| | (2) 서양 세력의 해외 진출과 아시아 | |
| | (3) 우리 나라의 개방과 민족의 수난 | |
| | (4) 우리 나라의 근대화를 위한 노력 | |

25) 최상훈, 〈앞의 글〉 175

| | | |
|---|---|---|
| 5. 대한 민국의 발달 | (1) 제1차 세계대전과 민족의 독립 운동<br>(2) 8 · 15 해방과 대한 민국의 수립<br>(3) 6 · 25 사변과 우리의 반공 투쟁<br>(4) 대한 민국의 발전 | |
| 6. 오늘의 세계와 우리의 할 일 | (1) 오늘의 세계<br>(2) 우리의 할 일 | |

1962년에는 비교사적 관점에서 국사와 세계사를 통합하여 역사 단원을 구성하였다. 각 단원의 앞부분에 세계사 내용을 배치하고, 이후 국사를 배치함으로써 세계사의 흐름 속에서 국사의 발전을 조명하도록 하였다. 이러한 '융합형' 내용 편성은 폭넓은 역사 성찰을 통해 역사의식과 역사적 판단 능력의 향상에 도움을 준다는 취지였으나 국사와 세계사의 상호 유기적 연결이 없이 기계적이고 편의적으로 조합한 결과 역사 이해에 도움을 주지 못한다는 비판을 받았다.[26]

이에 따라 1969년 수정된 교육과정에서는 사회II에서 국사 단원을 전반부에, 세계사 단원을 후반부에 편성하였다. 이는 국사를 바탕으로 하여 세계사를 이해하도록 함으로써 국사를 중시하는 경향이 증대됨을 의미한다.[27]

### 3) 방법 및 평가

'지도상의 유의점'에서는 편제상 학년별로 각 영역을 편제했음에도 불구하고, '체계 학습을 전제로 하는 것이 아님'이라는 우회적 표현으로 사회과 통합의 정신을 강조했다. 또한 사회과 교육이 현실 속의 문제 해결을 중시하므로 주지주의적이고 실생활과 연관이 없는 전문적인 내용을 중학교에서 지도하지 않도록 강조하였다.[28] 역사를 통한 민족의식의 고취와, 애국심 배양

---

26) 정선영 외, ≪앞의 책≫ 286; 김흥수, ≪앞의 책≫ 233

27) 김흥수, ≪앞의 책≫ 233

28) 문교부, ≪초 · 중 · 고등학교 교육과정 (1946-1981)≫ 240

에 대한 강조는 '1962년 뿐 아니라, '1969년 수정 후에도 재차 강조되었다.[29]


## 라. 제3차 교육과정(1973년 공포)

### 1) 편제 및 목표

2차 교육과정기 우리나라의 우수성과 애국심에 대한 강조는 이후 박정희 정권이 내세운 민족적 주체성과 이에 따른 국사교육의 강화 방침과 연결되었다.[30] 그 결과 3차 교육과정 개정에서는 국사과가 독립하게 되었다. 이 시기 국사교육의 강화에 대해 우려하는 목소리가 있었으나, 민족사학을 확립하고 주체성을 고양한다는 논리에 의해 국사과의 독립이 정당화되었다.[31]

이처럼 국사과가 독립 교과가 되면서 2, 3학년에서 주당 두 시간씩 배당되었다. 세계사는 사회과에 통합되어 사회II의 한 교과로 가르치는 상태가 지속되었다. 세계사는 주당 2~3시간으로 편제됨으로써 중학교 2학년 역사는 주당 4~5시간으로 대폭 늘어났다.[32]

중학교의 역사 교육과정에서는 일반 목표와 학년 목표를 병기하였는데 늘어난 시수에 대한 역사교육의 지향점을 명시하였다. 즉 국사의 일반 목표 다섯가지 중에서 민족사의 정통성에 대한 인식과 문화 민족으로서의 자부심 고양을 제일의 목표로 내세웠던 것이다.[33] 이 시기에는 가치·태도

---

29) 문교부, ≪위의 책≫ 247

30) 1972년 국사학계의 중진 학자들로 구성된 국사교육강화위원회는 국사에 대한 주체적이고 발전적인 이해를 도모하였다.

31) 유봉호·김융자, ≪앞의 책≫ 298

32) 3차교육과정기 중학교 국사과는 중학교 2학년과 3학년에서 각각 2단위가 편제되었다. 한편 사회과는 사회I(지리) 3~4 단위, 사회 II(세계사) 2~3단위, 사회 III(공민)이 2~3단위씩 학년별로 편제되었다.

33) 다른 네 가지 목표는 현재적 관점에서 민족사의 특성에 대한 종합적인 파악, 세계사적 차원에서의 민족사의 특징, 민족 문화의 계승·발전에 기여하는 태도 육성, 역사적 사실에 대한 실증적인 탐구 등이다.

영역의 목표 뿐 아니라 지식·이해와 기능 영역의 목표도 포함되었다.[34] 하지만 이전과 비교했을 때 '민족사'라는 용어가 등장하고, 보다 강한 어조로 목표를 제시하고 있음을 알 수 있다.

## 2) 내용

국사는 2학년에서 조선 후기까지, 3학년에서 '근대'의 시작부터 현재까지 다루도록 하였다. 한편 세계사는 2학년에 고대부터 현재의 세계 문제까지 학습하도록 내용이 구성되었다. 하지만 영역간 내용 구성을 상호 긴밀하게 고려하지 않아, 국사와 세계사의 관련성을 이해하기 어렵게 만드는 결과를 낳았다. 즉 학생들이 2학년 사회에서 '아시아의 근대화 운동'과 그 결과 현대 사회의 변동을 학습한 이후, 3학년 국사에서 한국의 근대화 운동을 배우게 되는 것이 대표적인 예이다.

〈표 Ⅳ-2-4〉 3차 교육과정 중학교 역사 단원 구성

| | 2학년 | 3학년 |
|---|---|---|
| 국사 | (1) 우리 역사의 시작과 부족 국가의 생활<br>(2) 삼국의 생활<br>(3) 통일 신라와 발해<br>(4) 고려 시대의 생활<br>(5) 조선의 성립<br>(6) 민족 문화의 융성과 양반 사회의 발전<br>(7) 민족의 항쟁과 사회 경제 생활의 진전 | (1) 근대적 문화의 새 기운<br>(2) 정치의 양상과 농민의 자각<br>(3) 개화 척사 운동과 동학 혁명<br>(4) 독립 협회와 대한 제국<br>(5) 근대 문화의 성장<br>(6) 일제의 침략과 독립 투쟁<br>(7) 민족의 해방과 대한 민국의 수립<br>(8) 제 3 공화국과 오늘의 우리 |
| 사회<br>(세계사) | (1) 인류와 문화<br>(2) 고대 세계의 생활<br>(3) 중세 세계의 생활<br>(4) 근세 세계의 생활<br>(5) 아시아의 근대화 운동<br>(6) 세계의 시련과 오늘의 우리 | |

---

34) 최상훈, 〈앞의 글〉 182

이 시기 역사를 통해 민족사적 정통성을 확보하려는 노력은 '민족 문화의 융성과 양반 사회의 발전'과 같은 대단원 명칭에서 찾을 수 있다.[35] 대외관계에서는 외부와의 충돌과 투쟁 속에서 나타난 우리 선조의 저항과 극복을 강조하였다. 또한 (8)단원, '제 3 공화국과 오늘의 우리' 단원 설정에서 보이듯 정권의 정당성 확보를 위한 노력이 국사 과목에서 이루어지고 있었다.[36]

### 3) 방법 및 평가

국사는 지도상의 유의점을 통해 사회과 및 도덕과와 긴밀하게 관련지어 지도할 것을 강조하였다.[37] 유사한 강조가 사회과의 지도상의 유의점에서도 드러나는데, 사회과의 모든 부분에서 국사와의 관련을 긴밀히 하도록 하였다. 또한 사회과 전 과정을 통하여 '민족 주체 의식'과 '애국 애족의 정신을 계발'할 것을 강조하였다.[38] 이와 같은 유의점 진술은 유신교육과정으로 불리는 3차 교육과정의 성격을 극명히 드러내준다.

## 마. 제4차 교육과정(1981년 고시)

### 1) 편제 및 목표

3차 교육과정기 이래 국사과는 독립 교과로서, 세계사는 사회과 속에 편제된 상황이 4차 교육과정에서도 지속되었다. 이처럼 국사와 세계사의 이원화된 체제가 지속되면서 역사교육이 비정상적으로 이루어졌다.

사회과는 한 학년에서 두 영역의 내용을 다루는 것으로 단원 편성이

---

35) 이는 국사교육뿐 아니라 세계사 교육에서도 '세계 속의 한국' 혹은 아시아사를 강조하는 방향으로 나타났다. 정선영 외, ≪앞의 책≫ 289 참조
36) 김흥수, ≪앞의 책≫ 267
37) 문교부, ≪앞의 책≫ 251
38) 문교부, ≪앞의 책≫ 256

바뀌었다. 즉 사회 I에서는 지리와 일반사회 영역, 사회 II에서는 세계사와 지리 영역, 사회 III에서는 일반사회와 세계사 영역의 내용이 포함되었다.[39] 하지만 2개 이상의 사회과 영역을 연관시켜 학습한다는 취지는 교과서 단원에 따라 내용 영역이 확연히 구분되어 개발됨으로써 실효성이 없었고, 학년별 편제에 대한 이론적이거나 교육적인 근거에 대해서도 의문시되었다.[40]

4차 교육과정은 학교급별 교육 목표를 통해 학교교육에 대한 방향을 제시하였다.[41] 중학교 국사는 교과의 종합 목표에서 국사 학습의 전체적인 목표를 밝힌 후, 지식·이해, 기능, 태도의 행동 영역별 목표를 세부적으로 제시하였다. 또한 각 단원에서는 단원의 학습 내용을 개관하며, 단원 목표를 지식·이해 영역과 태도 영역으로 나누어 진술하였다. 이러한 목표 진술 방식은 이후 교육과정에서도 지속적으로 사용되었다. 또한 '자료 처리 능력'과 같은 기능 목표 등이 추가되었다.[42]

국사의 목표 설정은 한국사의 발전 과정과 정통성에 대한 주체적 이해를 강조하였다. 하지만 '민족사' 대신 '한국사' 혹은 '우리 역사'라는 용어를 사용하였다. 그리고 세계사 속의 한국사의 위치를 파악함으로써 한국사의 특수성과 보편성을 강조한 점이나, 문화 교류의 측면을 언급한 것은 4차 교육과정기의 새로운 목표 진술이라고 할 수 있다. 세계사는 유럽과 아시아, 아시아와 한국의 역사적 발전상을 비교사적으로 접근하도록 하였다.

---

39) 4차 교육과정기 중학교 국사과는 3차와 마찬가지로 중학교 2학년과 3학년에서 각각 2단위로 편제되었다. 사회과는 사회 I(지리+공민) 사회 II(세계사+지리) (2~3)사회 III(세계사+공민) (2~3)룰 각 학년에 편제되었다.

40) 정선영 외, ≪앞의 책≫ 290

41) 김흥수, ≪앞의 책≫ 287

42) 최상훈, 〈앞의 글〉 184

## 2) 내용

중학교 국사는 2학년이 조선 전기까지 5개 주제를 학습하고, 3학년에서 조선 후기부터 4개 주제를 학습하도록 구성하였다.

〈표 IV-2-5〉 4차 교육과정 중학교 역사 단원 구성

|  | 2학년 | 3학년 |
|---|---|---|
| 국사 | (가) 한국사의 시작<br>(나) 삼국의 성장과 민족의 통일<br>(다) 통일 신라와 발해<br>(라) 고려의 사회와 문화<br>(마) 조선의 성립과 발전 | (가) 조선 사회의 변화<br>(나) 근대 사회의 전개<br>(다) 민족의 독립 투쟁<br>(라) 대한 민국의 발전 |
| 사회<br>(세계사) | (다) 고대 아시아의 생활<br>(라) 중국 사회의 발전<br>(마) 아시아 여러 민족의 활동<br>(아) 서양 문화의 형성<br>(자) 중세 유럽의 세계 | (가) 서양 근대 사회의 발전<br>(나) 아시아의 근대화<br>(다) 현대의 세계 |

중학교 국사는 왕조에 따라 단원을 나누고 그 아래 3~4개의 하위 주제 내용은 정치사를 중심으로 구성되었다. 전근대 한국사 전반에 걸쳐 대외관계 속에서 시련을 극복했고, 대내적으로는 우수한 민족 문화를 꽃피웠음을 강조하고 있다. 매 단원 '자주'를 반복 강조한 것 역시 특기할 만하다.

국사는 연대기에 따른 통사 체계로 단원이 구성되어 있으나 세계사는 사회과의 다른 영역과 혼재되어 있다. 즉 세계사는 2학년과 3학년 단원 구성에서 지리 혹은 공민 단원과 혼합되어 있어, 시대 흐름에 따라 학습하기가 어려웠다.

## 3) 방법 및 평가

4차 교육과정은 전인 교육, 인간 중심 교육을 강조하였으나 교수·학습 방법과 평가와 같은 교육의 실제에 있어서는 큰 변화를 가져오지 못했

다.[43] 4차 교육과정은 처음으로 내용 조직과 관련하여 계열성에 대해 언급하고 있다. 중학교 국사는 "생활사를 중심으로 한 국민학교에서의 학습 내용과 관련지어 시대사를 중심으로 하여 통사적인 지식을 습득할 수 있도록 한다."고 강조하고 있다. 한편 세계사는 "시대사적인 접근 방법에 의하여 통사적인 지식을 체계 있게 습득"하도록 통사 중심의 교수 방법을 제시하였다.

4차 교육과정기부터 '평가' 영역에 대해 진술하였다. 역사과 목표와 내용 구성에서는 한국사로 표시했으나, 학습 결과 "민족사의 발전 과정에 대하여 긍지를 느끼고 민족 문화를 발전시켜 나가려는 태도"를 지니게 되었는지 평가하게 함으로써 4차 교육과정에서 강조하고 있는 바를 분명히 하였다.


## 바. 제5차 교육과정(1987년 고시)

### 1) 편제 및 목표

1980년대 한국 사회의 변화와 다원화되는 국제 관계의 변화에 따른 교육과정이 이루어졌다. 인간 중심 교육과정을 견지한 5차 교육과정 개정은 교육과정의 적정화, 교육과정의 내실화, 교육과정의 지역화의 방침을 내세웠다. 특히 '지역화'와 '효율화' '정보화'를 강조한 점이 이전 교육과정과 비교했을 때 달라진 점이라 할 수 있다.[44]

3차 교육과정기이래 독립한 국사과는 중학교 2학년과 3학년에 독자적인 시수를 확보하고 있었다.[45] 세계사는 계속해서 사회과에 통합되어 있었으나, 2학년과 3학년에 분산 배치되었던 4차와 달리, 1학년과 2학년에 배정

---

43) 유봉호 · 김융자, ≪앞의 책≫ 348
44) 유봉호 · 김융자, ≪앞의 책≫ 353
45) 국사는 2학년과 3학년에서 각각 2단위씩 편제되었다.

되었다.[46] 이 같은 변화의 배경에는 학생들의 발달 수준과 학습 영역간의 관련성 등을 고려하여 보다 합리적으로 조정한다는 원칙이 있었다.[47] 또한 중학교 1학년에 세계사 내용이 배치된 것은 국민학교 6학년의 국사 학습을 토대로 하여 세계사적 시야를 넓히도록 한 의도에서였다. 즉 1학년에서부터 기초적인 시간 의식의 기반을 형성하도록 해야 한다는 의견이 반영되었다.[48] 하지만 세계사는 1학년 2학기와 2학년 1학기에 배치됨으로써 학년별 구분이 된다는 맹점을 극복하기는 어려웠다.

5차 교육과정기 국사과 교과 목표는 이전의 목표 진술을 어구 수준에서 수정하여 우리나라 역사 혹은 민족, 민족문화에 대한 강조가 지속되었다.

## 2) 내용

국사는 2학년은 우리나라 역사의 시작부터 양란기까지, 3학년은 양란 이후 변화상부터 광복 이후 대한민국의 발전상까지 다루고 있다. 내용 조직은 국민학교의 주제 중심의 생활사, 고등학교의 문화·사상사 중심의 통사적인 구성과 구별하여 우리나라의 역사를 사건·주제 중심의 시대사로서 파악할 수 있도록 정치사를 중심으로 연대기적으로 구성하되 주제사적 접근을 병용하였다.[49] 1980년대 후반부터 국사 교과서 서술에 대한 편향성 논란[50]은 새로운 관점에 따른 역사 서술의 필요성이 제기되면서 개정 교과서에서는 조선후기 민중의 동향과 개혁의 움직임을 적극적으로 기술하였다.[51]

---

46) 사회과는 1학년 사회 I(지리+세계사) 3단위, 2학년 사회 II(세계사+공민) 2~3단위, 3학년 사회 III(지리+공민) 2~3단위로 편제되었다.

47) 김흥수, ≪앞의 책≫ 347-348

48) 김흥수, ≪위의 책≫ 348

49) 문교부, 1987 ≪중학교 교육과정≫(대한 교과서 주식회사, 서울) 42

50) 이후 국사 교과서의 내용에 대한 시비를 해결하기 위해 1986년 문교부는 국사 교육 심의회를 구성하고, 국사 내용을 통일하여 87년 '국사 교육 내용 전개의 준거안'을 작성하였다. 이 준거안은 중·고등학교 교육과정 뿐 아니라 국사 교과서 내용 구성의 기준이 되었다 (김흥수, ≪앞의 책≫ 343)

〈표 Ⅳ-2-6〉 5차 교육과정 중학교 역사 단원 구성

|  | 1학년 | 2학년 | 3학년 |
|---|---|---|---|
| 국사 |  | 가) 우리 나라 역사의 시작<br>나) 고대 왕국의 성립과 발전<br>다) 고려 사회의 발전<br>라) 조선 사회의 발전 | 가) 조선 사회의 새로운 움직임<br>나) 근대화의 시련과 민족의 자주 운동<br>다) 일제의 침략과 민족의 독립 운동<br>라) 대한 민국의 발전 |
| 사회<br>(세계사) | (바) 인류 문화의 기원<br>(사) 아시아 사회의 성장<br>(아) 서양 고대 문화의 형성<br>(자) 서양 중세 사회의 성장<br>(차) 아시아 사회의 변천 | 가) 서양 근대 사회의 발전<br>나) 아시아의 근대화<br>다) 현대의 세계 |  |

세계사는 1학년에서 인류의 기원부터 서양 중세, 중국의 송·원대 및 동아시아 사회까지, 2학년에서 서양과 아시아의 근대와 현대까지의 내용으로 구성되었다. 1학년에 배정된 세계사 내용에 대한 교과서 서술은 학생들의 선행 지식 부재와 인식 수준 등을 고려하여 쉽게 서술하도록 하였으나, 주요 명칭이나 개념이 상당수 누락되어 구체적인 내용이 없는 모호한 세계사 교과서가 탄생하게 되었다.[52]

### 3) 방법 및 평가

국사과의 지도상 유의점에서는 학습 자료와 학습 방법뿐 아니라, 역사 이해나 기능, 태도 측면과 관련된 교수 방법을 제시하였다. 특히 역사적 사고력과 역사의식을 기르도록 한 점은 새롭게 강조된 것이다.[53] 이와 같은 탐구 능력은 지필 검사로 평가하기 어려운 것이므로 수업 발표와 과제 보

51) 정선영 외, 《앞의 책》 294
52) 최상훈, 〈앞의 글〉 174
53) 문교부, 1987 《중학교 교육과정》(대한 교과서 주식회사, 서울) 42

고서 등의 평가 방식을 활용하도록 평가 상의 유의점에서 밝히고 있다.[54]

## 사. 제6차 교육과정(1992년 고시)

### 1) 편제 및 목표

다양한 교육과정의 철학과 원칙이 혼재된 5차에 비해, 6차 교육과정은 여러 교육과정 사조간의 상호 관련성을 고려해서 논리적 정합성을 갖추려 노력하였다.[55] 6차 교육과정에서는 독립교과였던 국사과가 폐지되고 사회과로 통합되었다. 형식적으로는 사회과내에서 국사와 세계사를 모두 교수함으로써 형식적으로는 역사교육이 일원화되었다고 볼 수 있다. 하지만 국사는 중학교에서 별도의 교과서와 별도의 수업 시수를 배정하여 운영하였다. 세계사는 중학교 1, 2학년에서, 국사는 중학교 2, 3학년에서 배우도록 설계되었다.[56]

교육과정 문서에서 교과목의 '성격'이 처음 나타난 것이 6차 교육과정기부터이다. 사회과는 "사회 현상을 올바르게 이해시키고, 사회 지식 습득과 사회생활에 필요한 기능을 익히게 하며, 민주 사회 구성원에게 요청되는 가치와 태도를 지니게 함으로써 민주 시민으로서의 자질을 육성하려는" 교과로 정의하고 있다. 이 정의 속에 사회과의 지식 · 이해, 기능, 가치 · 태도와 관련된 목표 역시 명시되어 있다. 역사 영역과 관련되어서는 현실과의 관련성 속에서 역사를 파악하게 하려는 관점이 부각되었다.[57]

---

54) 문교부, 《앞의 책》 43

55) 김한식 & 권오현, 1997 〈해방후 세계사 교육과정의 변천과 문제점〉《歷史敎育》 61, 177

56) 1학년은 사회 I(지리+세계사) 3단위, 2학년은 사회 II(세계사+지리+공민) 2단위, 3학년은 사회 III(공민+지리) 2단위가 배정되었다. 2학년과 3학년에는 국사가 각각 2단위씩 편제되었다.

57) 교육부, 1992 《중학교 교육과정》 (대한 교과서 주식회사, 서울) 61

6차 교육과정에서는 국사과가 사회과에 포함되었으므로 국사 목표는 별도로 제시되지 않았다. 중학교 사회과 목표 진술에서 우리나라의 역사적 전통과 문화의 특수성을 파악하여 우리 문화와 민족사의 발전상을 체계적으로 이해하도록 하는 국사 교육 목표를 제시하였다. 또한 인류 생활의 발달 과정과 각 시대의 문화적 특색을 파악하는 것은 세계사와 관련된 목표라 할 수 있다.

## 2) 내용

중학교 국사는 대단원을 없애고 중단원-소단원 체제로 구성하였다. 단원명은 그 단원에서 서술하고 있는 사회의 성격을 가장 잘 말해주는 주제로 설정하였다. 세계사는 1학년 사회I에서 아시아의 전근대사를 배우고, 2학년에서 서양사 및 세계의 근·현대사를 배우도록 구성되었다. 또한 아시아 문화권과 유럽 문화권을 병렬적으로 제시한 것이 특징이다.

〈표 IV-2-7〉 6차 교육과정기 중학교 역사 영역 내용 구성

| 사회과 | 1학년 | 2학년 | 3학년 |
|---|---|---|---|
| 국사 | · 지역의 내력과 역사 자료 | · 우리 나라 역사와 우리의 생활<br>· 고조선의 성장<br>· 중앙 집권 국가의 형성<br>· 통일 국가의 성립<br>· 귀족 사회의 변천<br>· 북방 민족과의 전쟁<br>· 양반 사회의 성립<br>· 사림 세력의 집권 | · 실학의 발달<br>· 농촌 사회의 동요<br>· 서민 문화의 발달<br>· 근대화의 추구<br>· 근대 국가 운동<br>· 국권 회복 운동<br>· 대한 민국의 발전 |
| 사회<br>(세계사) | · 고대 문명의 형성<br>· 아시아 문화권의 형성<br>· 아시아 전통 사회의 발전 | · 유럽 문화권의 형성<br>· 서양 근대 사회의 발전<br>· 19세기의 세계<br>· 현대 세계의 전개 | |

### 3) 방법 및 평가

이 시기 지도상(혹은 평가상) 유의점은 방법과 평가 항목으로 구별되어 상세하게 진술되었다. 사회과는 국사 뿐 아니라 여러 하위 영역들을 아우르는 통합적인(교수·학습) 방법과 평가 진술을 체계적으로 제시하였다. 교수·학습 자료는 4차이래 동일하게 제시되었으나, 지역과 학교의 특성에 맞는 지역화 자료를 활용하여, 창의적 학습 지도를 강조하였다.[58]

평가는 종전의 원칙을 상세하고 정밀하게 진술하였다. 즉 교육과정에서 제시한 목표들을 준거로 추출된 평가 요소에 의해 이루어지되, 지식, 기능, 가치·태도 영역을 고르게 평가할 것을 강조하였다.[59]

### 아. 제7차 교육과정(1997년 고시)

#### 1) 편제 및 목표

7차 교육과정은 학교급별 교육과정을 구성하는 대신 초등학교 1학년부터 고등학교 1학년까지를 국민공통기본교육과정으로 설정하는 형식적 변화를 도모하였다.[60] 또한 교과별로 심화·보충형 수준별 학습과정을 제공하였다.

역사는 사회과에 통합되어 시수 편제와 목표 진술도 사회과의 일부로서 이루어졌다.[61] 세계사는 2학년 사회의 일부로 편제되었고, 국사는 2학년 1단위와 3학년 2단위로, 별도의 교과서로 학습하도록 하였다.

역사는 사회과에 통합되어 있어, 사회과 목표 속에서 역사 영역에 해당

---

58) 교육부, 1992 《중학교 교육과정》(대한 교과서 주식회사, 서울) 78

59) 교육부, 〈위의 책〉 80

60) 고등학교 2~3학년을 심화선택과정으로 나누어 설계하였다

61) 이 시기 중학교 1학년은 사회 I(지리+세계사) 3단위, 2학년은 사회 II(세계사+공민) 2단위, 3학년은 사회 III(지리+공민) 2단위를 배우도록 편제되었다.

하는 진술을 찾을 수 있다. 우선 사회과가 표방하는 통합적인 목표 설정으로, 지리, 역사, 일반사회의 접근 방식을 종합적으로 이용하여 사회 현상을 이해하도록 하였다. 역사 영역 내의 통합적 접근으로는 국사와 세계사를 관련지어 이해하도록 하였다. 즉 국사에 대한 이해를 토대로 세계사를 파악하도록 하였으나, 세계사-국사 순서의 실제 편제와는 배치된다고 볼 수 있다. 또한 역사적 전통과 문화에 대한 강조 역시 사건이나 정치사 중심의 내용 구성의 원리에 입각해서 볼 때 실현되기 어려운 목표라고 할 수 있다.

## 2) 내용

중학교 국사는 주제 중심의 정치사라는 내용 구성의 원리를 표방하여, 사회, 경제, 문화적인 요소가 완전히 누락됨으로써 기형적인 내용 구성이 되었다.[62] 세계사는 첫 단원에 '인간 사회와 역사'와 같이 인간과 역사에 관한 단원을 설정하였다. 단원 구성은 6차와 대동소이하게, 고대와 중세와 같은 시대 구분 용어를 쓰지 않았고, 단지 서양의 '근대'를 설정하였다. 또한 서양의 근대를 먼저 제시함으로써 서구 중심, 유럽중심적인 역사관을 단적으로 보여주고 있다. 이에 비해 아시아의 역사를 동아시아 문화권으로 학습하도록 함으로써 지역별 문화 양상에 대해 폭넓은 이해를 도모하였다.

〈표 Ⅳ-2-8〉 7차 교육과정 중학교 역사 내용 구성

| 사회과 | | 1학년 | 2학년 | 3학년 |
|---|---|---|---|---|
| 인간과시간 | 국사 | | · 우리 나라 역사의 시작<br>· 삼국의 성립과 발전<br>· 통일 신라와 발해<br>· 고려의 성립과 발전 | · 조선의 성립과 발전<br>· 조선 사회의 변동<br>· 개화와 자주 운동<br>· 주권 수호 운동의 전개<br>· 민족의 독립 운동<br>· 대한 민국의 발전 |

---

62) 최상훈, 〈앞의 글〉193

| 인<br>간<br>과<br>시<br>간 | 세<br>계<br>사 | · 인간 사회와 역사<br>· 인류의 기원과 고대<br>  문명의 형성<br>· 아시아 사회의 발전과<br>  변화 | · 유럽 세계의 형성<br>· 서양 근대 사회의<br>  발전과 변화<br>· 아시아 사회의 변화와<br>  근대적 성장<br>· 현대 세계의 전개 | |
|---|---|---|---|---|

### 3) 방법 및 평가

이 시기 교수·학습 방법과 평가는 상세하게 진술되었으나 기본 틀은 이전과 대동소이하였다. 통합 학습, 수준별 학습, 탐구 학습, 정보화 관련 교육에 대한 강조가 이루어졌다.[63] 교사의 교과서 내용의 재구성, 수업의 개별화, 학습자의 수업 참여 등을 권장하는 것 역시 새롭게 등장한 항목이다.[64] 또한 학습 자료나 학습 방법이 요구되는 미래 사회의 성격 혹은 미래 사회에서 요구하는 능력을 명시하였다.

평가 항목에서는 질적 평가가 최초로 도입되었다. 특히 사고력 신장이나 가치, 태도의 변화를 평가하기 위해 양적 자료뿐 아니라 질적 자료를 수집하여 평가하도록 제시하였다. 이와 함께 체크리스트나 포트폴리오와 같은 평가 방식을 소개하였다.[65] 이는 종래 교육과정 목표에 근거한 평가에서 교육과정상의 목표-내용, 교수·학습과의 일관성을 유지하는 평가를 강조하는 것으로 평가 관점의 변화를 반영한 것이다.[66]

---

63) 최상훈, 〈위의 글〉 196
64) 교육부, 1997 ≪사회과 교육과정≫(대한 교과서 주식회사, 서울) 103
65) 교육부, ≪앞의 책≫ 104
66) 교육부, 105

자. 2007 개정 교육과정(2007년 고시)

### 1) 편제 및 목표

6차 교육과정 이래 역사 영역의 사회과 통합에 따른 파행적인 운영에 대해 역사교육계의 지속적인 비판이 이루어졌다. 또한 역사교과서 논쟁이나 동북공정과 같은 주변 국가와의 역사적 쟁점에 대한 논쟁이 불거지면서, 역사교육을 강화해야 한다는 주장이 이어졌고, 2007년 개정 교육과정에서 '역사과'의 과목 독립이 이루어졌다. 이에 따라 중학교에서는 '역사' 과목을 신설하여 국사와 세계사를 통합적으로 가르치도록 하였다. 종래에 비해 시수도 늘어나서 2학년 3단위, 3학년 2단위로 편제되었다.[67]

'역사' 과목의 독립에 따라, 사회과와 별도로 역사의 성격과 목표가 제시되었다.[68] 중학교 역사는 초등학교에서 학습한 한국사에 대한 기초적 이해를 바탕으로 우리나라와 세계의 역사와 문화를 관련지어 이해하도록 하였다. 따라서 우리나라와 세계의 역사를 종합적이고 체계적으로 이해하는 지식·이해 측면의 목표와 함께, 비판적 사고력과 합리적 판단력의 향상이라는 기능적 목표까지 아울러 제시하고 있다.

### 2) 내용

'역사' 과목은 역사에 대한 통합적인 접근을 취하고 있지만, 단원 구성에서는 실질적으로 이루어지지 않고, 국사 영역이 전반부에, 세계사 영역의 단원이 후반부에 배치되는데 그쳤다. 해당 시수가 늘어난 만큼, 종전의 교육과정과 비교했을 때 내용 요소가 많아졌다는 평가를 받고 있다.

---

67) 사회 I(지리+일반사회)는 중학교 1학년에서 3단위로, 사회 II(지리+일반사회)는 3학년에서 2단위로 편제되었다.

68) 교육인적자원부, 2007≪중학교 교육과정≫(대한 교과서 주식회사, 서울) 93

〈표 IV-2-9〉 2007 개정 교육과정 중학교 역사과 단원 구성[69]

| 영역 | | 2학년(8학년) | 3학년(9학년) |
|---|---|---|---|
| 역사 | 한국사 | ○ 문명의 형성과 고조선의 성립<br>○ 삼국의 성립과 발전<br>○ 통일 신라와 발해<br>○ 고려의 성립과 발전<br>○ 고려 사회의 변천<br>○ 조선의 성립과 발전 | ○ 조선 사회의 변동<br>○ 근대 국가 수립 운동<br>○ 대한민국의 발전 |
| | 세계사 | ○ 통일 제국의 형성과 세계 종교의 등장<br>○ 다양한 문화권의 형성<br>○ 교류의 확대와 전통 사회의 발전 | ○ 산업화와 국민 국가의 형성<br>○ 아시아 · 아프리카 민족 운동과 근대 국가 수립 운동<br>○ 현대 세계의 전개 |

　개정 교육과정은 중단원 수준까지 제시한다는 점에서 7차 교육과정과 차이를 보인다. 단원의 개요를 담은 수문을 대단원 아래 배치하고, 중단원 수준의 내용을 성취기준의 형식으로 서술하였다.

　대외관계 및 문화와 관련된 내용은 교류사적 관점에서 구성되었다. 종래 주변국과의 전쟁이나 무력 충돌, 이와 관련된 조상들의 극복 의지 등이 강조된 것과는 구분된다. 전근대 한국사의 매 단원에 교류 관련 성취기준을 설정하여, 우리나라가 주변 국가(세력)와 적극적으로 교류하며 성장했음을 이해하도록 하였다. 세계사 영역에서는 '(9) 교류의 확대와 전통 사회의 발전'과 같은 단원에서 '교류'를 내용 조직의 초점으로 삼고 있다. 또한 종래의 서유럽 중심, 중국 중심의 내용 구성에 대한 비판을 인식하여, 산업화와 제국주의와 같은 주제를 다루면서 균형잡힌 역사 서술이 이루어지도록 고려하였다.[70]

---

69) 교육인적자원부, ≪앞의 책≫ 94
70) 교육인적자원부, ≪앞의 책≫ 100

### 3) 방법 및 평가

2007 개정 교육과정에서는 역사 과목이 사회과와 독립적으로 교수·학습 방법과 평가 항목을 제시하고 있다. 교수·학습 방법에서는 일반적인 교수·학습의 원칙과 방향을 제시하였다. 특히 ① 한국사와 세계사의 상호 관련성 이해, ②시간의 흐름에 따른 역사 전개 과정을 공간적으로 재조명, ③역사적인 맥락의 파악, ④학습자가 재구성하는 역사 지식, ⑤교과서를 재구성하는 교사의 전문성과 같은 교수·학습 방법과 원칙의 강조가 주목된다. 평가와 관련해서는 7차와 대동소이한 원칙과 유의점을 제시하고 있다.

## 3. 일본 중학교 사회과(역사분야) 학습지도요령의 변천

### 가. 1940대 후반기

#### 1) 과목 편제

일본의 과거 역사교육은 수신·국어·지리와 함께 국가주의적 색채가 강하였다.[71] 제2차 세계대전 이후 일본을 지배한 연합군총사령부(GHQ)는 수신·국사·지리의 교과를 국가주의·군국주의 고취의 온상으로 지목하고 이들 교과의 폐지와 이를 총괄하는 새로운 미국식 통합형 사회과 체제를 도입하였다. 그러나 단시간에 역사과를 없애고 사회과로 흡수 통합하는 데 대한 반발도 만만치 않아 결국 중학교에는 사회과와 별도로 국사를 필수 교과로 두었다. 그렇지만 학습지도요령을 만들 예정이었던 국사 분야는 결국 완성되지 못하였다.

---

71) 松島榮一, 1963 〈歷史教育の歷史〉 ≪岩波講座日本歷史≫ 22·별권1(岩波書店, 東京), 229

<표 IV-3-1> 1947년판 학습지도요령 중학교 사회과(역사분야) 과목 편제

| 구분 | 1학년 | 2학년 | 3학년 |
|---|---|---|---|
| 사회 | 6단원 175(5) | 6단원 140(4) | 6단원 140(4) |
| 국사 | | 국사 35(1) | 국사 70(2) |
| 총 필수과목 시수 | 1050(30) | 1050(30) | 1050(30) |
| 총 수업시수 | 1050-1190(30-34) | 1050-1190(30-34) | 1050-1190(30-34) |

## 2) 사회과의 의의와 목표

사회과의 목표는 단순 명쾌하게 제시되지 못하고 있으며 여러 내용이 혼재되어 있었다. 역사 목표도 사회과 속의 일부분으로 제시되었다. 1947년판 학습지도요령의 사회과 편에는 '사회과 목표'라는 명시된 항목이 없다. 굳이 이에 해당하는 내용을 찾는다면 '제1장 서론' 중 '① 일반 사회과의 의의' 부분이라 할 수 있다. 여기서는 주로 새로운 사회과 과목의 내용을 설명하는데 치중하고 있는데, 이는 개별 학문의 '계통'을 중시해 온 종래 교과편성과 매우 달랐기 때문이었다.

## 3) 단원구성 및 내용

계통화를 지양하고 종합화를 도모하고 있는 1947년판 사회과는 종합사회과의 성격을 띠고 있다. 학생이 어떤 하나의 사회문제를 해결함에 있어 종래 몇 가지 교과목을 종합하여 융합시켜 나가는 방식이다. 이에 따라 각 학년의 교과 내용은 통합된 단원으로 구성되었다. 단원은 각각 여섯 단원으로 구성되었다. '일본에서 우리들의 생활'(제7학년), '사회생활에 대한 산업의 영향'(제8학년), '공동생활의 사회적 조건'(제9학년)이 각각 중심 주제였다.

## 4) 지도 및 학습방법

사회과가 신설되고 문제해결 학습이 도입되었다. 통합형 단원이 제시되었고, 견학, 조사, 토론, 발표 등 학습자의 자발적 활동과 실생활과 연관된 내용을 강조하는 학습 방법이 강조되었다. 그러나 교과 내용이 너무 많았고 학습활동의 범위가 매우 방대하기 때문에 각 단원에서 제시한 모든 내용을 학습하기란 도저히 불가능하였다.

그 결과 이는 거꾸로 교사에게 자유로운 선택권을 부여하였다. 어떠한 교과 내용이 학생에게 유익한 가를 선택하는 선택권은 결과적으로 교사에게 있었기 때문이다. 여기에는 위로부터 국가가 일률적으로 강제하는 획일적 교육이 아니라 교육받은 대상의 입장에서 교육을 바라보는 아동 중심주의, 경험주의라는 교육 사조가 내포되어 있었다. 그러나 일부 학습 과제는 너무 수준이 높고 또 다양하여 학생들에게 표준화된 일정 정도의 학습 성과를 추출해 내기 어려운 측면이 있었다.

## 나. 1950년대

### 1) 과목 편제

1950년대 초반까지는 1940년대 후반의 교육사조가 여전히 근간을 이루고 있었다. 아동 중심주의·경험주의의 교육사조는 계승되었고 교사와 학생에게 학습내용의 선택권이 위임되었다.

그런데 1952년 샌프란시스코 강화조약의 체결 이후 일본 사회는 국내외적으로 안정되었고 커다란 경제적인 성장도 이루었다. 이에 따라 정치적으로는 탈미국, 교육적으로는 일본적 인간상의 육성이라는 과제가 새로 대두되었다. 또한 당시 교육현장에서는 기초 학력 저하가 큰 문제로 대두되었고, 기존 경험주의 수업으로 인해 학생들에게 계통적 학습과 사회과학적인 사고를 함양시키기 어렵다는 비판이 들끓었다.[72] 이리하여 1950년대 후반 수학,

---

72) 윤세철, 1983 〈일본의 역사교육과정과 교과서〉 《역사교육》 34, 90-91

과학 등 배워야 할 가치 내용을 학생에게 균등하게 제시해야 한다는 주장이 힘을 얻어 갔고 技術立國이란 슬로건에 맞추어 교육방향도 바뀌었다.

1951년판에 이르러 역사 분야는 사회 교과에 편입된 형태로 학습지도요령이 작성되었다. 그렇지만 1951년판도 이전과 마찬가지로 '일본사'라는 역사 과목을 별도로 두었다.

〈표 IV-3-2〉 1951년판 학습지도요령 중학교 사회과(역사분야) 과목 편제

| 구분 | 1학년 | 2학년 | 3학년 |
|---|---|---|---|
| 사회 | 우리들의 생활권 140-210(4-6) | 근대 산업시대의 생활 105-175(3-5) | 국민생활의 발전 140-210(4-6) |
| 일본사 | | 일본사 35-105(1-3) | 일본사 35-105(1-3) |
| 총 필수과목 시수 | 910-1015(26-29) | 910-1015(26-29) | 910-1015(26-29) |
| 최저 수업시수 | 1050-(30-) | 1050-(30-) | 1050-(30-) |

〈표 IV-3-3〉 1955년판 학습지도요령 중학교 사회과 과목 편제

| 구분 | 1학년 | 2학년 | 3학년 |
|---|---|---|---|
| 사회 사회 | (A)안:우리의 생활권(지리) 140-210(4-6) | 우리 사회생활의 발전(역사) 140-280(4-8) | 현대 생활의 제문제 (정·경·사) 175-315(5-9) |
| | (B)안:일본의 사회생활(지·역) 140-210(4-6) | 세계의 통합(지·역) 140-280(4-8) | 민주생활의 발전(정·경·사) 175-315(5-9) |
| 총 필수 과목 시수 | 910-1015(26-29) | 910-1015(26-29) | 910-1015 (26-29) |
| 최저 수업시수 | 1015-(29-) | 1015-(29-) | 1015-(29-) |

1950년대 문부성은 사회과의 도덕교육, 지리·역사교육의 개선을 추진하였다. 그리하여 1955년판 전후 10여 년간 화두였던 통합형 사회과를 수정하여 지리 분야, 역사 분야, 정치·경제·사회 분야로 나뉘었다. 전후 교과과

정의 근간인 파이($\pi$)형 교과 과정이 이 때 제시되었다는 점은 중요하다. 그러나 (A)안과 (B)안의 대립은 1958년판에 이르러 (A)안으로 귀결되었다. 수업시수도 1955년판의 경우 학교의 재량에 맡겨졌으나 1958년판은 1학년 140(4), 2학년 175(5), 3학년 140(4)로 수업 시수가 정확히 규정되었다.

〈표 IV-3-4〉 1958년판 학습지도요령 중학교 사회과 과목 편제

| 구분 | 1학년 | 2학년 | 3학년 |
|---|---|---|---|
| 사회 | 지리분야<br>140(4) | 역사분야<br>175(5) | 정·경·사 분야<br>140(4) |
| 총 필수교과 시수 | 945(27) | 910(26) | 840(24) |
| 최저 수업 시수 | 1120(32-) | 1120(32-) | 1120(32-) |

## 2) 사회과와 역사 분야의 목표

1951년판은 사회과 목표를 문두에서 새로 언급하고 있으나, 중등사회과의 일반 목표로 6개항의 이해, 7개항의 태도, 5개의 능력·기능을 설정하는 등 여전히 복잡한 여러 내용이 혼재되어 있었다. 또한 이와는 별도로 총 8개 항목으로 구성된 '중학교 일본사의 특수목표'도 있었다. 그러나 어쨌든 이로써 '국사'의 목표가 처음으로 새로 설정된 점, 일본사회가 원시·고대·봉건을 거쳐 근대사회로 발전하였다는 사실을 이해시키도록 하는 등 시대구분론이 도입되었다는 점은 중요하다.[73]

1955년판에서는 사회과가 지리 분야, 역사 분야, 정치·경제·사회 분야로 나누어지게 되면서 사회과의 목표도 이에 영향을 받았다. 그리하여

---

73) 1947년 이노우에 기요시(井上淸)는 전후 새로 편찬된 국정교과서 『나라의 발자취(くにのあゆみ)』도 여전히 "황실중심주의의 입장에서 사실을 선정하고 해석"하고 있다고 비판하였다. 이런 비판에 입각하여 1948년 중등학교용 교과서 『日本の歷史』를 개정하기 위해 문부성에 위원회가 두어졌다. 여기서 일본사의 시대구분으로 원시·고대·봉건·근대의 4분법이 채택되었다. (家永三郎, 1963 〈戰後の歷史敎育〉 ≪岩波講座日本歷史≫ 22·별권1(岩波書店, 東京), 323)

영역별 목표가 보다 분명해졌다.

그러나 사회과의 목표는 여전히 방대하였고, 1958년판에 이르러서야 사회과 목표가 분명해졌다. 학습지도요령의 '제2절 사회'는 '제1 목표', '제2 각 학년의 목표 및 내용', '제3 지도계획 작성 및 학습지도 방침'로 구성되었다. 이러한 구성은 이후 학습지도요령에 그대로 계승되었다. 또한 역사 분야의 목표도 총 8개 항목으로 축소되었다. 1955년판에 역사과의 '구체 목표'라는 이름아래 13개 항목과 30개의 세부 항목 등 총 43개 항목이 제시되었던 점과 비교해 보면 1958년판이 매우 간결해졌음을 알 수 있다. 다만 그 내용은 대체로 1955년판 역사 분야의 '구체 목표'를 다듬은 것이었다.

### 3) 단원구성과 내용

1951년판은 '우리들의 생활권'(1학년), '근대 산업 시대의 생활'(2학년), '민주적 생활발전'(3학년) 등 여전히 통합적인 단원으로 구성되어 있었고 1947년판과 마찬가지로 단원의 절대성은 인정되지 않았다. 이 점은 일본사에도 확인되는데, '중학교 일본사 참고단원 제목 사례'라는 명칭으로 (A)안, (B)안, (C)안이 제시되었으며,[74] 이것도 "이러한 계열은 위원회에서 우선 생각해 낸 것"으로 그 이외에 여러 가지 다른 계열을 생각할 수 있었다.

---

74) (A)안: 1. 석기와 패총을 남긴 사람들은 어떻게 생활을 개척해 나갔는가. 2. 작은 산과 같은 고분이 만들어진 사회는 어떻게 성립되었는가. 3. 나라와 교토와 같은 수도는 어떤 사회를 만들어 냈는가. 4. 각지에 성을 건립한 무렵의 사회는 어떻게 성립하고 발전하였는가. 5. 대공장을 만들어 낸 사회는 어떻게 탄생하였는가. 6. 왜 신헌법이 발포되어 농지개혁이 행해졌는가. (B)안 : 1. 아주 옛날 우리 선조는 어떻게 생활을 고양시켜 나갔을까. 2. 무사가 세상을 다스릴 무렵 사람들의 생활은 어떤 것이었을까. 3. 세계와 연결은 어떻게 강화되고, 사람들의 생활은 어떻게 진보해 나가는 것인가. 4. 우리나라는 현재 세계 나라와 어떠한 연관성을 맺고 있는가. (C)안 : 1. 석기와 패총을 남긴 사람들은 어떻게 생활을 개척해 나갔는가. 2. 나라와 교토와 같은 수도는 어떤 세상에서 만들어졌는가. 3. 각지에 성을 세운 세상은 어떠하였는가. 4. 신문과 라디오를 만든 세상은 어떠하였는가. 5. 어느 조(町)와 무라(村)에서도 중학교를 세우게 된 세상이 된 것은 무엇 때문인가.

내용과 구성적인 측면에서 1951년판에서 '국사'의 독립 교과명이 '일본사'로 변경되었다는 점은 중요하다. 국수적인 '국사'체제가 좀 더 객관적인 명칭인 '일본사'가 되었다. 전후 역사 교육에 대한 비판 속에 일본 역사를 좀 더 객관적으로 이해하려는 움직임으로 볼 수 있다. 또한 1951년판까지는 통합형 사회과를 지향하였으나 1955년판은 지리, 역사, 정·경·사로 나누어져 계통성이 강조되었다. 그리하여 그 때까지 각 단원 마다 제시되었던 풍부한 학습 활동의 사례가 생략되었다. 1955년판을 기점으로 통합 사회과의 큰 틀은 유지하되, 학습자의 자발적 학습을 강조하는 문제 해결 방식이 역사의 계통적 지식을 중시하는 방식으로 변화하였다. 그러나 1955년판까지는 단원 구성이 소략하고 1958년판에 이르러 세부 단원까지 제시되었다.

〈표 Ⅳ-3-5〉 1955년판 학습지도요령 중학교 사회과(역사 분야) 단원 구성

| 구분 | 대단원명 |
|---|---|
| 사회과 역사분야 | 1. 인류 문화의 원시시대 |
| | 2. 일본국가의 성립시대 |
| | 3. 무가가 사회에 출현한 시대 |
| | 4. 유럽인이 동양에 진출하기 시작한 무렵 일본 봉건사회의 완성시대 |
| | 5. 세계 여러 나라와 맺은 국교에 기초한 근대 일본의 성립 시대 |
| | 6. 제2차 세계대전 후의 세계와 일본 |

특히 1958년판은 첫째 세계사를 충실히 서술하였으며, 둘째 외래 문물과 문화를 높이 평가하였다. 가령 일본의 고대 국가 성립은 "수·당의 제도를 배워 중앙집권적인 국가체제가 성립된" 것이었다. 셋째 근대 일본의 功過도 충분히 다루고 있다. 메이지 유신에 대해 설명하면서, "급속히 선진국을 뒤쫓아 가려고 하였기 때문에 거기에 많은 문제가 일어난 사실에 주목하게 한다."고 근대 일본의 문제점을 냉철히 지적하고 있으며, "일본의

〈표 IV-3-6〉 1958년판 학습지도요령 중학교 사회과 역사 분야 단원 구성

| 구분 | 대단원명 | 중단원명 |
|---|---|---|
| 사회과 | (1) 문명의 발생 | 인류의 시작/세계 문명의 여명/일본의 원시사회 |
| | (2) 일본의 고대와 아시아 | 국가의 형성과 아시아/다이카 개신과 율령제/ 나라 · 헤이안 시대의 정치와 일본문화의 형성 |
| | (3) 무가사회의 형성 | 무가정치의 성립과 전개/아시아대륙과의 관계/ 가마쿠라 · 무로마치시대의 문화/산업 · 경제의 발달과 지방의 움직임 |
| | (4) 무가사회의확립 | 유럽인의 내항/국내의 통일/에도시대의 사회와 문화/ 무가사회의 교착 |
| | (5) 근대세계의 성립 | 근대 유럽에로의 발걸음/민주주의 발달과 산업혁명/유럽 여러 나라의 해외 진출과 아시아 |
| | (6) 일본의 근대화 | 메이지 유신/입헌정치의 성립/근대산업의 발달/ 근대문화의 형성/국제정세와 일본의 지위 향상 |
| | (7) 두 차례 세계대전과 일본 | 제1차 세계대전/동요하는 세계/제2차 세계대전과 일본 |
| | (8) 새로운 세계와 일본의 과제 | |

패전 등의 학습을 통해", "이 대전에 대해 반성하고, 특히 전쟁이 가져다 준 인류의 불행에 대해서도 생각"해야 한다고 명기하고 있다.

### 4) 지도 및 학습 방법

1950년대초(1951년판)까지는 1940년대 후반과 마찬가지로 단원 학습을 통한 문제 해결 학습과 학습자의 자발성, 생활 경험을 강조하였다. 이는 결국 교사의 선택권 강화, 교사의 자주성 존중으로 귀결되었다.[75] 이후 고시로서 공포된 학습지도요령과 달리 1951년판은 교사와 학생에게 절대적 기준으로 작용하지 않았고 지도 · 조언하는 수준에 그쳤다.

1955년판은 커다란 전환이었다. 그전까지 계속되어 왔던 통합형 단원

---

75) 家永三郎, 1963 〈戰後の歷史教育〉 ≪岩波講座日本歷史≫22 · 별권1(岩波書店, 東京), 325

구성 방식을 취하지 않고 계통성을 강조하였다. 그 결과 각 단원 마다 제시되었던 풍부한 학습 활동의 사례가 생략되었다. 물론 비록 실제 내용 면에서는 아직 경험주의, 문제해결 중심·사회과 통합적 요소가 잔속하고 있었지만, 점차 지식을 중시하는 쪽으로 바뀌게 되었다.

## 다. 1960년대

### 1) 과목 편제

1960년대에 이르러 일본 사회는 고도 경제 성장을 이룩하였다. 이를 반영한 1969년판의 캐치프레이즈는 "교육의 현대화"이었다. 여기에는 어떤 어려운 지식이라 하더라도 교사가 난이도를 조절하여 학생에게 전달할 수 있다는 부르너식 학습이론이 깔려 있었다.

〈표 IV-3-7〉 1969년판 학습지도요령 중학교 사회과 역사 분야 편제

| 구분 | 1학년 | 2학년 | 3학년 |
|---|---|---|---|
| 사회 | 지리분야·역사분야 140(4) | 지리분야·역사분야 140(4) | 역사분야·공민 분야 175(5) |
| 총 필수교과 시수 | 965(27.6) | 965(27.6) | 930(26.6) |
| 총 수업 시수 | 1190(34) | 1190(34) | 1155(33) |

1969년판은 첫째 지리분야(1학년), 역사분야(2학년), 정·경·사 분야(3학년)로 되어 있는 1958년판 편제를, 지리·역사분야(1-2학년), 역사·공민 분야(3학년)로 바꾸었다는 점, 정·경·사 분야의 명칭을 '공민 분야'로 바꾸었다는 점에 특색이 있다. 이 두 가지 변경된 틀은 현재까지 거의 그대로 이어지고 있다. 전후 지속적으로 모색되어 왔던 중학교 사회과 편제는 1960년대에 확정되었다.

## 2) 사회과와 역사 분야의 목표

사회과의 전체 목표를, "지리, 역사 및 정치·경제·사회 등에 관한 학습을 통해 사회생활에 대한 이해와 인식을 함양하고 민주적, 평화적 국가·사회의 형성하는데 필요한 기초 자질을 기른다."고 대전제한 후 ① 공민으로서의 기초적 교양 육성, 민주적인 사회생활 영위, 국가·사회의 발전에 이바지, ② 국민으로서의 자각과 국제협조의 정신 육성, 세계평화와 인류복지에 공헌 ③ 다양한 정보에 대처, 공정한 판단 태도, 이에 필요한 능력 함양 등을 구체적 목표로 제시하였다.

〈표 IV-3-8〉 1969년판 학습지도요령 중학교 역사분야 목표

| |
|---|
| (1) 세계의 역사를 배경으로 넓은 시야에 서서 일본의 역사를 이해시키고, 이를 통해 우리나라 전통과 문화의 특색을 생각함과 동시에 국민으로서의 정서와 현재·미래에 살아갈 일본인으로서의 자각을 기른다. |
| (2) 각 시대의 역사적 특색을 명확하게 하고 시대의 변천을 종합적으로 이해시키고 아울러 각 시대가 지닌 역사적 의의와 각 시대가 오늘날 사회생활에 미친 영향을 생각하게 한다. |
| (3) 국가·사회 및 문화의 발전과 사람들의 생활 향상에 노력한 선인의 업적과 현재에 전해지는 문화유산을, 그 시대와 관련하여 이해시키고 이를 애호하고 존중하는 태도를 기른다. |
| (4) 역사에 나타난 국제관계와 문화교류의 개요를 이해시키고, 아울러 역사상 우리나라의 위치를 생각하게 하여 타민족의 문화, 생활 등에도 관심을 갖게 하여 국제협조의 정신을 기른다. |
| (5) 역사적 사실을 정확하게 파악하고 여러 事象을 역사적으로 고찰하여 공정하게 판단하려는 태도와 능력을 기른다. 또 연표, 지도 기타 자료에 친근함을 갖게 하여 이를 활용할 기초 능력을 배양한다. |

이 세 가지 사회과 목표는 일부 수정은 있지만 기본적으로 현재까지 이어지고 있다. 이 점은 역사 분야의 목표도 마찬가지로 이후 학습지도요령의 원형이라 할 수 있다.

다만 여기서 1950년대 초반부터 '國史'의 지향을 부정하는 형태로 나타

난 '일본'이란 용어가 계속 사용되고 있다는 점은 주목된다. '일본의 역사' 그리고 '일본인으로서의 자각' 등의 1969년판의 용어는 1970년대 이르러 '일본의 역사'이란 객관적인 용어 대신 '우리나라의 역사'라는 보다 감정적인 용어로 변화한다.

### 3) 단원구성과 내용

'교육의 현대화'를 슬로건으로 하여 세밀하고 방대한 학습 내용을 포함시킨 1969년판은 단원명의 숫자로도 전후 학습지도요령을 통틀어 가장 많다.

〈표 IV-3-9〉 1969년판 학습지도요령 중학교 사회과 역사 분야 단원 구성

| 대단원명 | 중단원명 |
|---|---|
| (1) 문명의 발생 | ① 오리엔트의 고대문명 ② 인도·중국의 고대문명 |
| (2) 고대 일본의 형성과 아시아 | ① 일본의 국토와 민족 ② 조몬 문화·야요이 문화 ③ 야마토 조정과 고분문화 ④ 귀화인의 역할 |
| (3) 고대일본의 진전과 아시아 | ① 아시아의 형세 ② 쇼토쿠 태자와 아스카 문화 ③ 다이카 개신과 율령제 ④ 나라의 수도와 덴표 문화 ⑤ 견당사의 파견 |
| (4) 고대 일본의 추이 | ① 헤이안의 수도와 불교의 개혁 ② 섭관정치 ③ 무사의 일어남 ④ 국풍 문화 |
| (5) 무가정치의 성립 | ① 가마쿠라의 정치 ② 무사의 생활 ③ 가마쿠라 시대의 문화 ④ 몽고습래 |
| (6) 무가정치의 추이 | ① 겐무 신정 ② 무로마치 막부의 정치 ③ 일명 무역 ④ 농촌과 도시 ⑤ 무로마치 시대의 문화 ⑥ 군웅의 할거 |
| (7) 유럽 세계의 형성 | ① 유럽의 형성 ② 이슬람 세계와의 교섭 ③ 유럽인의 해외발전 |
| (8) 천하통일의 발걸음 | ① 유럽인의 내항 ② 오다·도요토미의 통일사업 ③ 모모야마 문화 |
| (9) 막번체제의 확립 | ① 에도막부의 성립 ② 일본인의 해외발전과 쇄국 ③ 무사의 사회와 생활 |
| (10) 막부정치의 진전 | ① 막부정치의 추이 ② 농촌의 발전과 넓어지는 상권 ③ 겐로쿠 문화 ④ 교호 개혁 |
| (11) 막번체제의 동요 | ① 농촌의 동요와 간세이 개혁 ② 새로운 학문과 가세이 문화 ③ 덴포 개혁과 여러 번의 개혁 |
| (12) 유럽 세계의 발전 | ① 근대민주정치의 성립 ② 산업혁명과 민주정치의 발달 ③ 근대 유럽의 과학과 문화 |

| (13) 구미 여러 나라의 아시아 진출 | ① 아시아 왕조의 성쇠 ② 아시아의 식민지화와 구미 여러 나라의 일본 접근 |
|---|---|
| (14) 메이지 유신 | ① 개국과 막부의 멸망 ② 여러 제도의 개혁<br>③ 부국강병 · 식산흥업 ④ 문명개화 |
| (15) 입헌정치의 성립 | ① 번벌정치와 자유민권운동 ② 대일본제국헌법의 제정 ③ 의회정치의 발전 |
| (16) 근대일본의 발전 | ① 국제정세와 대외정책 ② 근대산업의 발전과 사회 변동<br>③ 근대문화의 형성 ④ 조약개정 |
| (17) 兩대전간의 세계와 일본 | ① 제1차 세계대전과 전후의 국제협조 ② 정당정치의 발달과 변동하는 사회<br>③ 과학의 발달과 문화의 대중화 ④ 구미 여러 나라의 동향<br>⑤ 자본주의 경제의 변동과 일본 ⑥ 아시아의 정세와 만주사변<br>⑦ 제2차 세계대전과 일본 |
| (18) 새로운 일본과 세계 | |

대단원 수가 8개(1958년판)에서 18개로 늘었고, 세계사 그 자체가 하나의 독립 단원으로 구성되었다. 전체적으로 볼 때, 첫째 '아시아'지역의 독자적인 특징과 역할을 강조하고 있는 점이 주목되며,[76] 둘째 기본적으로 '패전'이란 용어를 사용하면서 '태평양 전쟁'을 일으킨 일본의 행위를 긍정하지 않고 이를 반성하고 있는 점도 중요하다. 이 점에서 1969년판은 전후 일본 역사분야가 추구한 학습지도요령의 최종 도달점으로 볼 수 있다. 1977년판 이후 '일본' 역사에 대한 '반성'은 '우리나라' 역사에 대한 '애정'으로 강조점이 크게 달라진다.

### 4) 지도 및 학습 방법

세계사에 관해 폭넓은 학습이 이루어지도록 지도하고 있는 점이 눈에 띤다. 또 그 이전까지 남아 있었던 "학생의 생활 경험과 생활환경 및 학생의 사회에 대한 관심과 의식을 고려할 것", "학생의 당면한 생활 주변의 문제와 우리나라 사회전체의 문제와 관련에 대해 올바른 이해를 가질 것" 등의

---

76) 내용이 대폭 축소되는 1977년판부터는 일본과 직접 관련된 형태로서의 아시아 · 세계만이 존재한다.

표현이 삭제되었다. 이른바 문제해결·경험 강조의 학습 방법이 완연히 퇴조하고 지식 습득이 중심 과제로 되었다.


## 라. 1970년대

### 1) 과목 편제

브루너 학습이론에 따라 고도 지식을 도입하게 되자 공부에 뒤떨어지는 학생이 속출하였다. 그럼에도 불구하고 고교 진학률이 90%를 넘는 상황을 전개되었다. 교내 폭력, 비행 등 학교 부적응 현상이 광범위하게 나타났고 학교 황폐화도 가속되었다. 이에 대한 반성이 모색되게 되어 1977년판은 "여유(ゆとり)와 충실充實"을 새로운 교육 슬로건으로 내걸었다. 단순한 지식의 주입이 아니라 학생들의 사고력과 판단력 육성, 자발적 주체적 학습의욕 고취를 중시하였다. 이른바 학문 중심에서 인간 중심으로의 전환이었다. 각 교과의 표준 수업시간 수를 삭감하였고 교육 내용을 1할 삭감하였다. 중학교는 주당 수업시수가 13에서 11(역사 5→4, 공민 4→3)로 되었고, 1-3학년에 실시되었던 역사분야는 1-2학년에 실시되는 것으로 편제가 바뀌었다. 1977년판은 이후 30년간 이어지는 커다란 흐름의 시발점이란 점에서 중요하다.

〈표 IV-3-10〉 1977년판 학습지도요령 중학교 사회과 역사 편제

| 구분 | 1학년 | 2학년 | 3학년 |
|---|---|---|---|
| 사회 | 지리분야·역사분야<br>140(4) | 지리분야·역사분야<br>140(4) | 공민 분야<br>105(3) |
| 총 필수교과 시수 | 840(24) | 840(24) | 805(23) |
| 총 수업 시수 | 1050(30) | 1050(30) | 1050(30) |

## 2) 사회과와 역사분야의 목표

1947년판 이후 방대한 사회과 목표는 점차 줄어들어 1977년판에 이르러 불필요한 군더더기가 모두 제거되고 한 문장으로 응축되었다.[77]

역사 분야의 목표도 1969년판과 크게 다르지 않으나 문장이 보다 간결해졌다. 다만 1969년판과 달리 "세계의 역사를 배경으로 하여 넓은 시야에 서서 일본의 역사를 이해시키고"한 부분을 "우리나라의 역사를, 세계 역사를 배경으로 이해시키고"라고 하여 첫째 '일본'이 아닌 '우리나라'로 표기하고 있으며, 둘째 '세계의 역사'보다 '우리나라의 역사'를 앞에 두어 이를 강조하였다. 이는 종래의 관점이 '세계'에서 '일본'으로 크게 전환되었음을 말해 주는 것으로, 1970년대 이르러 일본사회가 점차 보수화되기 시작하였음을 의미한다.

## 3) 단원구성과 내용

'지식'보다 '여유'를 강조함에 따라 1977년판은 1969년판의 단원명을 대폭 삭감하고 포괄적인 개념을 도입하였다.

〈표 Ⅳ-3-11〉 1977년판 학습지도요령 중학교 역사 분야 단원 구성

| 대단원명 | 중단원명 |
|---|---|
| (1) 문명의 발생과 일본 | ① 인류의 출현과 세계의 고대문명 ② 일본인 생활의 시작 ③ 나라의 성립과 동아시아의 움직임 |
| (2) 나라·헤이안의 수도와 귀족의 정치 | ① 쇼토쿠 태자와 아스카 문화 ② 나라의 수도와 덴표 문화 ③ 헤이안의 수도와 무사의 일어남 ④ 귀족의 정치와 문화의 국풍화 |

---

77) "넓은 시야에 서서 우리나라의 국토와 역사를 깊이 이해하게 하고, 공민으로서의 기초적 교양을 길러 민주적, 평화적인 국가·사회의 형성자로서 필요한 공민으로서의 자질의 기초를 함양한다."

| (3) 무가정치의<br>전개와<br>서민생활의 향상 | ① 가마쿠라와 무사의 생활 ② 몽고 습래와 아시아의 동향<br>③ 무로마치 막부의 정치와 외교 ④ 도시의 발달과 서민 문화 |
|---|---|
| (4) 천하통일의<br>발걸음 | ① 유럽인의 내항과 그 배경 ② 오다 · 도요토미의 국내통일<br>③ 아즈치 · 모모야마의 문화 |
| (5) 에도막부와 쇄국 | ① 쇼군과 다이묘 ② 쇄국과 막부정치의 추이<br>③ 산업의 발달과 조닌 문화 |
| (6) 개국 전 일본과<br>세계 | ① 유럽 근대사회와 산업혁명 ② 유럽세력의 진출과 아시아<br>③ 막부의 개혁과 대외정책 ④ 새로운 사상과 지방의 문화 |
| (7) 메이지 유신 | ① 개국과 막부의 멸망 ② 신정부의 성립 ③ 문명개화와 식산흥업 |
| (8) 근대일본의<br>발걸음 | ① 대일본제국헌법의 제정과 의회정치<br>② 아시아의 국제정세와 대외정책 ③ 근대산업의 발전과 사회문제<br>④ 생활의 변화와 근대문화의 형성 |
| (9) 두 차례<br>세계대전과 일본 | ① 제1차 세계대전과 전후의 세계<br>② 정당정치의 발달과 문화의 대중화<br>③ 변동하는 세계와 일본 ④ 제2차 세계대전 |
| (10) 새로운 일본과<br>세계 | |

내용 측면에서 볼 때 첫째 세계사 자체에 대한 서술은 많이 축소되었지만 일본 문화에 영향을 준 외래 문화의 역할 및 동아시아 지역의 국제 동향을 여전히 중시하고 있다.[78] 둘째 메이지 유신의 잘못된 측면도 여전히 인정하고 있다. 즉 "급속히 열강을 따라 잡으려고 하였기 때문에 거기서 많은 문제가 생긴 사실에 주목하게 한다."는 입장이다. 1980년대에 이르면 이 문장이 전부 삭제된다. 따라서 1977년판은 아시아 · 태평양 침략 전쟁을 반성하는 기존 태도를 일정 부분 견지하면서도 점차 '우리나라'를 강조하는 보수화 움직임이 강화되기 시작한 시기로 위치지울 수 있다.

---

78) 그런데 종래 사용했던 아시아라는 용어를 대신하여 "견당사의 폐지와 동아시아의 정세 변화에 주목하게 한다."라고 하여 동아시아라는 용어를 많이 사용하고 있는 점이 주목된다. 아시아와 서양을 대비시키는 세계상이 동아시아를 연결고리로 삼아 일본-동아시아-세계로 이어지는 세계상으로 변화하였다.

## 4) 지도 및 학습 방법

'여유와 충실'의 강조는 1977년판 지도 및 학습방법에도 영향을 주어 전반적으로 내용이 보다 간결해졌다.

우선 다소 추상적인 사고를 요하는 시대구분에 대한 언급이 사라졌으며 시고력, 태도, 능력의 신장 등의 표현도 삭제되었다. 그 대신 '역사 인물에 대한 흥미와 관심'이 강조되었다. 그 중에서도 학생들이 실제 접할 수 있는 향토와 향토의 인물이 강조되었다. '일본의 역사'가 아니라 '우리나라의 역사'를 강조하는 입장과 관련이 있다.


## 마. 1980년대

### 1) 교과 편제

1989년판에서도 "여유(ゆとり)와 충실充實"이란 표어가 계승되었다. 그러면서도 학생들의 능력, 적정성, 진로 등 다양화에 대응한다는 명분 아래 교육과정 편성을 탄력적으로 운영하려 하였다. 탄력화(교육과정)와 개성화(학생들의 발달도에 대응), 그리고 살아갈 방법(生きる方)이 캐치프레이즈였다.

〈표 Ⅳ-3-12〉 1989년판 학습지도요령 중학교 사회과 역사 분야 편제

| 구분 | 1학년 | 2학년 | 3학년 |
|---|---|---|---|
| 사회 | 지리분야<br>역사분야 140(4) | 지리분야<br>역사분야 140(4) | 공민 분야<br>70-105(2-3) |
| 총 필수교과 시수 | 840(24) | 770-840(22-24) | 770-840(20-24) |
| 총 수업 시수 | 1050(30) | 1050(30) | 1050(30) |

교과 편제상에서 이 시기는 고등학교의 경우에 지리역사과의 신설, 세계사의 필수과목화 등 매우 큰 변화가 있었다. 그러나 중학교에서는 이에 비

교할 만한 눈에 띠는 커다란 변화가 없었고 기본적으로 1977년판 체제를 계승하였다.

## 2) 사회과와 역사분야의 목표

사회과 목표도 1977년판과 기본적으로 동일하지만, "국제사회에 살아갈 민주적, 평화적인 국가·사회의 형성자"라고 하여 '국제사회에 살아갈'이란 용어가 새로 첨가되었다. '국제화'의 강조는 '역사 분야'의 목표에서도 드러난다. 물론 1977년판에서도 국제화를 지적하였지만, 이 경우 강조점은 "타민족의 문화, 생활 등에 관심을 갖게 하여 국제협조의 정신을 기른다." 고 하여 타민족과의 교류에 있었다. 이것이 1980년대에 이르러 "국제관계와 문화교류의 개요를 이해시켜 우리나라와 여러 외국의 역사·문화가 서로 깊이 관련되어 있다는 점을 생각하게 한다."고 되어 주된 강조점을 일본에 두었다. '우리'(즉 일본)에게 필요한 부분만의 국제화였다.[79]

## 3) 단원구성과 내용

국제화의 강화를 표방하였지만 실제로는 자국사의 우위를 전제로 한 국제화는 내용 구성에 있어서도 확인된다. 1977년판까지 존속되었던 세계사 그 자체를 이해하려는 움직임은 거의 배제되고 일본 역사에 필요한 부분으로 세계사의 영역이 한정되었다. 또 일본 문화를 전면에 내세웠다.

---

79) 국제화는 이질적인 타자와의 공존을 전제로 한 것이 아니라 '세계의 일본으로의 수렴'을 말하는 것이다. 경제대국 일본의 국익을 유지하고 일본상품을 팔아먹기 위해 일장기를 이마에 두르고 일본 국가와 영어를 흥얼거리며 세계를 누비는 사무라이를 육성하고 컴퓨터 아래 혹사당하면서도 '풍요로운 마음으로 공공에 진력하는' 용감한 노동자를 양성하는 것을 목표로 삼고 있다는 평가도 있다.(정재정, 1992 〈일본 역사교육의 현황과 전망-신학습지도요령(1989년 고시)을 중심으로〉 ≪역사와 현실≫ 8, 170)

<표 IV-3-13> 1989년판 학습지도요령 중학교 역사 분야 단원 구성

| 대단원명 | 중단원명 |
|---|---|
| (1) 문명의 발생과 일본 | ① 문명의 발생 ② 일본인 생활의 시작 |
| (2) 고대국가의 발자취와 동아시아의 움직임 | ① 나라의 성립과 동아시아의 움직임 ② 율령 국가와 견당사 ③ 귀족의 정치와 문화의 국풍화 |
| (3) 무가정치의 전개와 아시아의 정세 | ① 가마쿠라와 몽고 습래 ② 무로마치 막부의 정치와 외교 ③ 도시 · 농촌의 생활과 문화 |
| (4) 세계의 움직임과 천하통일 | ① 유럽인의 내항 배경과 영향 ② 오다 · 도요토미의 정치와 모모야마 문화 |
| (5) 막번체제와 쇄국 | ① 막번체제의 성립과 쇄국 ② 산업의 발달과 조닌 문화 ③ 막부정치의 변천 |
| (6) 세계정세의 변화와 막부정치의 폐색(막힘) | ① 유럽 근대사회의 성립 ② 새로운 학문 · 사상과 지방의 생활문화 ③ 막부정치의 폐색과 개국 |
| (7) 근대일본의 발걸음과 국제관계 | ① 메이지 정부의 성립과 여러 개혁의 전개 ② 헌법의 제정과 의회정치의 시작 ③ 청일 · 러일 전쟁과 아시아의 정세 ④ 근대산업의 발전과 사회 · 생활의 변화 ⑤ 근대문화의 형성 |
| (8) 두 차례 세계대전과 일본 | ① 제1차 세계대전과 국제정세 ② 다이쇼 데모크러시와 문화의 대중화 ③ 제2차 세계대전과 일본 |
| (9) 현대 세계와 일본 | |

내용 면에서 첫째 국제 교류를 설명할 때 과도할 정도로 일본의 자주적 움직임을 강조하고 있다. 기존 학습지도요령에서처럼 대륙 문물의 수용→ 고대 일본의 형성으로 파악하는 것이 아니라 "나라의 통일이 진척되고 대륙 문물 · 제도의 적극적인 수용을 통해 고대 국가가 형성되어 간 것을 당시 동아시아의 움직임과 연관시켜 이해시킨다."고 어디까지나 일본의 주체적 수용을 강조하고 있다. 이 점은 메이지 유신 직전의 유럽 문명에 대한 시각도 동일하여 "우리나라 근대사회의 형성과 발전에 영향을 준 사실에 주목하게 한다."(1977년판)는 시각이, "전통적인 문화를 바탕으로 구미문화를 소화시켜 우리나라 근대문화가 형성된 사실을 이해"(1989년판)시켜

야 된다는 입장으로 바뀌었다. 둘째 1989년판에서는 메이지 유신의 잘못된 측면과 전쟁에 대한 반성도 사라졌다. "메이지 유신의 급속한 발전이 초래한 잘못"(1977년판)이란 표현은 삭제되었고, "두 차례 대전이 인류전체에 참화를 가져다준 사실을 이해시킨다."라고 하여 더 이상 '패전'이란 용어가 사라졌다.

### 4) 지도 및 학습 방법

학력 저하에 맞추어 설계된 1977년판은 거꾸로 능력 있는 학생들의 부적응을 가져왔다. 이에 대한 해결책으로 1989년판에서는 "연대의 표시 방식과 시대구분에 대해서도 기본적으로 이해할 수 있도록 할 것"이라 하여 보다 심층적 학습이 이루어질 수 있게 하였다. 기본적으로 "그 능력에 맞추어 교육할 수 있는 학생에게는 어려운 커리큘럼을, 할 수 없는 학생에게는 그것에 상응하는 커리큘럼을"이란 취지가 적용되었다.


### 바. 1990년대

### 1) 교과 편제

1998년판은 "여유로운(ゆとり) 속에 살아가는 능력(生きる力)을 길러냄"을 기본 방침으로 하였다. 교육 내용을 엄선하여 3할을 삭감하였고, 지역사회와 연계한 체험활동·도덕적 가치를 중시하는 심성교육을 강화하였다. 또 지식이나 이해만을 중시해 온 학력에 대한 개념도 변화시켰다. 학생들의 학습의욕, 스스로 조사하고 사고·판단하는 능력, 이를 표현하는 능력 등도 모두 학력의 범주에 넣어 파악하는 이른바 '新학력관'을 제시하였다.

1998년판은 교과 내용의 구성과 학습 내용이 대폭적으로 줄었다. 그러나 교육과정의 편제는 기본적으로 1989년판과 크게 다르지 않았다. 따라서 총 수업시수와 총 필수교과 시수가 대폭 줄었다는 점을 감안할 때, 상대적으로 역사분야는 강화된 것으로 평가할 수 있다.

〈표 IV-3-14〉 1998년판 학습지도요령 중학교 사회과 역사 분야 편제

| 구분 | 1학년 | 2학년 | 3학년 |
|------|------|------|------|
| 사회 | 지리분야·<br>역사분야 140(4) | 지리분야·<br>역사분야 140(4) | 공민분야<br>85(2.4) |
| 총 필수교과 시수 | 810(23.2) | 755(21.6) | 675(19.3) |
| 총 수업 시수 | 980(28) | 980(28) | 980(28) |

### 2) 사회과와 역사분야의 목표

1998년판 사회과 목표도 1989년판과 크게 달라진 점은 없다. 다만 사회에 대한 관심 고양, 자료 활용을 통한 다면적·다각적 고찰을 새로 강조하고 있으면서도 일본 국토와 역사에 '이해와 애정'을 갖도록 요구하고 있는 점에 특색이 있다. 이 점은 역사 분야의 목표도 마찬가지이다. "우리나라 문화와 전통의 특색을 폭넓은 시야에 서서 생각하게 함과 동시에 우리나라 역사에 대한 애정을 깊게 하여 국민으로서의 자각을 육성한다."는 '애정'이 목표 첫 머리에 새로 두어졌다.

### 3) 단원구성과 내용

1998년판은 대단원과 서술할 내용만 적시하여 교과서 집필진에게 자율성을 충분히 주고자 하였다. 교육 내용의 3할 삭감은 단원 구성에 커다란 영향을 주었다.

내용과 관련해서는 첫째 "세계의 역사에 대해 우리나라의 역사를 이해시킬 때의 배경으로서 우리나라의 역사와 직접 관련되는 사항을 다루는 것에 국한시킬 것"이라 하여 결과적으로 1977년판까지 유지되었던 세계사의 독자적 내용에 대한 설명은 이제 완전히 생략되게 되었다. 둘째 일본의 미

화는 보다 강조되었다. 가령 일본제국 헌법과 관련하여 "이것에 의해 당시
아시아에서 유일한 입헌제 국가가 성립하여 의회정치가 시작"되었음을 강
조하는 입장이다. 따라서 전쟁을 패전으로 규정하는 용어는 삭제되었으며,
제2차 세계대전과 관련하여 "세계대전이 인류전체에 참화를 미쳤다는 것
을 이해시킨다."고만 하여, 일본의 전쟁 책임과 이에 대한 반성적 태도는
사라졌다.

〈표 IV-3-15〉 1998년판 학습지도요령 중학교 사회과 역사 분야 단원 구성

| 대단원명 |
| --- |
| (1) 역사의 흐름과 지역의 역사 |
| (2) 고대까지의 일본 |
| (3) 중세의 일본 |
| (4) 근세의 일본 |
| (5) 근현대의 일본과 세계 |

### 4) 지도 및 학습 방법

신학력관이 제시되어 종래의 지식 위주 학습방식이 비판되었다. 1998년
판에서는 "각 시대의 특색을 보여주는 역사적 사상을 중점적으로 선별하여
지도내용을 구성하는 것으로 하여 세세한 지식을 기억하는 것에 국한되는
학습에 빠지지 않도록 할 것"을 주문하였다. 또 학습내용과 관련하여 단순
히 사실을 망라적으로 열거하는 것을 피하도록 하였다.

### 사. 2000년대

### 1) 교과 편제

완전 학교 주5일제가 된 2002년을 전후로 하여 학력저하가 끊임없이 논
의되자 문부성은 2002년에 '확고한 학력'을 강조하면서 학습지도요령에서

제시하는 내용 이상을 가르쳐도 된다는 입장을 밝혔다. 2003년에는 이러한 취지가 반영되어 학습지도요령의 일부가 개정되었다.

이처럼 2000년도 후반에 이르면 30년간 지속되었던 "여유"의 교육사조가 현저히 퇴색되고 전통적인 "지식"과 "개념"이 다시 부각되었다.[80] 2008년판은 ① 기초적·기본적인 지식, 개념과 기능의 습득, ② 언어활동의 충실, ③ 사회참가, 전통과 문화, 종교에 관한 학습의 충실에 있는 점을 개정의 핵심 포인트로 삼았다.[81]

〈표 IV-3-16〉 2008년판 학습지도요령 중학교 사회과 역사 분야 편제

| 구분 | 1학년 | 2학년 | 3학년 |
|---|---|---|---|
| 사회 | 지리분야·역사분야 105(3) | 지리분야·역사분야 105(3) | 역사분야·공민분야 140(4) |
| 총 각 교과 시수 | 895 | 875 | 875 |
| 총 수업 시수 | 1015 | 1015 | 1015 |

### 2) 사회과와 역사분야의 목표

사회과 목표는 1998년판과 동일하다. "평화적이며 민주적인 국가·사회의 형성자"가 "민주적, 평화적인 국가·사회의 형성자"로 바뀌었을 뿐이다.

역사분야의 목표도 1998년판과 동일하다. 다만, "우리나라 역사의 커다란 흐름과 각 시대의 특색을 세계역사를 배경으로 이해시켜"라는 부분(1998년판)을 "우리나라 역사의 커다란 흐름을, 세계 역사를 배경으로, 각 시대의 특색을 고려한 위에 이해시켜"라고 하여 "우리 역사"를 보다 강조하는 서술 형식을 취하였다.

---

80) 安彦忠彦 編, 2008≪平成20年版中學校新教育課程教科·領域の改訂解說≫(明治圖書, 東京).
81) 文部科學省, 2008≪中學校學習指導要領解說 社會編≫(日本文教出版株式會社, 東京)

### 3) 단원구성과 내용

내용의 구성 면은 기본적으로 1998년판과 동일하다. 대단원명 "(1) 역사의 흐름과 지역의 역사"(1998년판)가 "(1) 역사 파악 방식"으로 변한 정도이다. 다만 1998년판과 달리 시대구분과, 연대의 표시방법을 강조하고 있으며, 학습한 내용을 활용하여 이를 표현하는 활동도 중시하고 있다. 이는 지식의 습득과 표현력을 강조한 사회과의 전체 목표를 염두에 둔 것으로 보인다.

내용 서술과 관련해서는 모든 문장을 "ㅇㅇ, ㅇㅇ을 통해, ㅇㅇ한 점을 이해시킨다."식으로 서술하여 도달 목표를 좀 더 명확히 표현하였다.[82] 또 종교와 신앙 부분에 대한 학습이 내포된 점도 눈에 띈다. "세계 고대문명과 종교의 발생"이라 하여 종교 부분이 새로 첨가되었다. 2000년 이후 서양과 이슬람 문명권의 대립이 더욱 심각해져 가는 세계 상황을 감안한 것으로 볼 수 있다. 셋째 일본 역사의 미화는 여전히 지속되고 있다. 자유민권운동, 대일본제국헌법의 제정, 청일러일전쟁, 조약개정 등은 오로지 일본의 국제적 지위가 향상한 것을 이해시키는데 활용될 뿐이다. 메이지 유신이후 일본 정부의 功過가 객관적으로 논의되지 않고 있다.

### 4) 지도 및 학습 방법

지식과 개념을 강조함에 따라 각 시대의 특색과 시대의 전환과 관련된 기초적, 기본적 역사적 사상을 중점적으로 선발하여 지도할 것을 지시하고 있다. 특이한 점은 종래 "각 시대의 특색을 보여주는 역사적 사상을 중점적으로 선별하여 지도내용을 구성하는 것으로 하여 세세한 지식을 기억하는 것에 국한되는 학습에 빠지지 않도록 할 것" 등의 "ㅇㅇ하지 말 것"이란 1998년판까지의 부정적 표현이 사라지고 "ㅇㅇ할 것"으로 긍정적으로 서술하고 있는 점도 새로운 특색이다.

---

82) 가령 "불교의 전래와 그 영향, 가나문자의 성립 등을 통해, 국제적인 요소를 지닌 문화가 꽃피고 그 뒤 문화의 국풍화가 진전되었던 점을 이해시킨다."는 식이다.

# V. 한·일 고등학교 역사 교육과정 변화 분석

## 1. 한·일 고등학교 역사 교육과정 비교

한국과 일본의 교육과정 개정 시점이 각각 다르기 때문에 대략 10년 단위로 시기를 구분하고 비교해 보기로 한다.

### 가. 1940년대 후반기의 한·일 고등학교 역사 교육과정 비교

광복과 종전으로 한국과 일본은 모두 미군정하에서 학교 교육이 재개되었다. 미국식 신학제가 적용되었으며 한국은 교수요목, 일본은 학습지도요령이 등장하였다. 여기에 한국은 '사회생활과' 일본은 '사회과'라는 이름으로 사회과(social studies)가 탄생하였다.[1]

1940년대 후반기의 교과목 편제를 비교한 것이 〈표 V-1-1〉이다. 역사뿐만 아니라 사회과 과목 모두를 표시하여 역사 이외의 과목과도 비교할 수

---

1) 고려대학교 교육문제연구소, 1996 ≪미군정하 한·일 교육법제 비교연구≫; 片上宗二, 1993≪日本社會科成立史研究≫(風間書房, 東京) 참조

있도록 하였다.

〈표 Ⅴ-1-1〉 1940년대 후반기 한·일 고등학교 사회과 과목 편제 및 시수 비교

| 한국 | | | | 일본 | | | | | |
|---|---|---|---|---|---|---|---|---|---|
| 시기 | 학년 | 편제 및 시수 | | | 시기 | 학년 | 편제 및 시수 | | | |
| 교수요목 | 3 | 인생과 사회(4), 시사 문제(1) | | | 1947년판 | 3 | 동양사 (5) | 서양사 (5) | 인문지리(5) | 시사문제(5) |
| | 2 | 인문지리 (2, 1), 자연지리 (2, 1) | 우리나라 문화(1, 2), 인류문화의 발달(1, 2) | 경제문제 (2) | | 2 | | | | |
| | 1 | | | 정치문제 (2) | | 1 | 사회(5) | | | |

비고 : 한국은 2차 교육과정부터 단위제를 채택하였으며 학기 기준인데 비해서 일본의 단위는 학년 기준이다. 동일한 기준으로 비교하기 위해 단위를 1년 기준의 주당 시수로 제시하였다. 이하 동일함.

교수요목은 법적 지위를 갖지는 않았지만, 검정 교과서 편찬의 준거로서 기능하였다. 학습지도요령은 '시안'임을 부기하여 강한 구속력을 갖지 않고 안내서의 성격을 갖는다고 하였다. 운영은 한국에서는 학년제로 선택 구분없이 필수로 제시되었고, 일본은 단위제로 공통 필수와 선택 교과목을 구분하였다.[2]

한국은 고등학교 1, 2학년에서 지리, 역사, 공민 내용을 3분하여 과목이 편성되었다. 3학년에서는 통합적인 과목을 제시하였으나 실제로는 교과서가 없었고 국사와 세계사 과목을 연장해서 학습하였다. 수업 시수는 일본의 과목당 5시간에 비해서 한국은 1~2시간으로 적었다. 한국이 일본에 비해서 과목수가 많은 데다가 필수로 부과하였기 때문이다.[3] 반면에 일본은 여러 과목 중에서 한 과목만을 선택하도록 하였다. 중학교에서 일본사 교육이 이루어진 데 비해 고등학교에서는 일본사가 개설되지 못하였고 동양

---

2) 文部省, 1947.3.20. 〈序論〉≪學習指導要領 一般編(試案)≫
3) 문교부, 1948 ≪중학교 사회생활과 교수요목≫ 2

사와 서양사가 구분된 것이 특징이다.[4]

역사 교육과정은 한·일 모두 교과나 과목별로 목표 항목이 명료하게 제시되지 않았다. 대체로 한국의 교수요목은 식민 지배에서 벗어나 민족의 자주 정신과 도의 관념, 문화의 전승 발전 및 분단 현실에서 자주 독립에 이바지하는 데 역사교육의 목표가 있었다.[5] 일본의 1947년판은 세계 문화의 발전에 대한 이해, 근대 세계의 이해와 그 제도와 문제에 대한 이해가 강조되었다. 일본사가 개설되지 않았고, 일본사의 특수성과 우월성을 내세운 종전의 외국사 교육과는 근본적인 변화를 보인 것이었다.

내용면에서 한국의 교수요목은 우리나라 문화와 인류문화의 발달 과목을 보면 단원 구분을 여러 개로 나누고 하위 단원 구분도 일정하지 않아 체계적이지 못하였다. 또한 고대사의 비중이 높았다. 초등과 중학교 교육이 새교육에 적합하다고 한 설문식으로 제시한 반면에 고등학교는 단원명만 제시된 응급조치적인 성격을 가지고 있었다.[6] 일본의 1947년판은 동양사와 서양사를 연대순으로 배열하는 통사적 구성을 하였으며, 사회 발전 단계론의 시대 구분을 적용하였다.[7]

## 나. 1950년대의 한·일 고등학교 역사 교육과정 비교

한국의 1차 교육과정은 1948년 대한민국 건국으로 독립국가의 교육을 정비할 필요에서 준비되었으나 한국전쟁의 발발로 1955년에야 공포되었다.[8] 일본은 1948년에 1949학년도부터 고등학교 선택과목인 동양사와 서

---

4) 〈新制高等學校の教科課程に關する件〉(昭和二十二年四月七日, 發學第一五六号), 文部省學校教育局長 各地方長官宛

5) 최상훈, 2001 〈역사과 교육과정의 재고〉 ≪역사교육의 방향과 국사교육≫(솔, 서울) 179~180

6) 문교부, 1948 ≪중학교 사회생활과 교수요목≫

7) 文部省, 1947 ≪學習指導要領 一般編(試案)≫

양사를 없애고 국사(뒤에 일본사로 개칭)와 세계사를 개설하였으며, 1951
년판 학습지도요령(이하 학습지도요령 생략)에 반영되었다. 이로써 일본
사와 세계사를 축으로 하는 고등학교 역사교육의 틀이 성립되었다.[9] 일본
이 1952년에 독립함에 따라 한국과 마찬가지로 미군정하의 교육에 대한 비
판과 재검토가 이루어졌다. 특히 애국심의 함양과 도덕 교육의 진흥이 긴
급한 과제로 인식되면서 1956년판 학습지도요령이 탄생하였다.[10]

한국은 교과서 검정이 제도화되어 교과서가 교육과정을 준수해야 하였
고, 일본은 1956년판부터 '시안'이라는 표기를 삭제하였으므로 양국 모두
국가교육과정의 규정성이 강화되었다.

〈표 V-1-2〉 1950년대 한·일 고등학교 사회과 과목 편제 및 시수 비교

| 한국 | | | | | | | 일본 | | | | | |
|---|---|---|---|---|---|---|---|---|---|---|---|---|
| 1차(1955) | 3 | 일반사회(1) | 도덕(1) | 국사(3) | 세계사(3) | | 1951년판 | 3 | 일본사(5) | 세계사(5) | 인문지리(5) | 시사문제(5) |
| | | | | | | | | 2 | | | | |
| | 2 | 일반사회(3) | 도덕(1) | | | 지리(3) | | 1 | 일반사회(5) | | | |
| | 1 | 일반사회(3) | 도덕(1) | | | | 1956년판 | 3 | 사회(3~5) | 일본사(3~5) | 세계사(3~5) | 인문지리(3~5) |
| | | | | | | | | 2 | | | | |
| | | | | | | | | 1 | | | | |

비고 : 시수는 단위수가 아니고 1년간 수업할 때 주당 시수에 해당함

〈표 V-1-2〉에서 한국의 경우 초, 중학교는 사회생활과이지만 고등학
교는 사회과로 교과를 편성하였다. '도덕' 과목이 신설되었고, 공민 영역
은 '일반사회'라는 과목이 신설되었으며, 지리 영역도 인문, 자연 구분없이

8) 문교부, 1955 《고등학교 및 사범학교 교과과정》
9) 文部省, 1951 《學習指導要領 一般編(試案)》
10) 文部省, 1955 《고등학교 학습지도요령 사회과편》

'지리' 과목이 신설되었다. '국사'와 '세계사'도 기존의 과목을 대체하면서 과목명으로 등장하였다. 이로써 한국은 일본과 같이 국사와 세계사로 구분되는 역사교육이 시작되었다. 일본은 1951년판부터 일본사와 세계사 교육체제가 적용되었으며, 1956년판부터는 '일반사회'와 '시사문제' 과목이 폐지되고 '사회' 과목이 탄생하였으며, 이전에는 4과목 중 1과목 선택이던 것을 3과목 중 2과목 선택으로 하여 역사 과목을 선택하는 비율이 높아졌다.

한국은 1차 교육과정에서 과목별 목표를 제시하였다. 국사는 각 시대의 구조와 상호 맥락을 골격으로 과학적인 체계 파악, 민족사의 장단점을 판별하여 현재의 위치에서 반성적 실천, 세계사와의 연관지은 특수성과 일반성 이해를 제시하였다. 이후 전개되는 국사교육 목표의 골격이 제시된 것으로 볼 수 있지만, 교육학적 측면에서 지식, 기능, 태도 목표가 구분되거나, 학교급을 고려한 목표의 차별화가 드러나지는 못하였다. 세계사는 개념 이해와 현대 사회의 역사적 지위, 비판과 판단을 포함한 역사적 사고력 함양, 세계사에서의 민족의 사명, 심미적 정서 함양과 향유, 국제 협력의 정신 육성 등 지식, 기능, 태도가 감안된 목표를 제시하였으나 국사와 마찬가지로 학교급별 차이와 목표와 내용 구상상의 연계성이 높다고 보기는 어렵다.[11]

일본이 독립하기 전에 등장한 1951년판은 일본사가 신설되면서 사회 발전 단계론에 입각한 과학적 · 합리적 역사 인식을 강조하였다. 자국사의 신설로 인해 자국 문화에 대한 애정이 강조되었고 문화를 중시하는 방향으로 목표를 제시하였으나 아직 애국심을 정면으로 내세우는 정도는 아니었다. 세계사도 신설되면서 국제 협력과 세계 평화를 강조하는 동시에 세계사를 통한 일본 인식과 사명의 자각이 강조된 것은 교육적 측면이 고려된 목표 설정이었다.[12] 일본은 1956년판에서 사회 발전 단계론적 역사 인식이 강하

---

11) 김흥수, 1992 ≪한국역사교육사≫(대한교과서주식회사, 서울) 208 ; 최상훈, 2001 〈앞 논문〉 180

12) 文部省, 1947 〈はじめのことば〉 ≪學習指導要領 東洋史編(試案)≫(中等學校教科

게 반영되었다. 전통 문화에 대한 이해와 일본 민족에 대한 자각과 애정도 강조하였으나, 시대적으로는 애국심 함양과 도덕 교육의 진흥이 강조되고 있었지만, 일본의 민주주의 사회 발전과 세계 평화의 확립에 협력한다는 점도 목표로 제시하였다. 학습 활동과 자료를 이해하는 능력, 발표나 토의 능력을 강조하는 기능 목표도 이전보다는 구체적으로 제시되었다. 세계사 목표의 특징은 이전과 마찬가지로 사회 발전 단계론적 역사 인식이 강조되고 보편성을 기초로 한 특수성의 이해가 강조되었다. 일본사와 마찬가지로 민주주의와 세계 평화에 대한 일본 민족의 책임 자각을 강조하는 것은 유사하였다.[13]

내용 측면에서 한국의 국사 과목은 왕조사적 시대구분법을 벗어나지 못했다. 단원명에 문화를 넣어 정치사 중심에서 문화사 중심으로 바꾸었으나 실제 내용은 문화사적 학습 구조를 갖추었다고 보기는 어렵다. 시대 배분에 있어서도 전근대사의 비중이 높았고, 분류사적 특징을 갖는 중단원 구성을 취하고자 노력하였다. 세계사는 시대구분법에 따른 단원 구분을 하고 동서양 내용을 대단원 안에서 혼합하여 배치한 것이 특징이다.[14]

일본의 1951년판은 일본사 과목에서 사회 발전 단계론적 시대구분이 적용되었으며, 시대 특징을 구조적으로 파악하고자 하였다. 또한 일본의 침략 전쟁을 비판적으로 인식하고 있었다. 세계사 역시 사회 발전 단계론적 시대 구분을 적용하였으며 주제 중심으로 구성하였다. 근현대사를 중시했으며, 세계사 속의 일본사도 강조되었다.[15] 1956년판은 일본사의 경우 사회 발전론에 근거하지 않은 구성이 특징이다. 통사적으로 구성하고 각 시

---

書株式會社, 東京) ; 文部省, 1947 〈はじめのことば〉 ≪學習指導要領 西東史編(試案)≫(中等學校教科書株式會社, 東京)

13) 文部省, 1955 ≪고등학교 학습지도요령 사회과편≫

14) 문교부, 1955 ≪고등학교 및 사범학교 교과과정≫

15) 文部省, 1951 ≪學習指導要領 一般編(試案)≫

기별로 특징적인 제목을 제시하였으며 각 분야를 균형있게 제시하여 종합적으로 이해하도록 하였다. 이 점은 목표에서 사회 발전 단계론을 강조한 것과 다른 내용 구성이라 볼 수 있다. 세계사도 시대구분적인 구분을 하지 않았으며 통사적으로 구성하고 세계를 유럽과 아시아로 양분하였고 나미지 세계에 대해서도 고려하였다.[16]

## 다. 1960년대의 한·일 고등학교 역사 교육과정 비교

한국은 1차 교육과정이 한국전쟁이라는 어려운 상황으로 제대로 제정되지 못했고 지식 중심이라는 비판이 있어, 4·19혁명과 5·16군사정변을 계기로 1963년에 2차 교육과정이 등장하였다.[17] 일본은 1960년에 학습지도요령의 개정이 있었다. 진보 세력의 평화 교육과 민주 교육 운동에 대해 위기감을 느낀 일본 정부와 보수 세력이 교육에 대한 통제를 강화하려고 한 것이 배경이었다. 또한 급격한 경제성장에 따른 산업 고도화에 대응하는 인력의 양성도 필요했다.[18]

〈표 V-1-3〉 1960년대 한·일 고등학교 사회과 과목 편제 및 시수 비교

| | | 한국 | | | | | | | 일본 | | | | | | | |
|---|---|---|---|---|---|---|---|---|---|---|---|---|---|---|---|---|
| 2차 (1963) | 3 | 일반사회 (2) | 국민윤리 (2) | 정치· 경제 (2) | 국사 (3) | 세계사 (3) | 지리 I (3) | 지리 II (3) | 1960년판 | 3 | 정치경제 (2) | 일본사 (3) | 세계사 A(3) | 세계사 B (4) | | |
| | 2 | | | | | | | | | 2 | 윤리사회 (2) | | | | | |
| | 1 | | | | | | | | | 1 | | | | | 지리 A(3) | 지리 B(4) |

16) 文部省, 1955 ≪고등학교 학습지도요령 사회과편≫
17) 문교부, 1963 ≪고등학교 교육과정≫
18) 文部省, 1960 ≪고등학교 학습지도요령 사회과편≫

〈표 V-1-3〉에서 나타나듯이 한국은 과목수가 증가하였고 시수도 함께 늘어났다. 이는 과정 필수와 인문과정 필수를 지정하여 자연과정이나 실업 고등학교에서는 이수하지 않아도 되는 과목이 생겼기 때문이다. 신설 과목은 국민윤리, 정치·경제, 지리 I , II였다. 또한 초·중·고등학교 모두 사회과로 교과 명칭을 통일하였다. 단위제가 채택되었으며 계열별 과정을 구분하였다. 국사와 세계사는 필수로 이전보다 강화되었다. 일본은 사회를 '정치 경제'와 '윤리 사회'로 세분하였으며, 세계사와 지리를 A, B로 구분하면서 지리를 1학년에 배정하고 세계사를 2, 3학년에 배정한 것이 큰 변화였다. 세계사B는 세계사A보다 심화된 내용을 다루는 과목이었다.

한국은 2차 교육과정에서 국사 교육의 목표로 애국심과 민족적 과업, 민주 국가 발전에 기여를 제시하여 민족주의와 민주주의를 동시에 제시하였다. 내용의 구조는 시대를 종합적으로 이해하는 것이며 기존과 같이 세계사와의 연관성을 강조하였다. 특히 이 시기에 추가된 것은 반공 사상과 세계 평화의 강조였다. 이는 한국전쟁에 따라 반공주의가 심화된 결과였다. 세계사도 이전과 유사한 점이 있으나 국제 협력과 세계 평화, 특히 우리나라의 국제적 지위와 역사적 사명을 중시하였다. 특히 조국 통일에 이바지함을 세계사의 목표로 제시한 것은 역사교육이 시대적 과제와 긴밀하게 연결되어 있을 뿐만 아니라 당시 목표 제시에서 국가적 요구가 강하게 개입되었음을 의미한다.[19]

일본은 1960년판에서 일본사 학습을 통하여 궁극적으로 현대 사회의 역사적 배경을 파악하고, 민주 사회 발전에 기여하는 태도와 능력을 육성한다고 하였다. 또한 목표에서 과목의 내용 지식을 각 시대의 동향을 총합적으로 파악하는 것으로 하고, 문화유산에 대한 이해 등 문화를 강조하였다. 여기서는 일본의 민주주의 발전과 세계 평화의 강조가 다소 퇴색되면서 일

---

19) 문교부, 1963 ≪고등학교 교육과정≫

본의 특수성을 이해하는 것이 보다 중시되었다. 세계사는 세계사의 기본 사항을 계통적으로 이해하고 현대 사회의 역사적 배경을 파악, 역사적 사고력 함양, 민주 사회 발전에 기여하는 태도와 능력을 기른다고 하여 일본 사와 다루는 내용을 달리하면서 도달하고자 하는 궁극적인 목표는 동일하게 제시하였다. 세계사도 특수성의 이해를 선행하도록 하여 다양한 관점을 강조하였다. 세계사도 문화를 강조하였으며, 이 때 국민적 자각을 높이는 것을 세계사의 목표로 처음 제시하였다.[20]

내용면에서 한국의 국사 과목은 여전히 왕조사적 시대구분법을 유지하였다. 다만 단원명에서 문화를 삭제하고 생활을 넣어 생활사 중심 체제로 변경하였다. 생활사의 강조는 경험중심 교육사조에 영향을 받은 것이었지만, 학교급별 차이가 불명료해진 점이 있었다. 배분은 여전히 전근대 중심이었다. 세계사 과목도 역시 생활을 단원명에 붙여 생활사 중심의 구조를 만들었고 단원구분은 시대구분 용어를 붙였다. 동서양을 단원내에서 함께 다루었다.[21]

일본의 1960년판은 일본사에서 다시 시대구분법을 활용하였다. 하지만 이전보다 더 많은 시기로 나누었고 제목에 문화를 붙여 중시하였다. 근현대는 세계의 동향과 관련짓고 있다. 세계사는 문화권 개념이 최초로 등장하였다. 하지만 중국과 서유럽 관련 항목이 압도적으로 많은 문제는 여전하였다.


## 라. 1970년대의 한·일 고등학교 역사 교육과정 비교

한국은 경제 성장과 함께 1968년에 국민교육헌장이 반포되면서 교육과정의 개정이 필요하였고, 1974년에 고등학교 3차 교육과정이 개정되었

20) 文部省, 1960 ≪고등학교 학습지도요령 사회과편≫
21) 문교부, 1963 ≪고등학교 교육과정≫

다.[22] 일본도 1960년대 경제의 고도성장과 생활수준 상승, 국제 관계의 확대와 지위 향상 등에 따라 1970년판, 1970년대 후반기에는 오일 쇼크 등의 위기를 극복하고 세계적인 경제 대국이 되면서 1978년판 학습지도요령이 등장하였다.[23]

<표 V-1-4> 1970년대 한·일 고등학교 사회과(역사 포함) 과목 편제 및 시수 비교

| 한국 | | | | | | | | 일본 | | | | | | |
|---|---|---|---|---|---|---|---|---|---|---|---|---|---|---|
| 3차<br>(1974) | 3 | 국사<br>(3) | 정치·<br>경제<br>(2~3) | 사회<br>문화<br>(2~3) | 세계<br>사<br>(2~3) | 국토<br>지리<br>(2~3) | 인문<br>지리<br>(2~3) | 국민<br>윤리<br>(3) | 1970년판 | 3 | 윤리<br>사회<br>(2) | 정치<br>경제<br>(2) | 일본<br>사(3) | | 세계<br>사(3) | 지리<br>A(3) | 지리<br>B(3) |
| | 2 | | | | | | | | | 2 | | | | | | |
| | | | | | | | | | | 1 | | | | | | |
| | 1 | | | | | | | | 1978년판 | 3 | 일본<br>사(4) | 세계<br>사(4) | 지리<br>(4) | 윤리<br>(2) | 정치<br>경제<br>(2) |
| | | | | | | | | | | 2 | | | | | |
| | | | | | | | | | | 1 | 현대사회(4) | | | | |

〈표 V-1-4〉에서 한국은 '국적있는 교육'을 주창하며 국사과를 교과로 독립시키는 동시에 교과서를 국정화하였다. 편제상으로 국사의 시수는 주당 3시간으로 이전과 같았지만 독립 교과가 되고 필수화됨에 따른 지위의 격상이 이루어졌다. 반면에 세계사는 사회과에 남았고 인문 과정에서 필수였다. 일본은 1970년판에서 필수 교과목 및 단위수 삭감과 교육과정의 탄력적 편성이라는 방침에 따라 세계사A, B를 다시 세계사로 합하였다. 단위수도 3단위로 축소하였다. 세계사는 1~2학년에 일본사는 2~3학년에 배정되어 대체로 세계사를 공부한 후 일본사를 공부하는 순서였다. 1978년판에서는 1970년판과 동일하게 과목수는 같지만, 현대사회를 1학년에 필수

---

22) 문교부, 1974 ≪고등학교 교육과정≫

23) 文部省, 1970 ≪고등학교 학습지도요령 사회과편≫ ; 文部省, 1978 ≪고등학교 학습지도요령 사회과편≫

로 신설하였고, 나머지는 선택으로 2단위의 윤리가 신설되고 일본사와 세계사는 3단위에서 4단위로 증가하였다.

한국의 3차 교육과정에서 국사교육의 목표는 이전과 많은 차이가 있다. 1968년 국민교육헌장의 정신이 반영된 3차 교육과정은 첫 번째로 올바른 민족사관 확립, 민족 중흥에 이바지할 것을 국사교육의 목표로 제시하였다. 민주주의라는 용어는 사라지고 특수성과 보편성까지도 이의 인식을 통해 민족사에 대한 긍지를 가지고 우리나라 발전에 기여함을 목표로 하였다.[24] 목표는 단순하고 명료해졌으나 국수적이라는 비판을 받을 수 있었다. 세계사의 목표도 이전과는 달리 우리나라의 세계사적 위치, 전통 문화의 터전 위에 세계 문화 수용, 민족 문화 발전에 이바지하는 태도를 규정하여 주체적인 역사의식이 이전에 비해 크게 강조되었다. 기능적인 목표로 상호 연관과 인과 관계 파악, 폭넓은 역사의식과 역사적 통찰력을 제시한 점은 가치 목표에 치중하지 않도록 하기 위한 노력으로 볼 수 있다.

일본은 1970년판에서 일본사의 목표에서 국가주의적 색채가 강해지고 있다. 앞서 세계사 목표에 등장했던 국민으로서의 자각이 일본사에 새롭게 등장하였다. 학문중심의 교육사조에 따라 기본적 사항의 이해와 역사적 사고력을 결부하여 제시하였다. 문화의 총합적 학습은 계속 유지되었다. 세계사의 목표는 일본사의 목표와 마찬가지로 일본인으로서의 자각을 강조하여 국가주의적 색채가 강해지고, 기본적 사항의 이해와 역사적 사고력을 결부하여 제시함으로서 학문중심 교육과정의 영향을 받았다. 또한 문화권 학습을 통한 세계사의 특수성과 보편성의 이해를 제시하였다.[25] 1978년판에서는 일본사의 목표는 간결하게 제시하였다. 문화의 총합적 학습이란 기본적 성격을 제시하고, 역사적 사고력 함양과 일본 형성의 역사적 과정과 자국 문화의 특색 파악을 통한 국민으로서의 자각 심화를 목표로 하였다.

---

24) 문교부, 1974 ≪고등학교 교육과정≫
25) 文部省, 1970 ≪고등학교 학습지도요령 사회과편≫

이는 이해, 기능, 태도 측면을 구분하여 제시하였으며 과목의 특색을 명확하게 하고, 지식보다 사고력을 중시하였으며, 현재의 이해를 위한 역사교육 및 국민적 자각을 강조함으로써 국가적 요구가 강화되었다. 세계사의 목표도 일본사처럼 간결하게 제시하였다. 세계사에 관한 기본적 사항 이해라 하여 지식 이해목표를 제시하고, 역사적 사고력 함양을 결부시켰다. 역사적 과정과 문화권의 특색이라 하여 문화권을 단위로 하였다. 끝으로 국제 사회에 살아가는 일본인으로서의 자질을 기른다고 하는 태도 목표이자 궁극적인 세계사 학습의 목표를 제시하였다.[26]

내용면에서 한국의 국사과는 대단원수가 축소되면서 사회경제적 시대 구분법이 적용되었다. 각 단원내에서 균형있게 중단원을 제시하였다. 이전에 비해서 근현대사 비중이 높아졌다. 세계사는 문화사적면에서 종합적으로 구성하였으며, 이전과 달리 동, 서양사를 구분하였다.

일본의 1970년판은 일본사의 경우 일관성있게 시대 구분하였으나 발전 단계론적 인식은 아니었다. 문화를 강조하였으며 전근대는 각 문화의 전개를 중심으로 근현대는 일본과 세계를 연관지어 제시하였다. 지역사의 필요성이 강조된 것도 이 때였다. 세계사는 전근대는 문화권별 구성을 취하였고, 16세기 이후는 유럽을 중심으로 구성하였다. 세계사의 내용 구성에서 세계사의 무대의 크기를 기준으로 조직 방식을 달리한 것은 유의할 만한 사항이었다.[27] 1978년판은 일본사의 경우 문화를 중시한 점은 종전과 유사하였다. 지역사 항목(단원)이 추가된 점은 특징이며, 내용의 대폭 정선과 중점화를 추구하여 학생 수준을 고려하려고 하였다. 세계사의 경우 이전처럼 크게 두 시기로 나누어 전근대는 문화권적 구성, 이후는 세계사적 전개를 다룬 점은 같으나, 두 시기의 기준이 16세기에서 18세기로 바뀌었다.[28]

---

26) 文部省, 1978 ≪고등학교 학습지도요령 사회과편≫

27) 문교부, 1974 ≪고등학교 교육과정≫

28) 文部省, 1978 ≪고등학교 학습지도요령 사회과편≫

## 마. 1980년대의 한·일 고등학교 역사 교육과정 비교

한국은 유신체제의 종식과 함께 국민정신교육의 강화, 전인교육의 강화를 제시하며 1981년에 4차 교육과정이 공포되었다.[29] 또한 1987년에는 21세기를 주도할 한국인상 창조를 목표로 5차 교육과정이 공포되었다.[30] 일본은 1980년대말에 이르러 국제화, 정보화, 가치관의 다양화, 핵가족화, 고령화 등 사회적 변화와 함께 청소년 비행, 교내 폭력 등이 커다란 사회 문제로 등장하였다. 사회과에서는 역사, 지리 학습의 중요성이 강조하면서 고등학교 지리역사과의 신설을 포함한 1989년판 학습지도요령이 탄생하였다.[31]

〈표 Ⅴ-1-5〉 1980년대 한·일 고등학교 사회과(역사 포함)
과목 편제 및 시수 비교

| 한국 | | | | | | | | 일본 | | |
|---|---|---|---|---|---|---|---|---|---|---|
| 4차<br>(1981) | 3<br>2<br>1 | 국사<br>(3) | 사회 Ⅰ<br><br>(2~3) | 사회 Ⅱ | 지리 Ⅰ<br><br>(2~3) | 지리 Ⅱ | 세계사<br>(1) | 국민윤리<br>(3) | 1989년판 | 3<br>2<br>1 | 지리역사과 :<br>세계사A(2),<br>세계사B(4),<br>일본사A(2),<br>일본사B(4),<br>지리A(2),<br>지리B(4) | 공민과 :<br>현대<br>사회(4),<br>윤리(2),<br>정치·<br>경제(2) |
| 5차<br>(1987) | 3<br>2<br>1 | 국사<br>(3) | 정치·경제<br>(3) | 한국지리<br>(2) | 세계사<br>(2) | 사회문화<br>(2) | 세계지리<br>(2) | 국민윤리<br>(3) | | 3<br>2<br>1 | | |

〈표 Ⅴ-1-5〉에서, 편제상 한국의 국사는 별도의 교과로 주당 3시간씩 수업이 유지되었으나, 세계사의 경우는 4차에서 필수 1시간(인문 1시간 추

---

29) 문교부, 1981 《고등학교 교육과정》
30) 문교부, 1988 《고등학교 교육과정》
31) 文部省, 1989 《고등학교 학습지도요령》

가 가능)으로 시수가 대폭 감축되었고 5차에서는 주당 2시간이 되었다. 일본은 고등학교 역사 과목에 큰 변화가 있었다. 지리와 역사를 합하여 지리역사과가 되고 기존의 공민과 도덕 영역은 공민과로 남은 것이다. 이와 함께 일본사와 세계사가 A와 B로 구분되었다. 1960년판에서도 세계사를 A, B로 구분한 직이 있었지만, 내용의 상세화와 간략화의 차이에 불과하였다. 1989년판에서 A, B 구분은 단위수가 다를뿐더러 성격과 내용도 달리 하는 것이었다. 이 중에서 세계사를 필수로 하여 국제화에 대응하는 논리를 강화하였다.

목표면에서 한국의 4차 교육과정에서 국사의 목표는 한국사에 대한 종합적 이해, 올바른 민족사관, 민족 중흥에 이바지 등 민족을 강조함으로써 3차 교육과정의 연장선에 있었다. 한편 한국사의 내재적 발전을 구조적으로 이해한다고 하여 한국사에 접근하는 방법을 구체화하였으며 중학교와의 차별적인 이해를 부각시켰다. 즉, 고등학교는 문화사, 구조사적 접근과 이해를 통하여 민족사에 긍지를 가지고 민족 발전에 이바지하는 한국인을 기른다는 것이 목표였다. 5차 교육과정에서 국사교육의 목표는 기본적으로 이전 교육과정과 크게 다르지 않았다. 하지만 올바른 민족사관과 민족 중흥이라는 민족주의 색채가 강한 문구는 삭제되었다. 하지만 고등학교에서는 구조사와 문화, 사회경제사를 중심으로 종합적으로 인식한다는 계열성을 분명히 하였고, 한국사의 특성을 세계사적 보편성과 관련짓고 있어 지나친 국수적 경향을 경계하였다. 역사적 사고력으로는 비판적 사고력이 제시되었으며, 자료 탐구 능력과 역사적 방법의 문제 해결력이 제시되어 기능적인 측면도 보완되었다. 4차 교육과정 세계사의 목표도 이전과 유사하여 우리나라의 세계사적 위치 인식, 전통 문화의 터전 위에 세계 문화 수용 등 민족을 중시하는 표현이 지속되었다. 하지만 국가적 요구사항의 반영만이 아니라 문화와 사회 중심의 종합적 고찰, 인간 생활의 다양성과 관련성 이해 중시, 자료 활용 능력과 역사적 통찰력 강조 등은 세계사 교육의 특성과 목표를 제시하고자 한 것이었다.[32] 5차 교육과정 세계사의 목표도 시대와 문화권을 중심으로 종합적 이해를 제시하여 이전과 동일한 목표를 명료하게 제시하였다. 현대 사회의 문제 인식이나, 특수성과 보편성 인식, 자료 탐구 능력을 통한 역사적 사고력 함양, 국제 협력과 인류 발전에 기여하는 태도 함양도 이전과 크게 차이가 없는 목표였다.[33]

일본은 1989년판 학습지도요령에서 일본사A, B 두 과목이 학습의 중점에서는 차이가 있지만, 성격을 일본사의 전개를 "세계사적 시야에 서서"라고 하여 이전과 달리 일본사 교육에서도 국제화에 대한 대응을 강조하는 모습을 보였다. 한국의 5차 교육과정 목표에서 민족이라는 표현을 약화시키는 것과도 유사한 점이 있다. 그러나 능력 태도면에서 "국민으로서의 자각과 국제 사회에서 살아가는 일본인으로서의 자질"은 유지되었다. 세계사A, B도 과목의 성격을 구별하는 목표에서는 차이가 있다. 하지만 능력 태도면에서는 "역사적 사고력을 기르고 국제 사회에 살아가는 일본인으로서의 자각과 자질을 기른다"고 하여 일본인으로서의 주체적 역사 인식을 강조하였다.[34]

내용면에서 한국은 4차 교육과정 국사의 경우 사회발전론적 시대구분 용어를 대단원명을 부여하여 이전과 다른 면모를 보였다. 특히 내재적 발전론에 입각한 주체적 입장에서 단원명을 설정하고 내용도 문화사와 사회 경제사를 중심으로 하여 계열성을 분명히 하였다. 세계사는 대단원 수준에서 동양과 서양을 구분하고 아시아를 유럽보다 앞에 배치하였다. 문명권 중심의 문화사적 구조를 갖고 있다.[35] 5차 교육과정에서는 국사의 경우 절반을 근현대사에 할애하여 이전에 비해 근현대사 교육이 강화되었다. 대단

---

32) 문교부, 1981 ≪고등학교 교육과정≫

33) 문교부, 1988 ≪고등학교 교육과정≫

34) 文部省, 1989 ≪고등학교 학습지도요령≫

35) 문교부, 1981 ≪고등학교 교육과정≫

원은 시대구분하였고, 중단원은 분류사로 구성하였다. 세계사는 현대사 단원을 늘려 강화하였고 각 문화권의 발전을 주제를 중심으로 시간적 흐름으로 구성하였다.[36]

일본의 1989년판은 일본사A, B, 세계사 A, B로 나눈 것이 큰 특징이었다. 각각은 성격이 전혀 달라 일본사A는 근현대사와 국제 환경을 중심으로 하여 구성하였고, 일본사B는 문화를 중심으로 하여 세계사적 시야에서 일본사를 이해하고자 하였다. 세계사A도 문명의 특징과 문화권 간의 교류 및 근현대사 중심으로 구성하였고, 세계사B는 전근대사는 문화권 중심, 근현대사는 주제사로 구성하였다. 줄곧 문제가 되어 온 유럽 중심의 근대 인식을 수정하려는 의도가 반영된 것이다.[37]

## 바. 1990년대의 한·일 고등학교 역사 교육과정 비교

1990년대 이후 한국의 교육과정은 커다란 변화가 있었다. 사회가 다양화함에 따라 교육과정의 분권화와 자율화가 필요하게 되었다. 6차 교육과정은 학교교육과정을 도입하는 등 학교의 자율화를 강화하였다.[38] 이어서 불과 5년 뒤에 7차 교육과정이 고시되었다. 7차 교육과정은 국민공통 기본 교육과정과 선택교육과정이 도입되었으며, 수준별 학습도 도입되어 미래 사회에 대비하는 성격이 강화되었다.[39] 이에 비해 일본은 1999년판 학습지도요령이 발간되었으나 큰 변동이 없었다.[40]

〈표 V-1-6〉에서 나타나듯이, 한국의 6차 교육과정에서는 통합과목인

---

36) 문교부, 1988 ≪고등학교 교육과정≫
37) 文部省, 1989 ≪고등학교 학습지도요령≫
38) 교육부, 1992 ≪고등학교 교육과정≫
39) 교육부, 1997 ≪사회과 교육과정≫
40) 文部省, 1999 ≪고등학교 학습지도요령≫

'공통사회'가 신설되었다. 이는 일본의 1978년판에 등장한 '현대사회'과목과 유사한 면이 있었다. 통합사회의 강조 경향은 국사과를 해체시켜 다시 사회과에 편입시키기에 이르렀다. 비록 별도의 교과서와 시간을 확보하였으나 지위상 왜소화된 것이다. 통합사회의 경향은 7차에 더욱 강조되었다.

<표 V-1-6〉 1980년대 한·일 고등학교 사회과(역사 포함) 과목
편제 및 시수 비교

| | | 한국 | | | | | | | | | 일본 | | |
|---|---|---|---|---|---|---|---|---|---|---|---|---|---|
| 6차<br>(1992) | 3<br>2<br>1 | 공통<br>사회<br>(4) | 국사<br>(3) | 정치<br>(2) | 경제<br>(2) | 사회<br>문화<br>(2) | 세계사<br>(3) | | 세계<br>지리<br>(3) | 윤리<br>(3) | 1<br>9<br>9<br>9<br>년<br>판 | 3 | 지리역사과 :<br>세계사A(2),<br>세계사B(4),<br>일본사A(2),<br>일본사B(4),<br>지리A(2),<br>지리B(4) | 공민과 :<br>현대<br>사회(2),<br>윤리(2),<br>정치<br>·경제(2) |
| 7차<br>(1997) | 3<br>2 | 인간<br>사회와<br>환경<br>(2) | 한국지리(4), 세계지리(4),<br>경제지리(3), 한국<br>근·현대사(4), 세계사(4),<br>법과 사회(3), 정치(4),<br>경제(3), 사회·문화(4) | | | | | 시민윤리(2),<br>윤리와<br>사상(2),<br>전통 윤리(2) | | | | 2 | | |
| | 1 | 사회(3), 국사(2) | | | | | | 도덕(1) | | | | 1 | | |

고등학교 1학년 '사회'와 일반선택과목으로 '인간사회와 환경'이 신설되었다. 이들 과목과 고등학교 1학년 국사를 제외한 나머지는 모두 심화선택과목으로 학교 또는 학생이 선택하도록 하였다. 한국의 사회과가 편제상 커다란 변화를 겪는 동안 일본의 1999년판 학습지도요령은 교과 편제상으로는 1989년판과 차이가 없었다.

목표면에서 한국의 6차 교육과정에서 국사교육의 목표는 종전과 같이 한국사의 전개를 종합적 이해, 우리 민족사의 특성을 세계사적 보편성과 연관지어 인식, 자료 탐구 기능과 역사 의식에 기반한 비판적 사고력, 향토사에 대한 관심, 문화 창조와 자유 민주주의 사회 발전에 참여하는 태도 등을 제시하였다. 종전과 다른 점은 향토사에 대한 관심이 추가된 것인데 이는 지역화학습이 강조된 교육과정의 중점 사항과 관련된다. 또한 종전의 민주주의로 표기된 것이 '자유 민주주의'로 개념된 것도 이 시기의 상황과 무관하지 않다. 전체적으로 가치 태도 목표는 감소하고 지식 이해 목표가 증가하였다. 세계사 과목은 문화권 중심의 체계적 이해, 현대 세계의 제문제 인식, 특수성과 보편성 인식, 인류 문화 발전과 국제 협력에 기여하는 태도 등 종전의 목표를 그대로 따르고 있다.[41] 이어서 7차 교육과정에서 국사교육의 목표는 민족의 삶을 종합적으로 이해한다는 점에서 종전의 목표를 계승하였다. 세계사의 목표도 종전과 유사하였다.[42]

일본은 1999년판에서 일본사A, B 및 세계사A, B 등 네 과목 모두에 국제사회에서 "주체적으로" 살아가는 일본인으로서의 자질 함양이라고 하여 주체적인 역사교육을 강조하였다. 다른 목표는 종전과 유사하였다.[43]

내용면에서 한국은 6차 교육과정에서 국사의 경우 시대구분은 5차와 동일하였다. 중단원도 4개씩 일관성있게 제시하였으며, 문화사를 중심으로 하되 사회경제사를 강조하고 발전사적 관점에 있는 점은 종전과 같았다. 세계사는 동서양을 합하거나 분리하거나 상황에 따라 달리 구성하였다.[44] 7차 교육과정에서 국사의 경우 정치, 경제, 사회, 문화로 나눈 분류사 구조를 처음으로 채택하였다. 이러한 구조는 학술 성과의 부족, 학습의 곤란 등의 문제점이 제기되었다. 무엇보다도 한국 근현대사 과목이 신설됨으로써 필수로 이수해야 하는 고등학교 1학년에서 근현대사 교육이 소홀해진다는 점이 국민 정서에 맞지 않고 국제적인 역사 분쟁에 적합하지 않다는 문제점이 제기되었다. 한국 근현대사 과목은 시기를 나누고 그 안에서 분야를 나누는 구성이었다. 세계사 과목은 이전과 유사하였으나 유럽사를 먼저 제시하였다. 한편, 7차 교육과정에서는 학습량의 감축을 일괄적으로 제시

---

41) 교육부, 1992 《고등학교 교육과정》
42) 교육부, 1997 《사회과 교육과정》
43) 文部省, 1999 《고등학교 학습지도요령》
44) 교육부, 1992 《고등학교 교육과정》

하였다. 그 성공여부는 논외로 하더라도 적정 학습량을 제시하였다는 점은 새로운 시도였다.[45]

일본의 1999년판은 일본사A의 경우 전근대사 부분을 삭제하고 근현대사 중심으로 구성했다. 20세기 초반을 근대의 기점으로 해서 오늘의 세계에 대한 교육을 더욱 강화하였다. 일본사B는 시대를 총합적으로 학습하는 것이나 항목수 축소로 내용을 정선하였다. 세계사A는 16세기 이후 세계사를 강조하였고 전근대는 교류 중심, 근현대사는 양적으로도 중시했으며, 일본 역사와 연관짓고자 하였다. 세계사B는 문화권 대신 지역 세계별로 구성하였다. 이는 이전의 문명과 문화권 중심의 설정과는 달라진 것이다.[46]

## 사. 2000년대의 한·일 고등학교 역사 교육과정 비교

한국에서는 7차 교육과정 후 10년이 지나 2007 개정 교육과정과 2009 개정 교육과정이 고시되기에 이르렀다.[47] 일본의 경우 유토리(여유) 교육에 대한 반성이 심화되면서 2009년판 학습지도요령이 발간되었다.

2007년 개정 교육과정은 기존의 사회과 통합을 비판하면서 일반사회, 역사, 지리 영역의 특성을 존중하는 형태로 개정하였다. 특히 역사는 '과목 독립'의 형식으로 역사교육강화방침이 채택되었다. 2009년 학습지도요령은 편제상의 변화는 없다.

한국의 개정 교육과정은 목표면에서 체계적이고 종합적인 이해, 통찰력과 비판적 사고력을 비롯한 역사적 사고력 함양, 현대사회 문제의 역사적 배경 파악, 다른 문화 존중 등이 유사하지만, 전체적으로 우리 중심이라는

---

45) 교육부, 1997 ≪사회과 교육과정≫

46) 文部省, 1999 ≪고등학교 학습지도요령≫

47) 교육인적자원부, 2007 ≪사회과 교육과정≫ ; 교육과학기술부, 2009 ≪사회과 교육과정≫

<표 Ⅴ-1-7> 한국과 일본의 고등학교 사회과(역사 포함)
교육과정 과목 편제 및 시수의 변천 비교

| | | 한국 | | | | 일본 | |
|---|---|---|---|---|---|---|---|
| 2007 개정 | 3 | 한국지리(3), 세계지리(3), 경제지리(3), 한국 문화사(3), 세계 역사의 이해(3), 동아시아사(3), 법과 사회(3), 정치(3), 경제(3), 사회·문화(3) | 3개 과목 | 2009 년판 | 3 | 지리역사과: 세계사A(2), 세계사B(4), 일본사A(2), 일본사B(4), 지리A(2), 지리B(4) | 공민과 : 현대사회(2), 윤리(2), 정치 ·경제(2) |
| | 2 | | | | 2 | | |
| | 1 | 사회(3), 역사(3) | 도덕 (1) | | 1 | | |

사고보다는 열린 사고 다른 문화와 지역에 대한 다양성 존중 등이 강조된
것이 특징이다. 내용면에서 개정 교육과정은 국사를 대체하는 역사 과목이
등장하였다. 이는 중학교와의 계열성을 고려하여 근현대사를 중심으로 하
였다. 세계사와의 연관성을 강조한 것도 이전의 국사 중심의 시각을 벗어
나고자 한 것이다. 한국 문화사는 선택 과목으로 한국 문화의 이해를 심화
시키고자 설정하였으며, 세계 역사의 이해는 이전의 문화권보다 지역 세계
를 중심으로 하고 상호 작용을 강조하였다. 동아시아사는 전혀 새로운 과
목 개설로 한국, 중국, 일본 등 3국을 중심으로 하지만 오늘날 국경 개념을
전근대로 확장하는 것이 아닌 동아시아 지역의 역사를 시간적 흐름에 주목
하면서 주제 중심으로 구성하였다.[48]

그런데, 2009년에도 교육과정이 개정되었다. 정부의 과목수 축소 방침
에 따라 역사의 고등학교 선택과목은 2007년에 편성된 한국문화사가 폐지
되었고 세계 역사의 이해가 세계사로 명칭이 변경되었으며, 동아시아사는
유지되었다. 과목의 내용은 수정없이 2007 개정 교육과정과 동일하게 하
였다. 또한 국민공통과정이 10학년에서 9학년까지로 조정되었고 고등학교

---

48) 교육인적자원부, 2007 ≪사회과 교육과정≫

에서 필수 이수 과목이 폐지되고 필수이수단위 수만은 지정함으로써 10학년 역사가 한국사로 명칭이 변경되는 것과 함께 필수가 아니게 되었다.[49] 이에 따라 8, 9학년 중학교 역사와 고등학교 한국사의 연계성이 흐트러져 이를 수정·보완하는 작업이 진행중에 있다. 이에 따라 고등학교 역사교육은 새로운 국면을 맞이하게 된 셈이다.

일본의 학습지도요령은 목표면에서 "제 자료에 근거해"라는 자구를 추가하여 다양한 자료의 활용과 함께 자료에 근거한 학습 활동을 강조하였다. 또한 지리역사과에 속한 과목간의 관련을 중시하였으며, 종래 "일본인"이라는 표현을 "일본 국민"으로 바꾸어 역사교육을 통한 국민 의식 강화의 의도를 보다 직접적으로 드러내었다. 내용면에서는 일본사A는 근현대 역사를 강조하는 관점을 분명히 하였다. 특히 개국 전후부터 제2차 세계대전 종결까지를 하나의 단원으로 통합하여 연속적으로 파악하게 하였다. 일본사B는 자료, 해석, 설명, 논술의 단계를 명시하여 자료 활용의 기능을 분명히 하였다. 또한 통사 부분의 중항목을 통합하여 내용의 중점화와 대강화가 더욱 진전되었다. 세계사A의 경우는 지리와의 연관성을 높였으며, 세계사와 일본사의 관계를 강조하였고, 전근대사를 다소 축소하는 반면 현대사를 강화하였다. 세계사B도 지리와의 연관성을 강조하였고, 주제 학습을 위한 중항목을 신설하였다. 동남 아시아를 하나의 지역 세계로 추가한 것도 특징이다. 전체적으로 주제 학습을 강조하였으며, 자료 활용 학습을 중시하였다. 지리역사과 내의 과목간 연관성을 높인 점도 특징이었다.

---

49) 교육과학 기술부, 2009 ≪사회과 교육과정≫

## 2. 한국 고등학교 역사 교육과정의 변천

### 가. 교수요목(1946년)

#### 1) 편제[50] 및 목표

1946년 9월부터 교수요목이 적용되면서 역사는 사회생활과에 포함되었다.[51] 사회생활과는 공민, 지리, 역사, 실업을 총괄하여 편성한 교과였으며, 특히 민주 시민의 육성에 주안점을 두었다.

사회생활과 교수요목[52]은 '통합'을 목표로 했지만 실상은 '분과'로 운영되었다.[53] 중학교 4학년 또는 5학년에서[54] '인류 문화의 발달'(세계사 내용) 또는 '우리나라 문화'(국사 내용)를 2시간 또는 1시간씩 부과하였다. 이는 중학교 1~3학년에서 공부한 것을 심화시켜 학습하게 하려는 것이지만, 3학년 과목인 '인생과 사회 : 문화'는 거의 가르치지 않았고 '우리나라 문화'를 연장하여 가르쳤다.[55]

---

50) 과목 편제 및 주당 교수 시수표는 V장 1절 한・일 교육과정 비교에서 제시하였으므로 중복을 피하기 위해 여기서는 표로써 제시하지 않았다.

51) 1946년 12월에 국민학교 교수요목이 발표되었고, 약 1년 뒤에 중학교 교수요목이 발표되었다. 1948년 정부가 수립되고 나서 교과서 검정이 실시되었고, 1949년부터 새로운 검정 교과서가 사용되기 시작하였다. [박진동, 2004 〈한국의 교원양성체계의 수립과 국사교육의 신구성〉 (서울대 박사학위논문, 서울) 125~200]

52) 중학교 사회생활과 교수요목은 현존하지 않은 것으로 알려졌기 때문에 박광희, 1965 〈한국 사회과 성립과정과 그 과정 변천에 관한 연구〉 (서울대 교육대학원 석사학위논문, 서울)를 인용하는 것으로 대신하여 왔다. 하지만 근래 재발견되었다.

53) 교수요목집은 통합을 염두에 두고 '얼마 동안만' 지리, 역사 및 공민의 세 부분으로 갈라서 분과적으로 교수한다는 단서를 달았다. 하지만 분과의 해체・통합 시도가 여러 차례 있었음에도 불구하고 현재까지도 고등학교는 사회과(교과) 중심이기보다는 분과(과목) 중심이다.

54) 이 시기에는 6-3-3-4 학제가 제시되었으나, 6년제 중학교가 있었고 3년씩 구분할 경우 초급중학교, 고급중학교로 구분하여 중・고등학교 구분이 명료하지 않았다.

55) 4~5년제였던 중학교가 6년제로 늘어났고, 고등학교가 중학교와 분명히 분리되지 못했으며, 새로 탄생한 사회생활과를 교수할 수 있는 능력이 부족했기 때문이었다. [홍

역사교육의 목표는 '교수상의 주의'에서 국사는 "민족의 자주 정신과 도의 관념의 함양 및 문화의 전승 발전"에 유익하게 하는 동시에 "완전 자주 독립에 이바지"하도록 하여 애국심을 강조하였다.[56] 세계사는 세계적 안목을 가지고 "이웃 나라 역사, 먼 나라의 역사와 우리 나라의 역사와의 호상 관련성에 유의"[57]하도록 하여 국사와의 상호 관련성을 강조하였다.

## 2) 내용

중학교 1~3학년의 내용을 설문식으로 제시한 것과는 달리, 4~6학년의 내용은 단원의 목차만을 제시하였다. 고등학교 과정이 정착되기 전이었으므로 진술과 운영에서 상대적으로 소홀했던 것으로 이해된다. '우리나라 문화'와 '인류문화의 발달' 과목의 내용 체계는 〈표 V-2-1〉과 같다.[58]

〈표 V-2-1〉 교수요목 '우리나라 문화'와 '인류문화의 발달'의 내용 체계

| 우리나라 문화 | 인류문화의 발달 |
|---|---|
| 1. 고대의 문화 | 1. 인류의 처음 |
| 2. 삼국의 문화 | 2. 역사의 새벽 |
| 3. 신라 및 발해의 문화 | 3. 한민족의 통일 국가의 이룸과 그 문화 |
| 4. 고려조의 문화 | 4. 고대 인도의 사회와 불교 |
| 5. 근세 조선의 문화 | 5. 지중해의 문화 |
| 6. 최근세의 문화 | 6. 한민족의 극성 시대 |
| 7. 민족성 | 7. 유우롭의 중세기 사회 |
| 8. 조선 문화와 세계 문화 | 8. 사라센 문화 |
|  | 9. 동서 문화의 교류 |
|  | 10. 근세 서양의 세 가지 큰 새 사실 |
|  | 11. 유우롭에서의 두 가지 큰 혁명 |

웅선, 1992 〈최초의 사회생활과 교수요목의 특징〉 ≪한국교육≫ 19, 42|
56) 문교부, 1948 ≪중학교 사회생활과 교수요목≫ 46
57) 문교부, 1948 ≪위 책≫ 46
58) 문교부, 1948 ≪위 책≫ 71~72

| | 12. 명 청 문화의 특징 |
| --- | --- |
| | 13. 동서 문화의 융합 |
| | 14. 두 번 세계 대전과 평화 운동 |
| | 15. 현대 문명의 특질 |
| | 16. 문화 사상으로 본 우리 민족의 사명 |

'우리나라 문화'는 왕조사 중심의 통사적인 구성이었다. 중학교와는 달리 왕조명과 시대구분 용어를 혼용하고, '문화' 용어를 일관하여 붙였다. 과목명이 문화사였고 중학교와 차별을 고려한 것이다. 전체 8개 단원 중에서 고대사가 5개 단원으로 전체의 60% 이상을 차지하였고, 중세사, 근세사, 근·현대사에는 각각 1개 단원뿐이었다. 교수요목의 '교수상의 주의'에서는 현대사를 강조한다고 밝혔으나,[59] 실제는 고대사에 집중되었다. 일제에 의해 훼손된 민족적 자긍심을 회복하고 자주적인 민족의식을 되찾고자 하는 시대 분위기에서 단군 이래의 고대사가 중시되었으며, 근현대 역사는 학술적 성과가 미진한 형편이 반영되었다.[60]

'인류 문화의 발달'은 인류의 기원부터 중국, 인도, 지중해 문명, 서구문명, 제1·2차 세계대전 및 세계평화 운동을 다루었다.[61] 전체 16개 대단원으로 구성하였다. 서양사의 비중이 높고 동양사에서는 중국사의 비중이 높았다. 반면에 일본사의 단원명은 보이지 않는다. 해방 직후 반일 상황도 반영되었겠으나, 중국 중심의 편중된 구성이기 때문이었다.

---

59) 교수요목은 "교재의 배열은 대개 시간순으로 하였으나 그렇다고 하여 동일 사실을 토막 토막 끊치 아니하고 늘 사실의 연관성을 붙여 왔으며 상고는 간략히 다루고 시대가 가까워질수록 자세히 다루어 현대 생활을 똑 바로 이해하도록 힘썼다."고 밝혔다. [문교부, 1948 ≪위 책≫ 45]

60) 최상훈, 2001 〈역사과 교육과정의 재고〉 ≪역사교육의 방향과 국사교육 - 윤세철교수정년기념역사학논총2≫ (솔, 서울), 187~188 ; 윤종영, 1991 〈국사 교육의 변천과 과제 : 고등학교 교육과정을 중심으로〉 ≪실학사상연구≫ 2, 175

61) 이러한 내용구성은 문명권을 중심으로 세계사를 보려는 시각으로 지금까지 이어져 내려오는 내용선정 및 조직방식이라고 하겠다. [문교부, 1948 ≪앞 책≫ 69~71 ; 최상훈, 2001 〈위 논문〉 188]

### 3) 방법 및 평가

교수요목은 교수·학습 방법을 독립적으로 진술하지 않았다. 평가에 대해서는 언급이 없다. '교수 상의 주의'에서 방법과 관련된 몇가지를 확인할 수 있다. 이를 요약하면, 첫째, 과거 사실을 현재와 연관지으며 당면 문제의 역사적 원인을 이해하여 문제 해결력 신장, 둘째, 문제가 되는 사실을 파악하고 비판하는 능력 양성, 셋째, 여행, 원족, 관찰, 자료 수집 등 실물학습 강조, 넷째, 사실의 경과보다 인과 관계 중시 등을 강조하였다.[62]

### 나. 제1차 교육과정(1955년 공포)

### 1) 편제 및 목표

1차 교육과정에서 고등학교는 사회생활과라 하지 않고 사회과라 하였다. 일반사회, 도덕, 국사, 세계사, 지리 등 5과목(분과)[63]으로 구성하였다. 이 때부터 필수와 선택의 구분이 생겨, 국사, 일반사회, 도덕은 필수였고, 세계사와 지리는 선택이었다. 필수와 선택으로 볼 때, 국사에 비해서 세계사 교육이 약화되었다.[64]

국사와 세계사 과목은 2학년 또는 3학년에서 이수하도록 하였고, 학습 순서는 단위 학교에서 정할 문제였다. 교수요목 때보다 시수가 1단위씩 증대되었지만, 세계사가 선택과목이었으므로 시수가 증가하였다고 보기 힘들다.[65]

---

62) 문교부, 1948 ≪앞 책≫ 45~46

63) 1차 교육과정에서는 과목을 '분과'로도 표기하였다.

64) 윤종영, 1991 〈앞 논문〉 175. "전통적 교육을 지양하고 민주주의 이념 위에 교육을 세운다"는 혁신주의적 교육관이 크게 반영됨으로 해서, 세계사 교육이 크게 위축되었다고는 보기 힘들다는 견해도 있다. 임지현, 1986 〈서양사교육의 과거와 현재― 중등교육을 중심으로〉 ≪역사교육≫ 40, 17

65) 반면에 일반사회가 공민을 대신하여 등장했으며 공민 영역(일반사회+도덕)의 상대적 비중이 높게 되었다. [최병모, 1992 〈사회과 교육과정 개발의 체제적 접근〉 (한국교원대학교 박사학위논문) 172 ; 김홍수, 1992 ≪한국역사교육사≫ (대한교과 서주식회사, 서울) 206]

실업학교 세계사를 위해서 '실업 학교를 위한 세계사 과정'에 따라 최소한 1단위를 일반사회 시간 안에서 부과할 수 있도록 한 점도 특징이다.[66]

1차 교육과정은 사회과 전체에 대한 목표 진술이 없고, 각 분야별로 교과목표라는 항목이 설정되었다. 하지만 역사 분야는 목적을 설정하지 않고, 이해, 기능, 태도의 구분도 하지 않았다. 국사와 세계사를 나누어 '고등학교 국사 지도 요령'과 '고등학교 사회과 세계사 지도 목표'를 제시하였다.

고등학교 국사 지도 요령은 ①나열적인 기억에서 탈각시키고 시대의 구조적 특질과 상호간의 맥락을 골격으로 과학적인 국사 체계 파악, ②민족의 미점과 우수성을 발굴하여 민족애 철저 및 결점과 후진성을 판별하여 반성하며, 현재의 위치와 실천의 계기에서 국사 이해, ③세계사적으로 지니는 연관에 유의, 국사의 특수성과 일반성을 함께 이해, 세계 사조의 진전에 기여하는 태도 배양 등 3개 항이었다.[67]

세계사의 지도 목표는 ①세계사 개념 이해를 통한 현대 사회의 역사적 지위 파악, 바른 사회관과 건전한 상식의 소유자 육성, ②역사적 사고력을 가지고 현대 사회의 제문제에 대한 정확한 비판과 건전한 판단 능력 함양, ③우리의 세계사적 지위 이해, 민족의 사명 자각, 개인 활동의 바른 길, ④문화유산을 향유함으로써 심미적 정서 함양, ⑤인류 공영의 이상을 실현할 수 있는 국제 협력의 정신 육성, 인류 평화에 기여 등 5개 항이었다.[68]

세계사의 목표는 5개 항으로 국사의 3개 항과 수적인 균형이 고려되지 않았고, 국사가 '지도 요령'이라 한 것과는 달리 '지도 목표'라 하였으므로 국사와 세계사의 진술 체계가 일관된 체계를 갖추지 못했다. 한편 역사적 사고력을 교과목표로 제시한 것은 역사의 본질을 깨닫게 하려는 의도가 있

---

66) 문교부, 1986 ≪초 · 중 · 고등학교 교육과정(1946~1981) : 사회과 · 국사과≫ 313~314

67) 문교부, 1955 ≪고등학교 교육과정≫ '고등학교 국사 지도 요령' ; 김홍수, 1992 ≪앞 책≫ 208 ; 최상훈, 2001 〈앞 논문〉 180

68) 문교부, 1955 ≪앞 책≫ '고등학교 사회과 세계사 지도 목표'

으므로 의미가 크다.[69]

## 2) 내용

역사 과목인 '국사'와 '세계사'의 내용 체계는 〈표 V-2-2〉와 같다.[70]

〈표 V-2-2〉 1차 교육과정의 고등학교 국사, 세계사의 내용 체계

| 국사 | 세계사 |
|---|---|
| 1. 선사 시대의 문화<br>2. 부족 국가 시대의 문화<br>3. 삼국 시대의 문화<br>4. 통일 신라와 발해의 문화<br>5. 고려의 문화<br>6. 조선 전기의 문화 (1392-1592)<br>7. 조선 중기의 문화 (1593-1863)<br>8. 조선 후기의 문화 (1864-1910)<br>9. 현대 문화와 우리의 사명 | 1. 고대 문명<br>2. 중세 유럽과 아시아<br>3. 근세 세계의 성립과 발전<br>4. 현대의 세계<br><br>■ 실업학교 세계사<br>1. 근대 이전의 세계<br>2. 근대 세계의 성립 과 발전<br>3. 현대의 세계 |

국사는 9개 대단원으로 편성하였으며, 단원 안에서 단원 목표와 내용을 제시하였다. 시대구분에 있어 왕조사의 테두리를 고수하고 있으며, 단원에 따라 학습 목표를 제시하고 그와 연관된 학습 내용을 제시한 점 등에서 기본틀이 중학교와 큰 차이가 없다. 형식적으로는 중학교가 설문식으로 제시된 데 비해 고등학교는 단원명으로 제시된 점에서 차이가 있다.

9개 단원에서 1단원을 제외하고는 해당 시대의 문화를 나타내고 있어, 문화사를 중심으로 구성하되 왕조사 중심의 연대기적인 방식이다.[71] 시대 배분은 고려 시대 이전 단원이 전체의 반이 넘는 5개 단원으로 되어 적정하

69) 최상훈 2001 〈앞 논문〉 181

70) 문교부, 1986 ≪앞 책≫ 305~313

71) 중단원 수준에서는 중·고등학교가 거의 같은 구성을 보인다. 중학교에도 사회와 문화를 다루는 중단원이 설정되어 있고, 고등학교에도 정치적·제도적 내용이 적지 않게 포함되어 있기 때문이다. [최상훈, 2001, 〈앞 논문〉 188 ; 방지원, 2006 〈역사교육의 계열화 연구〉 (한국교원대학교 박사논문), 49]

지 배분되지 못하고 고대사의 비중이 컸다.[72] 조선 시대를 임진왜란과 흥선대원군을 기점으로 3개 시기로 구분한 것도 특징이다. 중요한 역사적 사건에 기준을 둔 구분일 뿐 시대적 성격에 의한 시대 구분의 의미는 찾을 수 없다.[73] 각 단원의 주제 선정은 분류사적인 특징을 고려하여, 정치변화, 대외관계, 사회경제, 신앙풍속, 학술 예술 등으로 나누었다.[74] 세계사와의 관련성은 민족사의 전개를 주요 흐름으로 제시되어 세계사적 이해를 찾기 힘들다.[75]

세계사는 4개 대단원으로 구성되었으며, 국사와 동일하게 각각의 단원 안에 단원 목표와 내용을 제시하였다. 단원명은 왕조 중심에서 벗어나 고대, 중세, 근대, 현대라는 시대구분법에 의거하여 구성하였다. 또한 시대구분에 따라 동서양을 하나의 단원에 포함하여 편제하였다.[76] 동서양의 역사가 통합되거나 세계사의 비중이 상대적으로 감소되었지만, 여전히 서양사 교육의 비중이 상대적으로 높았다.[77] 단원수가 많지 않으므로 한 단원 내에서 지역을 확연하게 구분하기 보다는 함께 다루어야 하였다. 결국 동양사는 중국 중심으로 다루고, 서남 아시아가 제시된 것에 비해 동남 아시아는 배제되어 있는 등 지역 구분과 균형에 대한 원칙이 불충분하였다.

한편, 세계사는 '실업학교를 위한 세계사 과정'을 별도로 제시하였다. 일

---

72) 이러한 문제 때문에 이 시기에는 교육과정이 정착되면서 현대사 교육을 강화해야 한다는 논의가 나타나기도 했다. 이성수, 1958 〈역사교육 목표론〉 ≪역사교육≫ 3 ; 이원순, 1961 〈역사교육에 신전환을 위하여〉 ≪역사교육≫5 ; 임하영, 2005 〈한국근현대사 교육의 변천과 쟁점〉 ≪한국근현대사 교육론≫ (선인, 서울), 49

73) 김흥수, 1992 ≪앞 책≫ 211~212

74) 윤종영, 1991 〈앞 논문〉 176

75) 문교부, 1955 ≪중학교 교육과정≫ '우리나라 역사 지도 내용' ; 문교부, 1955 ≪고등학교 교육과정≫ '고등학교 국사 지도 내용'

76) 문교부, 1986 ≪앞 책≫ 310~313. 이러한 구분은 시대를 너무 길게 구분하였고 해당 시대(단원) 안에서 서양과 동양이 혼재되어 있어 학습에 혼돈을 줄 수 있었다.

77) 차하순, 2006, 〈한국 서양사학계의 형성: 1945~1959〉 ≪한국의 학술연구 -역사학 -≫ (대한민국학술원, 서울) 443

반 고등학교의 세계사 대단원 4개에 비해서 적은 3개를 제시하여 내용을 단순화하고 간략하게 한 것이 특징이다.[78] 하지만, 실업학교 교육과정에 근거한 교과서가 별도로 발간되지는 않은 것으로 보인다.[79]

### 3) 방법 및 평가

1차 교육과정은 중학교 국사와 세계사의 경우 지도상의 유의점이 제시된 것과는 달리, 고등학교 국사와 세계사에는 지도상의 유의점이 제시되어 있지 않았다.


## 다. 제2차 교육과정(1963년 공포)

### 1) 편제 및 목표

2차 교육과정부터는 초·중·고 모두 사회과로 통일하였다. 중학교가 지리, 공민, 역사의 과목 구분 없이 명칭으로나마 사회과로 통합된 데 비해서, 고등학교는 과목이 더욱 분화되어 5개에서 7개 과목으로 증가하였다.

국사, 일반사회, 세계사는 그대로 유지되었고, 도덕은 국민윤리로 명칭이 바뀌었고, 지리는 지리Ⅰ과 지리Ⅱ로 개정되었으며, 정치·경제가 신설되었다. 국민윤리의 신설로 반공 교육이 강조되었다.[80] 또한 인문 과정, 자연 과정, 직업 과정, 예능 과정 식으로 구별하였다. 이에 따라 공통 이수와 과정 이수를 구분하였는데 국사와 세계사는 모두 공통 필수였고 6단위씩이었다.[81] 세계사는 이전 교육과정에 비해 선택에서 필수가 되었다.

---

78) 이경섭, 1997 ≪한국현대교육과정사 연구(상)≫(교육과학사, 서울) 139~140

79) 문교부, 1986 ≪앞 책≫ 313~314

80) 박광희, 1965 〈앞 논문〉, 70-71 ; 최병모, 1992 〈앞 논문〉 173 ; 김홍수, 1992 ≪앞 책≫ 237

81) 2차 교육과정은 학년제 시간제를 없애고 단위제를 채용하였다. 1단위는 50분을 단위 시간으로 하여 한 학기(18주 기준)동안 시간을 이수함을 말한다. 단위제는 학교

목표는 사회과 목표가 있고, 그 아래에 과목별 '지도 목표'가 제시되었다. 국사 과목의 '지도 목표'는 ①민족애를 철저히 하며 민족적 과업 달성을 위한 올바른 달성과 민주국가 발전에 기여하는 태도 함양, ②각 시대의 종합적 이해, 문화 유산을 존중하는 태도와 새 문화의 창조 발전에 공헌하는 능력 배양, ③세계사와의 연관에 유의, 국사의 특수성과 일반성 이해, ④우리나라의 세계적 지위 이해, 반공 사상 강화, 세계 평화 건설에 이바지함 등이다.[82] 특히 반공교육이 공식화되었다.[83]

세계사 과목의 지도 목표는 ①현대 세계의 문제에 대한 역사적 배경 파악, 비판력 함양, ②역사적 특성과 보편성을 함께 이해시켜 세계 평화와 인류에 공헌, ③우리 민족의 역사적 사명 자각과 자주 통일에 이바지함 등이다.[84] 대한민국의 국민으로서의 자각과 책임감을 배양함과 동시에, 민족적 편견을 피하고 세계사적 시야에서 우리나라의 처지를 똑바로 이해할 수 있는 역사적 사고력에 따라, 경험과 전망에 토대를 두는 역동적인 역사 교육을 위하여 설정된 것이었다.[85]

## 2) 내용

고등학교 국사와 세계사의 내용 체계는 〈표 V-2-3〉과 같다.[86]

---

의 사정에 따라 어느 학년에서도 이수가 가능하게 되었음을 의미한다.

82) 문교부, 1963 ≪고등학교 교육과정≫ ; 문교부, 1986 ≪앞 책≫ 332 ; 문교부, 1963 ≪고등학교 교육과정 해설≫

83) 목표 수준에서 반공교육이 공식적으로 제시된 것은 2차 교육과정에 이르러서였다. 이신철, 2006 〈국사 교과서 정치도구화의 역사〉 ≪역사교육≫ 97, 189

84) 문교부, 1963 ≪고등학교 교육과정≫; 문교부, 1986 ≪앞 책≫ 335

85) 문교부, 1963 ≪고등학교 교육과정 해설≫

86) 문교부, 1986 ≪앞 책≫ 332~336

〈표 V-2-3〉 제2차 교육과정 고등학교 국사, 세계사의 내용 체계

| 국사 | 세계사 |
|---|---|
| (1) 역사의 시작<br>(2) 부족 국가 시대의 생활<br>(3) 삼국 시대의 생활<br>(4) 통일 신라 시대의 생활<br>(5) 고려 시대의 생활<br>(6) 조선 시대의 생활<br>(7) 조선의 근대화 운동<br>(8) 민주 대한의 발달 | (1) 고대 생활<br>(2) 중세 유럽과 아시아 여러 민족의 생활<br>(3) 근세 세계의 생활<br>(4) 현대 세계의 생활 |

국사의 '지도 내용'은 단원별 목표 없이 단원명만 제시하였다. 1차 교육과정은 문화사 중심이었지만, 2차에서는 생활사 중심이었다. 이 점은 중학교와도 같아 계열성 문제가 발생하였다.[87] 시대구분은 1차 교육과정과 같이 왕조 중심의 단순한 연대기적 구분이었다. 조선은 전·후기로 구분하지 않았다. 하지만 8개 단원 중에서 근현대사에 해당하는 것은 2개 단원에 불과하며, 일제 강점기를 포함한 7단원에서조차 조선이란 왕조명을 사용한 점 등 단원 구분이 명료하지 못했다. 한편 문교부는 1963년에 검정 교과서의 내용상 혼란을 막기 위해서 '국사교육 내용 통일안'을 만들었다. 이것이 ≪편수자료≫에 수록되어 준법제적인 성격을 갖고 이후 교과서 편찬의 근거가 되었다.[88]

세계사는 4개 단원으로 나누고 고대, 중세, 근세, 현대로 구분한 후 각 단원내에서 동양과 서양을 함께 다루었다. 이는 1차 교육과정과 동일하였다. 단원명에 생활을 붙여 생활사 중심임을 밝혔다. 특히 세계사는 동양사와 서양사의 구분을 폐지하였고, 종래의 서양사 편중에 치우치지 않도록 아시

---

87) 이것은 민족의 자주적 생활능력 함양과 경제건설에 역점을 두어 국가와 시대적 요청에는 부응하려는 것이었다. 하지만 중·고 국사 내용의 유사성이 발생해서 계열성 확립에 많은 문제점을 초래하였다. [윤종영, 1991 〈앞 논문〉 178]

88) 문교부, 1964 ≪편수자료≫ 5집 ; 최상훈, 2001 〈앞 논문〉 186

아사에 좀더 관심을 가지도록 하였다. 우리나라가 아시아 지역에 속한 나라일 뿐 아니라 역사적으로 발전한 동일 문화권 내에 속하며, 현대 사회의 여러 문제를 해결하는 데 있어서도 아시아의 근대사를 경시할 수 없는 중요성을 가지고 있기 때문이다.[89]

### 3) 방법 및 평가

고등학교 국사와 세계사 모두 '지도상의 유의점'을 제시하였다.

고등학교 국사의 지도상의 유의점은 ①역사적 사실을 이해시키는데 그치지 않고 민족의 앞날 개척에 공헌할 수 있는 국민이 되도록 지도, ②사회과 다른 과목과의 관련에 유의, ③각 시대의 성격, 시대와 시대의 관련성 바르게 이해, ④문화적 사실은 발달, 전후 시대와의 연관, 다른 나라 문화와의 관계에 유의, ⑤삽화 및 시청각 교재 활용, 연표와 역사 지도 활용, 학생의 자발적 학습의 전개 고려 등이었다.[90]

고등학교 세계사의 지도상의 유의점은 ①중학교 학습 경험을 고려한 체계적 계통 학습 전개, ②시대의 특징을 종합적 체계 위에서 연관성 있도록 지도, ③사회, 경제, 사상의 문화 생활 중시, ④세계사의 사상과 문화를 자존 배타, 拜外事大하는 폐단 지양, ⑤자주성이 민족 흥망의 관건이므로 조국 발전에 대한 사명감 지도, ⑥자학자습의 흥미 중시 및 학습 내용의 통일성과 연관성 유의 등이었다.[91] 이것에서 볼 때 강의 중심의 지도에서 벗어나 다양한 자료를 활용하여 학생의 활동을 진작시킬 것을 의도하였다.[92]

---

89) 문교부, 1963 ≪고등학교 교육과정 해설≫

90) 문교부, 1963 ≪고등학교 교육과정≫ ; 문교부, 1986 ≪앞 책≫ 334 ; 김홍수, 1992 ≪앞 책≫ 241 ; 최상훈, 2001, 〈앞 논문〉 194

91) 문교부, 1963 ≪고등학교 교육과정≫ ; 문교부, 1986 ≪앞 책≫ 337

92) 최상훈, 2001, 〈앞 논문〉 194

라. 제3차 교육과정(1974년 공포)

### 1) 편제 및 목표

국사과가 사회과에서 분리되어 독립 교과가 되었지만 세계사는 그대로 사회과 속에 포함되었다. 세계사가 사회과에 잔류하여 역사교육의 이원화를 가져왔지만, 국사교육은 강화된 결과였다.[93] 국사는 공통 필수과목으로 6단위였고, 학년을 고정하지 않았다.[94] 세계사는 인문계열에서는 필수였고, 자연과 직업계열에서는 선택으로 부과되었다.

국사과가 분리되었기 때문에 목표도 별도로 제시되었다. 사회과의 경우 사회과 '일반 목표'를 제시하고 과목별로 목표를 제시한데 비해서, 국사는 교과이자 과목이기 때문에 목표만을 제시하였다.[95] 목표는 ①올바른 민족사관 확립, 민족적 자부심 함양, 민족 중흥에 이바지함, ②각 시대에 대한 종합적이고 발전적인 파악을 통해 현재와 미래에 대비하는 능력 배양, ③국사의 특수성과 세계사적 보편성 인식, 민족사에 대한 긍지를 가짐, ④전통 문화의 인식, 외래 문화를 수용하는 바른 자세, 새 문화 창조에 이바지하는 태도, ⑤전통적 가치를 비판적으로 파악, 투철한 역사 의식, 당면한 국가 문제 해결에 적극 참여하는 자세를 키움 등 5개 항이다.

이 중에서 ①, ②항 등은 이전과는 다르게 제시된 것이다. 즉, '국적있는 교육'이라는 시대적 요청을 반영하여 주체성 확립, 민족 중흥을 강조하고 있으며, 전통 문화에 대한 올바른 인식, 새문화 창조 등 새로운 고등학교 국사교육 방향을 제시하였다. 그 외에 단원별로 단원 목표를 설정하였다.

세계사는 사회과에 속하였으므로 사회과 일반 목표가 2개항이 제시되

---

93) 윤종영, 1991 〈앞 논문〉 179
94) 대부분의 학교에서는 2학년에서 1시간을, 그리고 3학년에서 2시간을 배정하였는데, 이는 당시 시행되고 있었던 대학 입학 예비고사에서 국사의 점수 비중이 높았으므로, 이에 대비하여 3학년에 집중시키는 경향이 있었다.
95) 문교부, 1986 ≪앞 책≫ 357

고, 세계사의 목표가 제시되었다. 그것은 ①문화사적인 면에서 종합적 이해, 우리나라의 세계사적 위치 인식, 인류 문화의 향상에 이바지함, ②세계사적 사실의 상호 연관과 인과 관계 파악, 폭넓은 역사 의식과 역사적 통찰력 가짐, ③전통 문화의 터전 위에 세계 문화 수용, 민족 문화 발전에 이바지하려는 태도 등 3개항이다. 각각 중학교와의 계열성, 역사적 사고력, 객관적·주체적 태도를 제시하고,[96] 각 단원마다 단원의 내용과 결부하여 단원 목표를 제시하였다.[97]

## 2) 내용

고등학교 국사와 세계사의 내용 체계는 〈표 V-2-4〉와 같다.[98]

〈표 V-2-4〉 3차 교육과정 고등학교 국사, 세계사의 내용 체계

| 국사 | 세계사 |
|---|---|
| 가. 고대 사회<br>나. 고려 사회<br>다. 조선 사회<br>라. 근대 사회<br>마. 현대 사회 | 가. 인류 문화의 시작<br>나. 서양 세계의 발전<br>다. 동양 세계의 전개<br>라. 서양 근대 사회의 발전<br>마. 동양 사회의 변혁<br>바. 현대 세계와 우리 |

국사는 단원 구분을 왕조중심의 연대기적 방법에서 탈피하여 각 시대의 사회·경제적 시대 성격을 명확히 나타낼 수 있는 시대구분법을 도입하였다. 우리 역사의 전시대를 5분법으로 구분하여 시대 성격을 규정하는 고대, 근대 등의 명칭을 사용하였다. 이러한 시대 구분은 시대의 사회·경제

---

96) 세계사 목표에서 역사의식의 통찰력에 대한 언급은 1차 교육과정에 제시된 역사적 사고력의 육성과 맥을 같이 하는 것이다. [최상훈, 2001 〈앞 논문〉 182]

97) 문교부, 1974 《고등학교 교육과정》 ; 문교부, 1986 《앞 책》 351

98) 문교부, 1986 《앞 책》 349~350, 357~359

적인 성격을 바탕으로 역사를 종합적이고 체계적으로 이해하도록 하는 것이다. 그러나 중세와 근세의 시대 성격을 규명하지 못하여 고려, 조선이라는 왕조명을 그대로 사용하였다.

단원을 시대로 구분하여 고대에서부터 현대에 이르기까지 각각 한 단원으로 구성한 것은 과거에 비하여 근현대사의 비중이 높아졌다.[99] 중학교와의 내용상의 수준 차이를 고려하여 문화사와 사회·경제적인 측면에 보다 치중하려는 노력이 보이는 것은 한 단계 진보된 모습이다.

국사는 이전에 비해서 발해를 우리 민족사의 일환으로 파악하도록 한 점, 이민족의 침입에 맞선 고려인의 의지, 양란 후 일어난 새 사회 사조와 변혁, 개항 후 근대화 추진과 국권 상실을 세계사적 배경과 견주어서 파악하도록 한 점, 대한민국의 민족사적 정통 계승 등의 내용을 강화하였다. 국사교육의 강화는 국사 교과서의 국정화로도 나타났다.[100] 그러나 국사교육 내용이 획일화되고 이에 이견을 가진 학자들의 반론이 제기되었으며, 이른바 재야사학자들의 반론도 고대사를 중심으로 제기되었다.[101]

세계사는 동, 서양을 구분하여 단원을 구성하였다. 이는 근대까지의 서양사와 동양사의 독자적인 발전과 역사적 특성을 중시하는 내용구성 방식을 적용한 것이다. 특히 동양사회의 변혁이란 단원은 아시아 각국의 근대화 운동의 특색을 강조함으로써 서양중심의 역사관에 대한 비판을 의식한 구성이었다.[102] 하지만, 중국사만 고대에서 현재까지 기술되어 있고, 그밖의 지역사는 단절된 공간이 많았다. 또한 서양사 중심의 시대구분법을 동

---

99) 그런데 주제명은 다른 단원의 주제가 4개씩인 것에 비해 근현대사 단원에서는 2개씩밖에 안되었다.

100) 김흥수, 1992 ≪앞 책≫ 277 ; 윤종영, 1999 ≪국사교과서 파동≫ (혜안, 서울) 80

101) 김흥수, 1992 ≪앞 책≫ 282

102) 김한식, 권오현, 1997 〈해방후 세계사 교육과정의 변천과 문제점〉 ≪역사교육≫ 61, 173~174

양사에 적용한 것도 문제였다.[103]

### 4) 방법 및 평가

국사 과목은 지도상의 유의점을 5개항으로 제시하였다. ①문화사적이며, 주제 중심으로 지도, ②정치, 경제, 사회, 문화를 종합적으로 파악, ③단편적 사실의 전달을 피하고 핵심 문제는 실례와 관련시킴, ④근대사와 현대사에 치중하되, 세계사 및 타 교과와 관련하여 지도, ⑤각종 학습 자료의 활용과 다양한 수업 형태의 개발 등이다.[104]

세계사 과목은 지도상의 유의점을 4개항으로 제시하였다. ①문화사적 면에서 종합적 지도, ②국사와의 연관성에 유의, ③자료 활용 학습을 통한 역사적 사고와 역사적 해석 기능 신장, ④주제 중심적인 학습 권장 등이다.[105]

그런데 현실은 중학교와 고등학교에서 진학을 위해 점수를 많이 얻기 위해서 내용암기식의 학습 방법이 유행하였다. 입시 문제는 역사적 사고력의 함양이나 문제 해결을 위한 탐구 학습을 회피하는 결과를 가져왔다.[106]

### 마. 제4차 교육과정(1981년 고시)

### 1) 편제 및 목표

고등학교 국사과는 독립 교과의 지위를 유지하였다. 시간 배당은 일반계 고등학교의 경우 공통 필수로 6단위이고, 실업계는 공통 필수 4단위였다. 세계사는 2단위를 공통 필수로 하되 인문·사회 과정에서는 2단위를

---

103) 최양호, 1976 〈고교 세계사 교육과정에 있어서 지역적 접근법에 의한 시안〉 《역사교육》 19, 4
104) 문교부, 1974 《고등학교 교육과정》 ; 문교부, 1986 《앞 책》 359
105) 문교부, 1974 《고등학교 교육과정》
106) 김흥수, 1992 《앞 책》 284

더 이수할 수 있도록 하였다.

국사과 교과 목표는 3차 교육과정과 달리 종합 목표를 먼저 제시하고 행동 영역별 목표와 단원 목표를 제시하였다.[107]

종합 목표는 '민족 사관 확립', '우리 역사에 대한 긍지', '민족 중흥에 이바지함'을 내세웠다. 이어서 행동 영역별 목표는 ①한국사 발전의 구조적 이해, 민족사의 특성 인식, 시대 성격 체계적 파악, ②한국사의 흐름을 다각적 분석, 과학적 해석, 현재적 관점에서 종합하는 능력, ③민족의 문화적 성과에 대한 긍지와 자부심, 새 역사 창조에 적극 참여하는 태도 등 3개항이었다. 즉, 고등학교 국사는 우리나라 역사를 문화사, 구조사적으로 접근하여 종합적으로 이해함으로써 민족사에 긍지를 가지고 나아가 민족 중흥에 이바지할 수 있는 한국인을 기른다는데 주안점을 두었다.

세계사 목표는 종합 목표 없이 5개 항의 행동 영역별 목표를 제시하였다. ①문화와 사회를 중심으로 종합적 고찰, 상호 관련성 이해, ②각 시대의 특성을 올바르게 이해, 현대 세계의 제문제 인식, ③문화권의 특수성과 공통성 이해, 우리나라의 세계사적 위치 인식, ④각종 자료 활용하여 역사적 사실의 의미 탐구, 역사적 통찰력 가짐, ⑤우리 문화의 터전 위에 세계 문화 수용, 인류 문화 발전에 이바지하는 태도 등이다.[108] 세계사의 목표에서 주목되는 점은 문화권 개념의 제시였다. 문화권 학습은 세계사를 구조적으로 파악하는 원리이자 내용구성원리와 학습방법원리의 성격을 가지는 것으로 이후 보다 중시되는 개념이다.[109] 국사교육과의 관련성을 강조한 것도 특징이었다.[110]

---

107) 문교부, 1981 ≪고등학교 교육과정≫ ; 문교부, 1986 ≪앞 책≫ 360

108) 문교부, 1981 ≪고등학교 교육과정≫ ; 문교부, 1986 ≪앞 책≫ 378

109) 김한식, 권오현, 1997 〈앞 논문〉 176

110) 최병모, 1992 〈앞 논문〉 180

## 2) 내용

고등학교 국사와 세계사의 내용 체계는 〈표 V-2-5〉와 같다.[111]

〈표 V-2-5〉 4차 교육과정 고등학교 국사, 세계사의 내용 체계

| 국사 | 세계사 |
|---|---|
| 1) 고대 사회의 성립과 발전<br>2) 중세 사회의 성장<br>3) 근세 사회의 발전<br>4) 근대 사회의 맹아<br>5) 근대 사회의 전개<br>6) 현대 사회의 발전 | 1) 인류 문화의 시작<br>2) 아시아 세계의 전개<br>3) 서양 세계의 전개<br>4) 아시아 사회의 변혁<br>5) 서양 근대의 발전<br>6) 아시아의 근대화<br>7) 현대의 세계 |

고등학교 국사의 내용은 대단원을 6개로 나누고 하위 단원명을 제시하였다. 내용 구성에서 고려를 중세로, 조선 전기를 근세로 하는 시대구분을 새롭게 시도하여 시대별 성격을 분명히 하였다. 6개 단원에서 근대 이후에 해당하는 단원이 3개 단원에 이르러 근·현대사의 비중이 증가하였다.[112] 근·현대사의 강조는 1970년대 말부터 증대되고 있던 근·현대사에 대한 시대적인 관심이 국사교육으로 표현된 것이라고 할 수 있다.[113]

3차 교육과정과 마찬가지로 주체적 입장에서 단원명을 나타내었다. 대외 관계도 좀더 적극적으로 '이민족과의 항쟁'이라고 표현하였다. 일본이나 일제를 내세우지 않고 '민족의 독립 투쟁'이라 하여 우리가 주체인 입장을 크게 부각시키는 단원명이 제시되었다. 또한 문화사와 사회경제사를 중심으

---

111) 문교부, 1986 《앞 책》 360~362, 378~380

112) 19세기 이후부터 현재까지 민족수난사, 투쟁사를 대폭 보강하여 근·현대사에 비중을 높였다. 우리나라 근대화가 외부의 충격이 아닌 우리 내부의 학문적 축적을 바탕으로 자생적으로 추진된 점을 강조하고 근대화의 태동을 조선 후기 실학운동으로 기술하여 학계의 새로운 학문 연구 성과를 반영하였다.(윤종영, 1991 〈앞 논문〉 181)

113) 김흥수, 1992 《앞 책》 284 ; 차미희, 2006 〈중등 국사교육의 내용 변천에 대한 연구〉(고려대학교 박사학위논문) 73~77

로 종합적인 내용으로 구성하여 중학교와의 차이를 뚜렷이 하려고 했다.

세계사는 아시아 역사 단원이 부각되었고 먼저 서술되었다. 고등학교의 경우에는 시대구분과 관련된 용어가 덜 사용했는데, 이는 중학교에서는 시대 구분에 따른 통사적인 서술을 하고, 고등학교에서는 문화권과 관련해서 문화사적인 서술을 하여 차이를 두었기 때문이다.[114] 즉, 중학교에서는 시대사적으로 접근하고 고등학교에서는 문화사와 사회 경제사를 중심으로 하여 세계사를 종합적으로 지도하도록 하였다. 이 때의 세계사는 종전의 서양사 중심, 중국사 중심, 근현대사 경시, 중 · 고등학교 계열성 경시 등의 문제점을 개선하고자 하는 노력이 두드러졌다.[115]

### 3) 방법 및 평가

종전의 '지도 상의 유의점'을 '지도 및 평가상의 유의점'으로 구성하여 평가를 별도로 제시하였다. 그러므로 4차 교육과정에서 교육과정의 체제가 완성되었다고 볼 수 있다. 평가에 관한 규정이 제시된 것은 그동안 지필 검사와 지식검사에 치중되어 왔던 교육 현실의 문제점을 시정하기 위한 노력으로 여겨진다.[116]

국사와 세계사의 지도상의 유의점은 "문화사와 사회 경제사를 중심으로 한 종합적 지도", "단편적 지식 전달 지양", "자료 활용을 통한 역사 탐구 능력 신장, 역사학의 연구 방법에 접할 수 있도록 지도" "근현대사를 중심으로 지도하되, 관련 학문의 성과 활용" 등이 공통으로 제시되었다. 이밖에 국사는 다각적 역사 고찰을, 세계사는 세계사의 흐름 속에서 우리 역사 파악을 강조하였다.[117]

---

114) 최상훈, 2001 〈앞 논문〉 191

115) 김한식, 권오현, 1997 〈앞 논문〉 176

116) 최상훈, 2001 〈앞 논문〉 185

117) 문교부, 1986 ≪앞 책≫ 362, 380~381

국사와 세계사의 평가상의 유의점은 "자료를 통한 사실 접근, 해석 능력 평가", "지필 검사 외에 조사, 관찰 등 여러 방법 활용, 종합적이고 고차적인 능력 평가"를 공통으로 제시하였다. 하지만 국사는 민족사의 종합적 이해와 핵심 개념에 대한 이해를 강조한 반면에 세계사는 전체적인 흐름, 시대 특성과 관련성에 대한 이해를 강조하였다. 과목 내용에 대한 이해의 심도가 달랐기 때문이다. 또한 국사는 전통 문화 보존과 새 문화 창조에 기여하려는 태도를 강조하였고, 세계사는 주체적 입장에서 이해하려는 태도를 중시하였다.[118]

## 바. 제5차 교육과정(1988년 고시)

### 1) 편제 및 목표

고등학교 국사는 독립 교과로서 일반계 고교는 6단위를, 실업계 고교는 4단위를 이수하도록 하였다. 세계사는 과정별 선택이어서 모두 이수하는 것은 아니지만, 4단위가 기준 단위로 4차보다 실질적으로 강화되었다. 실업계에서는 세계사, 사회문화, 세계지리 가운데 1과목을 선택하도록 되어 있으며 4단위를 이수해야 했다.[119]

'국사과'의 목표는 종합 목표와 행동 영역별 목표로 구성되었다. 종합 목표는 "구조적 파악, 발전의 특성 이해" "탐구 기능과 문제 해결 능력 함양", "새 문화 창조와 민주 사회 발전에 기여" 등을 제시하였다. 행동 영역별 목표는 ①한국사를 문화 및 사회·경제면 중심으로 파악하고 종합적으로 인식, ②한국의 전통과 문화의 특질을 세계사적 보편성과 관련시켜 인식, ③사실과 시대 성격을 객관적으로 해석하고, 현재적 관점에서 비교, 평가하

---

118) 문교부, 1986 ≪앞 책≫ 362~363, 381
119) 이병희, 2001 〈중·고등학교 국사교육 편제와 내용의 계열화〉 ≪한국사론≫ 31 (국사편찬위원회, 과천) 173

는 비판적 사고력, ④역사 자료를 조사, 분석, 종합하는 기능과 역사적 방법에 의한 문제 해결 능력, ⑤향토 문화, 민족 문화에 대한 자부심, 새 역사 창조에 참여하는 태도 등이다.[120] 4차 교육과정과 크게 다르지 않지만, 각 시대의 성격을 객관적으로 해석하고 이를 현재적 관점에서 비교, 평가할 수 있는 비판적 사고력을 강조하였다는 점이 특징이다.[121]

'세계사'의 목표는 과목 목표를 행동 영역별로 제시하고, 각 단원별로는 단원 목표를 제시하였다. 행동 영역별 목표는 ①각 시대와 문화권의 특성 중심 파악, 종합적 이해, ②현대 사회의 사회·문화적 기초 파악, 현대 사회의 제문제 인식, ③세계사를 통한 한국사의 특수성과 보편성 인식, ④자료 비판, 해석, 종합하는 탐구 과정의 훈련, 폭넓은 역사적 사고력 ⑤여러 나라의 문화와 전통에 대한 관심과 이해, 국제 협력과 인류 문화 발전에 이바지 등 5개항을 제시하였다.[122]

## 2) 내용

고등학교 국사와 세계사의 내용 체계는 〈표 V-2-6〉과 같다.[123]

국사는 4차 교육과정 때에 비하여 2개 단원이 수적으로 증가하였다. 그 중에서 '선사 문화와 국가의 형성'은 종래 고대 사회에 포함되었던 것을 단원으로 분리한 것이다. 이는 논란이 되었던 고조선의 역사성과 국가적 성격을 새롭게 제시하려는 시도였다. 또한 '민족의 독립 운동'은 일제의 침략으로 국권이 상실된 후의 민족 독립 운동을 체계적이면서 주체적 입장에서 이해시키기 위해서였다.[124]

---

120) 문교부, 1988 ≪고등학교 교육과정≫ 58
121) 최상훈, 2001 〈앞 논문〉 185
122) 문교부, 1988 ≪앞 책≫ 77~78
123) 문교부, 1988 ≪앞 책≫ 58~61, 78~80
124) 1980년대에 가열된 국사 교과서 내용 시비는 1980년대 초반에는 이른바 '일본의 역사교과서 왜곡 사건'을 계기로 재야사학자와 일부 언론을 중심으로 거세게 제기

〈표 V-2-6〉 5차 교육과정 고등학교 국사, 세계사의 내용 체계

| 국사 | 세계사 |
|---|---|
| 1) 선사 문화와 국가의 형성 | 1) 세계사와 우리의 생활 |
| 2) 고대 사회의 발전 | 2) 고대 문명의 성립 |
| 3) 중세 사회의 발전 | 3) 아시아 세계의 전개 |
| 4) 근세 사회의 발전 | 4) 유럽 세계의 전개 |
| 5) 근대 사회의 태동 | 5) 근대 유럽 사회의 발전 |
| 6) 근대 사회의 발전 | 6) 근대 아시아 사회의 발전 |
| 7) 민족의 독립 운동 | 7) 현대 세계의 시련 |
| 8) 현대 사회의 전개 | 8) 현대 세계의 변화 |

내용 구성은 연대사적 구조와 분류사적 구조를 조합하여 8개의 단원은 연대사로 설정하고 31개의 주제는 분류사로 구성하였다. 그리고 각 단원은 첫째 주제는 전환기의 역사로, 둘째 주제는 정치사로, 셋째 주제는 사회·경제사로, 넷째 주제는 문화사로 하였다.[125]

세계사는 4차 교육과정보다 단원수가 2개가 늘어났는데, 1단원을 도입 단원으로 하여 세계사의 성격과 학습 방법을 제시함으로써 세계사 학습을 위한 안내의 성격을 나타냈으며, 현대사의 비중을 높여 종래의 1개의 단원으로 하였던 현대사를 2개의 단원으로 구성하였다. 내용 구성상의 특징은 주제 접근 방법과 연대사적 접근 방법을 절충한 것이다. 고대에서 중세에 이르는 시기의 역사를 아시아와 유럽 사회로 나누고, 그 안에서 각 문화권의 발전 과정을 주제로 하여 시대의 흐름에 따라 연대사적인 학습을 할 수 있게 하였다.

---

되었다. 이에 따라 1986년에는 국사교육심의회가 구성되어 국사교과서에서 다룰 내용의 준거를 정하고, 문제가 되었던 내용서술의 통일안인 ≪국사교과서 내용전개의 준거안≫이 만들어져 국사 교육과정과 교과서 서술의 중요한 기준이 되었다. [최상훈, 2001 〈앞 논문〉 187 ; 윤종영, 1999 ≪앞 책≫ 97~177]

125) 국민학교는 사회과의 통합하되 사례사, 생활사, 인물사 중심으로 하고 중학교는 정치사를 강조하되 연대기적 구조와 주제중심 구조를 절충하고 고등학교는 문화·사상사를 강조하되 연대사적 구조와 분류사 중심의 구조를 절충하여 각급학교 국사 내용구조의 계열성을 확립하였다. [윤종영, 1991 〈앞 논문〉 182~183]

### 3) 방법 및 평가

5차 교육과정은 '지도 및 평가상의 유의점'을 제시하였다.

국사과의 지도상의 유의점은 ①문화사와 사회 경제사를 중심으로 한국사 이해의 체계를 세우도록 지도, ②근현대사 강조, 민족, 사회, 국가의 과제 해결이란 측면에서 인식, ③세계사와 관련시켜 지도, ④관련 학문의 연구 성과 활용, ⑤역사적 사실의 의미를 시대 및 전체 역사 속에서 파악하면서 역사적 사고력 신장, ⑥다양한 학습 자료와 수업 방법 활용, 탐구 능력 신장, ⑦향토 문화에 대한 이해, 민족 문화에 대한 관심과 긍지 함양 등이었다.[126]

세계사의 지도상의 유의점은 ①문화권이나 주제 중심으로 비교, 종합하여 인식 ②구조적 이해, 개념과 일반화에 중점 지도, ③근현대사 강조, 인접 학문의 성과 활용 지도, ④다양한 학습 자료 활용, 학생 탐구 능력 신장, ⑤우리 민족 문화의 특수성과 보편성 이해, 역사적 주체로서의 자아 인식 등이었다.[127]

국사와 세계사의 평가상의 유의점은 별도로 기술됨에도 불구하고 동일하게 진술되었다. ①단편적 지식 평가보다는 시대의 특성과 역사적 의미의 이해 정도 평가, ②지필 검사에서 평가하기 어려운 역사적 탐구 기능과 태도의 변화를 수업 관찰, 과제물 검사 등을 통해 평가 등이었다.[128] 2개항에 불과하여 항목수도 이전 교육과정에 비해 축소되었고 국사와 세계사를 동일하게 진술한 것은 평가의 중요성을 인식하지 못한 결과로 볼 수 있다. 이 점은 다른 사회과 과목에서도 유사하였다.[129]

---

126) 문교부, 1988 ≪앞 책≫ 61
127) 문교부, 1988 ≪앞 책≫ 80~81
128) 문교부, 1988 ≪앞 책≫ 62, 81
129) 최상훈, 2001 〈앞 논문〉 199

## 사. 제6차 교육과정 : 1992년 고시

### 1) 편제 및 목표

6차 교육과정의 가장 큰 특징은 3차 교육과정 이후로 독립 교과였던 국사가 다시 사회과에 속하게 된 점에 있다. 사회과 통합의 요구가 강력했기 때문이었다.[130] 국사는 6단위로 필수였고, 세계사는 6단위로 과정별 필수 과목이었다.

국사가 사회과에 포함되었으므로 사회과의 성격과 목표를 포괄적으로 제시한 다음에 과목별로 성격과 목표를 제시하였다. 국사 과목은 "우리 민족의 역사적 사실과 그 속에 내재된 역사적 가치를 다음 세대에게 교육하기 위해 설정"하였다고 하고, 이어서 민족의 정체성, 민족 문화 발전에 참여하는 정신 함양 등 지금까지 국사 과목이 가졌던 성격을 제시하였다.

목표는 행동 영역별로 제시하였다. ①한국사를 정치, 사회, 경제, 문화 영역별 파악, 종합적 이해, ②민족의 역사적 전통과 문화의 특성을 세계사의 보편성과 관련시켜 인식, ③역사 자료를 분석, 종합하는 기능과 역사 의식을 바탕으로 문제 해결하는 비판적 사고력 높임, ④향토사에 대한 관심과 향토 문화에 대한 애호심, ⑤역사의 발전 과정 인식, 새 문화 창조와 자유 민주주의 사회 발전에 참여하는 태도 등이었다.[131] 행동 영역별로는 ①, ②는 지식·이해 목표, ③은기능 목표, ④, ⑤는 가치·태도 목표에 해당한다.[132] 영역별 목표 제시로 볼 때 6차 교육과정에서는 지식·이해 영역의

---

130) 가령 통합의 시도로 공통사회 과목이 등장하였다. 이를 개발하게 된 발상은 기초적인 내용을 다루는 하나의 과목을 공통 필수로 하고 나머지는 선택으로 한다는 데 있었다. 하지만 사회과 전 영역에서의 통합은 대단히 어려운 작업이므로 공통 사회는 일반 사회영역과 한국 지리 영역으로 양분하여 구성하였다. [교육부, 1995 ≪고등학교 사회과 교육과정 해설≫ 49]

131) 교육부, 1992 ≪고등학교 교육과정(Ⅰ)≫ 132~133

132) 교육부, 1995 ≪고등학교 사회과 교육과정 해설≫ 146~147

목표가 강조되었고, 가치·태도면의 목표가 감소하였다는 점이 특징이라고 할 수 있다.[133]

세계사 과목은 "학생으로 하여금 인류의 역사를 살펴봄으로써 오늘날의 우리와 우리가 사는 국제 사회에 대한 이해를 심화시키고, 그 기반 위에서 현대 사회의 문제를 올바르게 인식하여 이에 대처하는 능력을 기르기 위해 설정"한 것이다. 각 지역과 민족의 역사를 균형 있게 다루기 위하여 '전체로서의 세계사'를 지향하였다. 타 문화에 대한 이해를 통해 평화로운 공존을 모색하는 계기를 마련한다는 것이 강조되었다.

세계사 과목의 목표는 ①문화권과 주제 중심 파악, 역사의 흐름을 체계적이고 종합적 이해, ②현대 사회의 사회·문화적 기초 파악, 현대 세계의 제 문제 인식, ③세계사를 통한 한국사의 특수성과 세계사적 보편성 인식, ④자료의 활용과 탐구 학습 과정을 통한 역사적 사고력과 문제 해결력 기름 ⑤인류 문화의 발전 및 국제 협력에 기여하려는 태도 등 5개 항을 제시하였다.[134] 세계사 과목의 목표는 5차 교육과정에서의 세계사 목표의 체계나 내용을 거의 그대로 따르고 있는 것이 특징이다.

## 2) 내용

고등학교 국사와 세계사의 내용 체계는 〈표 V-2-7〉과 같다.[135]

국사의 내용은 시대의 변천과 발전을 분야사를 중심으로 구조적으로 파악함으로써 사회를 종합적으로 인식하는 관점을 체득하게 하는데 중점을 두었다. 단원의 앞부분에서 한국사의 바른 이해가 추가된 것이 특징이다. 고등학교 국사의 내용 조직은 문화사를 중심으로 구성하되 사회경제사를 강

---

133) 최상훈, 2001 〈앞 논문〉 185
134) 교육부, 1992 《앞 책》 161~162
135) 교육부, 1992 《앞 책》 135~138, 163~168

<표 V-2-7> 제6차 교육과정 고등학교 국사, 세계사의 내용 체계

| 국사 | 세계사 |
|---|---|
| (1) 한국사의 바른 이해 | (1) 인류의 기원과 문명의 발생 |
| (2) 원시 사회와 국가의 성립 | (2) 고대 세계의 문화 |
| (3) 고대사회의 발전 | (3) 아시아 세계의 형성 |
| (4) 중세 사회의 발전 | (4) 유럽 세계의 형성 |
| (5) 근세사회의 발달 | (5) 서양 근대 사회의 전개 |
| (6) 근대 사회의 태동 | (6) 아시아 사회의 변화와 근대적 성장 |
| (7) 근대 사회의 전개 | (7) 현대 세계의 형성 |
| (8) 민족의 독립운동 | (8) 현대 세계의 발전 |
| (9) 현대 사회의 발전 | |

조하고, 발전적인 관점에서의 역사 해석도 수용하고자 하였다.[136] 단원구분에 적용된 시대구분은 5차 교육과정과 동일하며 대단원별로 시대상, 정치, 사회경제, 문화 분야를 4개씩 일관되게 중단원(주제명)을 제시하였다.[137]

세계사는 고대문명을 다시 한 단원에 모아서 서술하였고, 아시아 문화권과 유럽 문화권을 대비한 것이 특징이다.[138] 내용 진술을 형식면에서 주제명에 핵심 개념을 추가하였으므로, 교육과정의 내용이 이전에 비해서는 구체화되었다. 특히 일본사는 이전 교육과정에 비해서 고대부터 현대에 이르는 동아시아 세계 서술에서 일본사의 전개와 발전을 일관성있게 배정하고 있는 것이 특징이다.

### 3) 방법 및 평가

6차 교육과정에서는 방법과 평가를 분리하여 각각 별도로 구성하였다. 이 때부터 평가는 교육과정 체제의 독립된 주제로 편성된 것이 특징이다.

---

136) 교육부, 1995 ≪앞 책≫ 147~148
137) 형식면에서는 대단원별로 단원의 목표와 주제명을 진술한 것이 특징인데, 이전과 달리 중단원에 핵심 개념을 첨가하였다.
138) 최상훈, 2001 〈앞 논문〉 192

국사가 제시한 방법은 ①정치, 사회, 경제, 문화의 종합적 파악, 한국사 이해의 체계 지도, ②세계사와의 유기적 관계 파악, 민족사의 특수성을 세계사적 보편성과 관련 지도, ③인접 학문의 연구 성과 활용, ④역사적 사실의 의미를 시대와 전체 역사와의 연계하에서 파악, 역사적 사고력 신장, ⑤다양한 학습 자료 활용, 탐구 능력 신장, ⑥강의, 문답, 탐구·사료 학습 등 다양한 교수·학습 방법 활용 등이었다.[139]

세계사가 제시한 방법은 ①시대, 문화권, 주제를 중심으로 체계적 파악, ②인류 역사 발전을 민족과 문화를 배경으로 한 문제 해결 과정으로 인식, ③세계사 발전의 보편성, 다양한 문화를 비교하여 한국사의 특성 인식, ④인접 학문의 연구 성과 활용, 다양한 관점에서 역사 인식, ⑤강의, 문답, 토의, 탐구·사료 학습 등 다양한 교수·학습 방법 활용, ⑥다양한 학습 자료 활용, 탐구 능력 신장, ⑦시사 자료 적절히 활용, 급변하는 현대 세계에 관심 등이었다.[140]

국사가 제시한 평가는 ①단편적 지식의 평가보다는 시대의 특성과 역사적 의미 이해 정도 및 사고력 신장에 중점을 두어 평가, ②역사적 탐구 기능과 태도의 변화에 대해서는 관찰, 과제물 등 다양한 방법으로 평가, ③총괄평가 외에 진단 평가와 형성 평가를 활용, ④기본 지식 이해, 흥미, 관심, 학습 준비도, 역사적 사고력, 문제 해결 능력 등에 유의하여 평가 등이었다.[141]

세계사가 제시한 평가는 ①교육과정이 제시한 목표 준거, 총괄 평가, 진단평가, 형성 평가 실시, ②지필 검사에서 객관식 평가와 서술식 평가 병용, ③각 사실이 가지는 역사적 의미의 이해 정도 및 사고력 신장에 중점, ④탐구 기능과 가치, 태도에 대한 관찰, 과제물 등 다양한 방법 활용, ⑤기본 지식 이해도, 흥미, 관심, 학습 준비도, 역사적 사고력, 문제 해결 능력

139) 교육부, 1992 ≪앞 책≫ 151~152
140) 교육부, 1992 ≪앞 책≫ 168~169
141) 교육부, 1992 ≪앞 책≫ 139

등에 유의하여 평가 등이었다.[142]


## 아. 제7차 교육과정(1997년 고시)

### 1) 편제 및 목표

7차 교육과정은 초등학교 1학년부터 고등학교 3학년까지를 12학년으로 구분하고 1~10학년을 국민공통 기본교육 기간으로, 11~12학년을 선택중심 교육과정으로 설정하였다. 7차 교육과정의 또 다른 특징은 수준별 교육과정의 도입에 있었다.

'국사'는 사회과의 편제 속에 괄호 안에 병기함으로써 별도의 시수와 교과서를 확보한 채로 고등학교 1학년에서 국민공통 기본과목으로 4단위가 배당되었으며, 심화 선택과목으로 '한국 근·현대사'와 '세계사'가 8단위로 배정되었다. 한편 신설된 일반 선택 과목인 '인간 사회와 환경'은 통합을 지향한 과목으로 역사 내용의 일부가 반영되었다.

선택중심 교육과정은 역사를 선택하는 학생에게는 비교적 대단위로 그 과목을 이수하게 되어 심화하는 의미가 있지만, 선택하지 않는 학생은 국민공통 기본교과를 이수한 후 더 이상의 역사 과목을 이수할 수 없게 되는 문제점이 있었다. 특히 한국 근·현대사를 선택으로 하고 국사는 전근대사에서 그치게 되는 문제점은 이후 크게 부각되었다.[143]

10학년 '국사'는 "우리 민족의 정신과 생활의 실체를 밝혀주는 과목으로서, 우리 민족의 정체성을 함양"하는 과목으로 설정되었다.[144] '한국 근·현대사'는 "우리 민족이 근·현대의 세계 속에서 발휘해 온 역량을 주체적,

---

142) 교육부, 1992 ≪앞 책≫ 169

143) 결국 근현대사 내용을 보강한 사회과 교육과정 부분 개정이 이루어졌다.(2005년 12월 28일 교육인적자원부 고시 제2005-101호)

144) 교육부, 1997 ≪사회과 교육과정≫ 160 ; 교육부, 2001 ≪고등학교 교육과정 해설≫ 69

비판적으로 이해하고, 이를 토대로 하여 21세기 우리 민족사의 전개에 능동적으로 참여할 수 있는 자질을 기르도록 하는 데"에 목적을 두었다.[145] '세계사'는 "지구상의 인류가 어떻게 생활하였으며, 그 삶의 모습이 어떻게 변화하고 발전하여 왔는지를 다루는 과목"으로 설정하였다.[146]

## 2) 내용

고등학교 국사, 한국 근·현대사와 세계사의 내용 체계는 〈표 V-2-8〉과 같다.[147] 내용을 제시할 때, 주제명을 성취 기준 형식으로 제시하고, 기본과정과 심화과정을 구분하여 제시한 점이 특징이었다.

〈표 V-2-8〉 7차 교육과정 고등학교 국사,
한국 근·현대사, 세계사의 내용 체계

| 국사 | 한국 근·현대사 | 세계사 |
|---|---|---|
| (1) 한국사의 바른 이해 <br> (2) 선사 시대의 문화와 국가의 형성 <br> (3) 통치 구조와 정치 활동 <br> (4) 경제 구조와 경제 생활 <br> (5) 사회 구조와 사회 생활 <br> (6) 민족 문화의 발달 | (1) 한국 근·현대사의 이해 <br> (2) 근대 사회의 전개 <br> (3) 민족 독립 운동의 전개 <br> (4) 현대 사회의 발전 | (1) 시간, 공간, 그리고 인간 <br> (2) 문명의 새벽과 고대 문명 <br> (3) 아시아 세계의 확대와 동서 교류 <br> (4) 유럽의 봉건 사회 <br> (5) 아시아 사회의 성숙 |

10학년 '국사'의 내용은 중학교와 반복이라는 비판에 대응해서 계열성을 확보하고 국사과의 시수 감소와 선택과목의 확대라는 7차 교육과정 체제에 맞도록 방안을 마련하였다. 즉, 고등학교에서는 분류사 체제를 명확하게 구축하되, 선사시대부터 개항 이전까지를 다루고, 근현대사 부분은 매

---

145) 교육부, 2001 ≪위 책≫ 170

146) 교육부, 1997 ≪앞 책≫ 180 ; 교육부, 2001 ≪앞 책≫ 188~189

147) 교육부, 1997 ≪앞 책≫ 107~124, 161~179, 181~198

우 간략하게 다루었다.[148] 내용 구성에서 1단원과 2단원은 6차 교육과정과 대동 소이하지만, 3~6단원은 정치사, 경제사, 사회사, 문화사로 구성하여 6차와 크게 달라졌다.[149]

'한국 근·현대사'는 근대와 현대의 정치·경제·사회·문화를 구분하는 시대사적 분류사로 구성하였다. 4개 대단원으로 구성하고 1단원은 도입 단원의 역할을 하였다. 나머지 3개 단원에서 근대, 일제, 현대의 시기 구분이 적용되고 하위에서 정치, 사회경제, 문화 등 분야별로 비중을 고려하여 설정하였다. 대단원 안에서 분류사별로 중단원을 구분하는 구성 방법은 6차 교육과정 고등학교 '국사'와 유사한 것이지만 정치사가 절반 이상을 차지하고 경제·사회·문화사는 상대적으로 비중이 적었다.[150]

'세계사'는 통합의 의미를 살리기 위하여 첫 부분에 인간과 역사에 관한 단원을 설정하였다. 단원구성에서는 서양의 근대를 먼저 제시함으로써 서구적인 세계관을 벗어나지 못하였으며 6차 교육과정의 경우와 커다란 차이점을 보이지 않았다.[151]

### 4) 방법 및 평가

7차 교육과정에서는 국민공통 기본과목인 1학년 국사와 선택 과목을 구분하여 교수·학습 방법, 평가를 별도로 제시하였다.

10학년 '국사'의 교수·학습 방법은 ①민족사의 객관적 인식을 위해 세계사적 보편성과 관련시켜 지도, ②각 시대의 정치, 사회, 경제, 문화 등을

148) 최상훈, 2002 〈국사 교과서의 특징과 편찬 과정〉 ≪고등학교 국사전공 교원연수 교재≫ (국사편찬위원회, 과천) 4~5.
149) 이는 중학교에서 주제 중심의 정치사로, 고등학교에서는 분류사 중심의 시대사로 확연하게 구분하여 계열성을 분명히 하고자 한 결과였다.
150) 김한종, 2005 〈한국 근현대사 교육의 제문제〉 ≪한국근현대사 교육론≫ (선인, 서울) 37~38
151) 최상훈, 2001 〈앞 논문〉 193

영역별로 파악, ③인접 학문의 성과 활용, ④역사적 사실의 의미를 시대 및 전체 역사와의 연계 파악, 심화된 역사적 사고력 신장, ⑤다양한 학습 자료 활용, 역사 탐구 능력 신장, ⑥다양한 교수·학습 방법 활용, 능동적인 학습 참여 등이었다.[152]

'한국 근·현대사'의 교수·학습 방법은 ①다양한 자료를 활용한 역동적이고 입체적 수업, ②지적 영역과 함께 정의적 영역의 학습 지도, 느낌의 역사 학습 모색, ③설명과 함께 답사나 문화재에 대한 접근, ④역사 사실의 분석, 검증을 통한 판단력, 종합력 배양, 문제 해결력 신장, ⑤민족의 발전 및 미래 사회에 대처하는 능력, 세계사의 전개와 결부시켜 파악, ⑥다양한 교수·학습 방법 활용, 능동적인 학습 참여 등을 제시하였다.[153]

'세계사'의 교수·학습 방법은 ①문화권의 특성과 발전, 시대의 성격을 중심으로 체계적 이해, ②지역이나 문화권의 비교를 통해 세계사의 보편성과 특수성 인식, 다른 역사를 존중하는 태도, ③한국사와의 유기적 관련, ④주요 개념이나 주제 중심의 내용 구조화, ⑤설명 외에 학습자의 활동을 필요로 하는 학습 활동 적극 전개, 다양한 자료 활용, 여러 학급 조직에 의한 수업 진행 모색, 결과뿐만 아니라 과정 자체를 중시하는 수업, ⑥보조 자료, 모형, 영상 자료, 컴퓨터 학습 자료 적극 활용, ⑦자료 이용에 다양한 사고 방법 사용, ⑧인접 학문의 성과 적극 활용 등을 제시하였다.[154]

10학년 '국사'의 평가는 ①교육과정 목표를 준거로 평가 요소 추출, 평가 요소에 따른 평가 실시, ②지적 성취도, 개념의 이해도, 역사적 사고력, 문제 해결력 등을 포괄적으로 평가, ③학습 자료의 의미 해석, 비판하는 자료 분석 능력 평가, ④역사적 탐구 기능과 태도의 변화에 대한 다양한 방법 평가, ⑤총괄 평가, 진단 평가, 형성 평가 실시, 결과를 교수·학습 지도 개선

---

152) 교육부, 1997 ≪앞 책≫ 124~125

153) 교육부, 1997 ≪앞 책≫ 179

154) 교육부, 1997 ≪앞 책≫ 198

의 자료로 활용 등으로 구성하였다.[155]

'한국 근·현대사'의 평가는 ①교육과정 목표를 준거로 평가 요소 추출, 평가 요소에 따른 평가 실시, ②인지적 영역, 탐구 기능, 자료 분석 능력, 태도, 가치 영역의 포괄적 평가, ③진단 평가, 형성 평가, 총괄 평가 고루 실시, ④타당도, 신뢰도, 객관도를 고려한 다양한 평가 방법 개발, ⑤현대사의 이해도는 인접 과목과 유기적 연관, 통합적 평가 등으로 구성하였다.[156]

'세계사'의 평가는 ①지식·이해, 기능, 가치·태도 영역을 균형 있게 평가, 목표에 제시된 요소 고루 반영, ②기본 사실의 습득 여부, 역사 연구와 역사 자료의 성격에 대한 이해 측정, ③역사 자료의 활용 능력, 역사 해석, 판단, 감정 이입 등 능력 평가, 사실의 서술, 자료의 제작 등 전달 능력도 평가의 대상, ④역사적 사실에 대한 관심, 학습 활동 참여, 역사적 과제에 대한 문제 의식, 역사적 가치관의 내면화 정도 측정, ⑤지필 검사, 논술형 측정, 역사 자료에 대한 탐구 능력을 관찰이나 보고서, 개인 과제로 평가, 역사적 과제를 대하는 태도, 관찰 중심, 보고서 및 면접 활용 등이었다.[157]

## 자. 2007 개정 교육과정(2007년 고시)

### 1) 편제 및 목표

2007 개정 역사 교육과정의 큰 특징은 역사의 '과목 독립'과 선택 과목의 변화에 있다. 중학교 2-3학년과 고등학교 1학년에 '역사'과목이 신설되어 자국사와 세계사를 하나의 교과서 안에서 다루도록 하였다. 선택 과목은 한국문화사, 세계역사의 이해, 동아시아사의 3개 과목이 개설되었다. 한국 근·현대사가 없어지고, 한국문화사가 개설된 것은 고등학교 1학년의 '역사'가

---

155) 교육부, 1997 ≪앞 책≫ 125
156) 교육부, 1997 ≪앞 책≫ 179
157) 교육부, 1997 ≪앞 책≫ 199

근현대사 중심으로 구성된데 따른 변화로 볼 수 있으며, 동아시아사의 신설은 한·중·일 3국간의 역사 갈등과 관련된 사회적, 교육적 요구가 반영된 결과였다.[158] 그런데 2009 개정 교육과정에서는 한국문화사가 폐지되고 고등학교 역사는 한국사로, 세계 역사의 이해는 세계사로 명칭이 변경되었다.

고등학교 역사의 성격은 "근·현대사를 중심으로 세계사의 흐름 위에서 한국사를 주체적으로 파악"하도록 하였다. 세부 목표는 ①체계적이고 종합적인 이해, ②과거에 대한 이해를 통한 통찰력 확대, ③자료 탐구 과정을 통한 비판적 사고력, ④현대사회의 문제의 역사적 배경과 관련성 파악, ⑤다른 문화에 대한 존중 등 5개항이며 이는 중·고등학교 국민공통 기본과정에서 공통된 목표였다.[159]

선택과목은 모두 별도로 성격과 목표를 제시하였다. 이 중에서 과목의 성격만을 간략하게 언급한다.

'한국 문화사' 과목은 "우리 문화가 형성 발전되어 온 과정을 이해함으로써 한국인의 정체성을 함양하기 위해 개설"되었다.[160] '세계 역사의 이해' 과목은 "여러 지역의 독특한 문화적 특징과 그 역사적 형성 과정을 비교의 관점에서 탐구할 기회를 제공하고, 지역 간의 교류와 갈등을 통해서 형성된 인류의 다양한 경험을 심층적으로 이해시키는 것"을 목적으로 설정되었다.[161] '동아시아사' 과목은 "동아시아 지역에서 전개된 인간 활동과 그것이 남긴문화유산을 역사적으로 파악하여 이 지역에 대한 이해를 증진하고 나아가 지역의 공동 발전과 평화를 추구하는 안목과 자세를 기르기 위해" 개설되었다.[162]

---

158) 방지원, 2007 〈새로운 역사과 선택과정, 어떻게 달라졌나?〉 ≪교원교육≫ 23-1, 127~129
159) 교육인적자원부, 2007 ≪사회과 교육과정≫ 37
160) 교육인적자원부, 2007 ≪위 책≫ 78
161) 교육인적자원부, 2007 ≪위 책≫ 86
162) 교육인적자원부, 2007 ≪위 책≫ 93

## 2) 내용

고등학교 '역사', '한국 문화사', '세계 역사의 이해', '동아시아사'의 내용 체계는 〈표 V-2-9〉와 같다.

〈표 V-2-9〉 2007 개정 교육과정 고등학교 역사,
한국 문화사, 세계 역사의 이해, 동아시아사의 내용 체계

| 역사 | 한국 문화사 |
|---|---|
| (1) 우리 역사의 형성과 발전<br>(2) 조선 사회의 변화와 서구 열강의 침략적 접근<br>(3) 동아시아의 변화와 조선의 근대 개혁 운동<br>(4) 근대국가 수립 운동과 일본 제국주의의 침략<br>(5) 일제의 식민지 지배와 민족운동의 전개<br>(6) 전체주의의 대두와 민족운동의 발전<br>(7) 냉전 체제와 대한민국 정부의 수립<br>(8) 대한민국의 발전과 국제 정세의 변화<br>(9) 세계화와 우리의 미래 | (1) 원시 사회와 문화<br>(2) 고대 사회와 문화<br>(3) 고려 사회와 문화<br>(4) 조선 전기 사회와 문화<br>(5) 조선 후기 사회와 문화<br>(6) 근대 사회와 문화<br>(7) 현대사회와 문화 |
| 세계 역사의 이해 | 동아시아사 |
| (1) 역사와 인간<br>(2) 도시 문명의 성립과 지역 문화의 형성<br>(3) 지역 문화의 발전과 종교의 확산<br>(4) 지역 경제의 성장과 교류의 확대<br>(5) 지역 세계의 팽창과 세계적 교역망의 형성<br>(6) 서양 근대 국민국가의 형성과 산업화<br>(7) 제국주의의 침략과 민족 운동<br>(8) 현대 세계의 변화 | (1) 동아시아 역사의 시작<br>(2) 인구 이동과 문화의 교류<br>(3) 생산력의 발전과 지배층의 교체<br>(4) 국제 질서의 변화와 독자적 전통의 형성<br>(5) 국민 국가의 모색<br>(6) 오늘날의 동아시아 |

'국사'에서 '역사'로 명칭이 바뀐 것은 국사의 내용 속에 세계사의 내용을 포함시켜 학생들이 세계사적 안목에서 국사를 이해하도록 한 것이다. 고등학교 역사는 근현대를 중심으로 하여 중학교 역사와의 중복성을 피하고 우리나라 근현대사를 제대로 알기 위해서 내용이 구성되었다. 한편 기

존의 분류사 형식을 버리고 하나의 시대상을 정치, 경제, 사회, 문화를 종합적으로 이해하도록 하였다.[163] 이러한 구성은 지금까지 중학교에서 국사를 한번 학습하고 고등학교에서 다시 한번 학습하던 방식을 획기적으로 바꾼 것이었다. 이는 동일 내용의 반복을 피하면서 근현대사를 일반 학생 모두가 깊이있게 학습할 수 있도록 하려는 의도가 반영된 것이다.[164]

'한국 문화사'는 외연이 큰 문화사의 개념으로서, 분야사로서의 문화사의 측면을 유지하되, 정치, 경제, 사회 각 분야와의 상호 관계 속에서 문화를 다루며 정신문화와 물질문화, 생활문화까지 포괄할 수 있도록 기본방향을 정하였다.[165]

'세계 역사의 이해'는 개별 국가를 넘어서서 지역 세계라는 새로운 단위를 설정하고, 여러 지역의 역사적 경험을 비교할 수 있는 주제, 각 지역 간의 상호 작용을 탐구할 수 있는 주제, 그리고 현대 세계의 특징과 쟁점을 파악하는데 도움이 되는 주제를 선장한다는 원칙을 제시하였다. 또한 지역의 문화 발전에 대한 이해와 함께, 지역 간에 다양하게 전개된 교류의 측면에 대한 이해가 강조되었다는 점에서 이전의 세계사와 다른 특징이었다.[166]

'동아시아사'는 선사시대부터 현대까지 동아시아 사회의 형성과 전개 과정을 크게 시기별로 나누고 각 시기 내에서 몇 개의 주제를 두어 지역 전체를 비교할 수 있도록 구성하였다. 동아시아 지역사 전체의 관점에서 커다란 사회 변화를 기준으로 시기를 구분한 다음, 그것을 6개 단원명으로 삼았

---

163) 한국교육과정평가원, 2005 ≪사회과 교육과정 개정(시안) 연구 개발≫(연구보고 CRC 2005-9), 79

164) 중학교와 고등학교를 묶어 역사를 하나의 과정으로 내용 체계를 수립하는 안은 한국교육과정평가원, 2001 ≪사회과교육 목표 및 내용체계 연구(II)≫ (연구보고 RRC 2001-5)에서 제안된 바 있었다.

165) 한국교육과정평가원, 2006 ≪역사과 선택과목 교육과정 개정 시안 연구 개발≫ (연구보고 CRC 2006-20), 27~30

166) 한국교육과정평가원, 2006 ≪위 보고서≫ 39~42 ; 방지원, 2007 〈앞 논문〉 132~134

다. 또한 각 시기에서 가장 중요한 요소로 판단되는 것, 지역적 양상을 비교하기에 적합한 주제를 중심으로 내용을 선정하였으며 동아시아 지역의 갈등과 교류를 사실 그대로 인식할 수 있도록 배려하였다.[167]

### 3) 방법 및 평가

10학년 '역사'의 교수·학습 방법은 중학교와 동일하므로 여기서는 생략한다.

'한국 문화사' 과목의 교수·학습 방법은 ①한국사가 주변 국가의 교류를 통해 문화적 요소 수용 이해, ②우리 역사와 문화에 대한 이해 심화, 문화 발전에 대한 전망 지도, ③각 시대의 정치, 경제, 사회적 요소 인식, 우리 문화 발전의 동력 이해, 참여하는 자세, ④학습자의 활동, 역사적 사고력 신장, ⑤다양한 자료 활용, 생동감 있는 학습, ⑥내용에 따른 다양한 학습 활용, 능동적인 학습 활동을 위한 다양한 교수·학습 기법 활용, ⑦정보의 처리와 조직 능력 신장을 위한 수업 방법 활용 등이었다.[168]

'세계 역사의 이해' 과목의 교수·학습 방법은 한국 문화사의 ④~⑦항은 거의 동일하다. 과목의 특성이 드러나는 ①~③항은 ①문화권의 특성과 발전, 시대 성격을 중심으로 체계적 이해, ②세계 여러 지역의 역사를 비교하여 보편성과 특수성 인식, 다른 지역의 문화와 역사를 존중하는 태도, ③개별적인 사실보다 주요한 주제와 개념을 통해 구조화된 내용 파악 등이었다.[169]

'동아시아사' 과목의 특성이 드러나는 ①~④는 ①동아시아 지역의 역사와 문화를 깊이 이해, ②각국의 역사 발전과 함께 동아시아사의 역사상 이

---

167) 동북아역사재단, 2006 ≪동아시아사 교육과정 시안 개발≫, 10~15 ; 방지원, 2007 〈앞 논문〉 134~136
168) 교육인적자원부, 2007 ≪사회과 교육과정≫ 84
169) 교육인적자원부, 2007 ≪위 책≫ 91~92

해, ③상호 교류, 발전 및 갈등 문제도 각 시대의 주요 학습 요소로 인식, ④상호 비교를 통해 보편성과 차이점 탐구, 역사적 사고력 신장 등이었다.[170]

10학년 '역사'의 평가는 중학교와 동일하므로 여기서는 생략한다.

'한국 문화사'의 평가는 ①교육과정의 한 부분으로서 평가, ②지식·이해 영역, 기능 영역, 가치·태도 영역에 대한 균형있는 평가, ③진단평가, 형성평가, 총괄평가, 수행평가의 적절한 활용, ④양적, 질적 평가기법 활용, ⑤객관식과 주관식 문항의 적절한 배합, 평가 문항 요건 준수, ⑥학습자의 자기 평가, 모둠별 평가 활용 등이었다.[171] 세계 역사의 이해와 동아시아사의 평가는 한국 문화사와 거의 동일하게 구성하였다.[172]

이전 교육과정에 비해 반드시 설정해야 할 사항을 제시하고 7차 교육과정부터 강조되는 과정평가, 수행평가도 계속해서 강조하였다. 하지만, 과목의 특성이 반영된 평가 방안의 제시까지는 이르지 못하고 있는 형편이다.


## 3. 일본 고등학교 역사 학습지도요령의 변천

### 가. 1947년판 학습지도요령(시안)

#### 1) 편제 및 특성

6·3·3·4제의 신 학제에 따라 처음 등장한 신제 고등학교의 사회과 과목 편제를 표로 제시하면 다음과 같다.

---

170) 교육인적자원부, 2007 ≪위 책≫ 97~98
171) 교육인적자원부, 2007 ≪위 책≫ 84~85
172) 교육인적자원부, 2007 ≪위 책≫ 92, 98

〈표 V-3-1〉 1947년판 학습지도요령의 고등학교 사회 과목 편제

| 교과 | 과목 | 단위 수 | 필수·선택 | 학년 |
|---|---|---|---|---|
| 사회 | 사회 | 5 | 필수 | 1학년 |
| | 동양사 | 5 | 4과목 중 1과목 필택 | 2-3학년 |
| | 서양사 | 5 | | |
| | 인문지리 | 5 | | |
| | 시사문제 | 5 | | |

고등학교의 역사 과목으로는 동양사와 서양사가 선택 과목으로 설치되었으며, 각각 5단위로 2학년이나 3학년에서 학습하도록 되어 있다. 하지만 사회과의 경우 선택 교과 4과목 중 1과목만 반드시 선택하면 되기에 실제로는 고등학교에서 역사 학습을 받지 않는 경우도 존재하였다.

## 2) 성격 및 목표

1947년판 학습지도요령의 경우 고등학교 사회과에는 별도로 교과 목표가 존재하지 않고 각 단원마다 목표가 제시되고 있다. 동양사와 서양사 과목도 마찬가지로 과목 전체의 목표는 제시되지 않았다.

하지만, ≪학습지도요령 동양사편(시안)≫, ≪학습지도요령 서양사편(시안)≫ 등의 내용 중에 과목 목표에 해당하는 것이 제시되고 있다. 그에 따르면 동양사와 서양사는 각각 동양과 서양 문화의 발전 과정을 통해 현대 세계의 특성과 과제 등을 이해시키는 것을 목적으로 하였다. 그리고 서양 문명이 현대 세계의 주류를 이루고 있으며, 동양 문명에도 큰 영향을 끼쳤다고 인식하도록 하고 있어 유럽 중심사관의 문제점을 지적할 수 있다. 하지만, 일본사의 특수성과 우월성, 황국민의 사명을 인식하게 하는 수단으로 간주되었던 종전의 외국사 교육과 비교하면 근본적인 변화가 엿보인다.

### 3) 내용

동양사와 서양사의 학습지도요령은 다음과 같은 목차로 구성되어 있다.

〈표 V-3-2〉 1947년판 동양사와 서양사 학습지도요령(시안)의 목차

| | |
|---|---|
| 동<br>양<br>사 | 시작의 말<br>단원― 동양의 고대문화는 어떻게 해서 성립했는가<br> 요지, 목표, 교재의 범위, 학습 활동의 예, 참고서의 예 (이하 동일한 구성)<br>단원二 동양의 문화는 어떻게 해서 확충했는가<br>단원三 서민 생활은 어떻게 향상했는가<br>단원四 오래된 동양은 어떻게 해서 노성했는가<br>단원五 동양의 근대화는 어떻게 진전되고 있는가 |
| 서<br>양<br>사<br><br>서<br>양<br>사 | 시작의 말<br>단원― 어떻게 해서 인간이 발생하여 문명 상태까지 도달했는가<br> 요지, 목표, 교재의 범위, 학습 활동의 예, 참고서의 예 (이하 동일한 구성)<br>단원二 고전 문명은 어떻게 해서 발생했는가, 또한 그것은 어떤 것이었는가<br>단원三 서구 중세 세계는 어떻게 해서 형성되고 또한 전개하여 갔는가<br>단원四 어떻게 해서 유럽의 인간 정신은 해방되고 유럽 세계는 확대되었는가<br><br>단원五 근대 민주주의는 어떻게 해서 발생하고 또한 발전했던가, 그것은 나<br> 라마다 어떻게 나타나는 것이 달랐던가, 또한 그것은 어떤 결과를 가져왔는가<br>단원六 제국주의란 무엇인가, 그것은 어떤 원인에 의해 형성되어 세계사 상에<br> 어떤 결과를 낳았는가 |

동양사의 내용 및 구성 방식의 특징을 살펴보면 첫째, 학습 내용을 5개의 단원으로 구분하여 연대순으로 배열한 통사적 구성을 하고 있다. 둘째, 종래에 비해 인도나 동남아시아, 중앙아시아 등에 대한 기술이 많아졌지만, 여전히 중국사의 내용이 압도적으로 많다. 셋째, 정치사의 비중이 높지만 경제, 사회, 문화 분야에 대한 내용도 많이 수록되고 있다. 특히 동양 문화의 발전 과정을 이해시키기 위한 문화사 내용이 상당히 충실하게 제시되고 있다.

서양사의 특징을 지적하면 첫째, 학습 내용을 6개 단원으로 구분하여 연

대순으로 배열하는 통사적 구성을 하고 있다. 원시·고대(1, 2단원), 중세(3단원), 근세 전기(4단원), 근세 후기(5단원), 근·현대(6단원)의 시대 구분은 기본적으로 사회 발전 단계론에 따른 것으로 새로운 시도이자 특징이라 할 수 있다. 둘째, "역사란 무엇인가"라는 역사 학습의 도입 부분이 제시되고 있다. 역사와 지리의 관련성, 현재와 과거의 관련성, 동양과 서양 문화의 비교 등을 역사 학습 및 인식의 전제로 들고 있다. 셋째, 선사 시대 문화부터 역사를 시작하고 있다. 고고학이나 인류학적 성과를 반영한 연표와 내용 항목 등을 제시하여 인류의 탄생부터 역사를 학습하도록 하고 있다. 넷째, 서양사의 전개와 밀접한 관련이 있는 서아시아사의 내용을 동양사가 아닌 서양사에 포함시켜 다루고 있다. 다섯째, 서유럽 중심의 역사 인식이 강하게 반영되어 중세 이후의 서양사는 서유럽과 관련한 내용이 중심이 되고 있으며, 다른 지역의 역사는 상대적으로 내용이 빈약하다. 여섯째, 전체적인 비중을 볼 때 여전히 정치사가 많고, 민중의 경제 생활 등에 대한 항목은 찾아보기 어렵지만 문화사 항목은 비교적 충실하게 제시되고 있다.

### 4) 방법 및 평가

학습 방법이란 측면에서 종래 일본 역사교육의 가장 큰 문제점은 역사적 사실의 전달과 암기에 치중하는 교수 방법이 중시되어 온 것이었다. 사회과의 신설과 함께, 문제해결 학습의 방법 원리에 따라 단원 학습의 형태로 견학, 조사, 토론, 발표 등 학습자에 의한 자발적 활동과 실생활과의 연관을 중시하는 학습 방법이 강조되면서 역사 학습에도 큰 변화가 생겼다.

예를 들면, 동양사와 서양사 학습지도요령에서는 각 단원마다 요지, 목표, 교재의 범위, 학습 활동의 예, 참고서의 예를 제시하여 단원 학습 형태의 수업을 지향하고 있다. 그리고 단원명과 학습할 내용의 대부분은 의문문으로 제시하여 그에 대한 답을 학생들이 탐구하도록 하는 형식을 취하고 있다.

두 과목의 학습지도요령에서 제시되고 있는 학습 활동의 유형과 과제의 사례는 매우 다양하고 역사 학습의 특성을 비교적 잘 반영하고 있다. 그리고 학습자의 흥미를 유발하고 자발성을 요구하는 활동 과제들이 많다. 하지만 일부 학습 과제는 너무 수준이 높거나, 현실적으로 해결 불가능한 것이 제시되고 있다. 활동이나 과제의 사례도 지나치게 많은 데, 반드시 활용해야 하는 것이 아니라 교사가 수업을 계획하거나 실천할 때 참고할 수 있는 사례에 지나지 않기 때문이다.

## 나. 1951년판 학습지도요령(시안)

### 1) 편제 및 특성

1951년 간행된 ≪학습지도요령 일반편(시안)≫에 제시된 고등학교 사회 과목의 편제를 표로 정리하면 다음과 같다.

필수 과목의 경우 과목 명칭이 사회에서 일반 사회로 바뀌었다. 1학년에서 5단위의 수업을 하는 것은 변함이 없다. 선택 과목의 경우, 동양사와 서양사가 폐지되고 새로 일본사와 세계사가 설치되었다. 이전과 마찬가지로 각 5단위인 4개의 선택 과목 중 1과목을 2학년이나 3학년에서 반드시 이수하도록 하고 있다. 따라서 여전히 고등학교에서 역사 과목을 선택하지 않을 가능성이 존재하였다.

〈표 V-3-3〉 1952년판 학습지도요령의 고등학교 사회 과목 편제

| 교과 | 과목 | 단위 수 | 필수·선택 | 학년 |
|------|------|---------|-----------|------|
| 사회 | 일본 사회 | 5 | 필수 | 1학년 |
| | 일본사 | 5 | 4과목 중 1과목 필택 | 2-3학년 |
| | 세계사 | 5 | | |
| | 인문지리 | 5 | | |
| | 시사문제 | 5 | | |

## 2) 성격 및 목표

1951년판 학습지도요령에서는 일본사와 세계사 모두 특수 목표, 각 시대의 지도상의 참고 목표 및 참고 내용, 참고 단원 예가 제시되고 있다. 특수 목표는 과목의 전체 목표에 해당하는 것이고, 각 시대의 참고 목표는 시대별로 가르칠 때 참고할만한 목표들을 제시한 것이다. 그리고 두 과목 모두 사회과의 한 과목인 것을 유의해 먼저 사회과의 일반 목표를 달성하는 것을 지향해야 한다고 강조하고 있다. 따라서 사회과의 일반 목표-과목의 특수 목표-각 시대별 참고 목표라는 3단계의 구조로 목표가 제시되고 있다. 여기서는 각 과목의 특수 목표만 검토한다.

먼저 일본사의 경우, 과목의 특수 목표를 다음과 같이 제시하고 있다.

1. 일본 역사의 발전을 과학적 · 합리적으로 이해함과 동시에 그 시대 개념을 명확히 하는 능력을 기르는 것
2. 현대 사회 제 문제의 역사적 이해를 심화하고 그 문제해결에 필요한 능력을 발달시키는 것
3. 역사 발전에서의 보편성과 동시에 지역에 따른 특수성을 인식하는 것
4. 현대 사회의 생활 문화를 총합적 · 발전적으로 이해하는 것
5. 역사가 인간의 노력에 의해 진보 발전하는 것을 이해하는 것에 의해 사회 진전에 대한 자기 책임감과 정열을 기르는 것
6. 일본의 각 시대 · 각 사회에 공통하는 인간성의 파악에 노력하는 것
7. 일본 역사에서의 사실을 합리적 · 비판적으로 취급하는 태도와 기능을 기르는 것
8. 일본 사회의 발전을 항상 세계사적으로 파악하고 현대 일본의 세계사적 지위를 인식하는 능력을 육성함과 동시에 나아가 국제 친선 · 인류 평화의 증진에 협력하는 태도를 기르는 것
9. 우리나라의 문화 유산을 사회성과의 관련에서 바르게 이해하고 이것을

존중 애호하는 정신을 기르고 나아가 우리나라에 대한 애정을 심화해 그
좋은 전통을 보존 유지하고 신장하는 태도를 기르는 것

10. 역사 지도를 읽거나 그리거나 또한 정확한 자료를 입수해서 이것을 바르
    게 도표 등으로 표현하는 기능을 기르는 것

11. 일본 국가의 올바른 자세를 앎과 동시에 역사학에 대한 학문적 관심을
    심화하는 태도를 기르는 것

이 목표에는 다음 3가지 유형의 관점과 역사 인식이 반영되어 있다.

(A) 사회 발전 단계론적 역사 인식; 일본 역사 발전의 과학적 합리적 이
해, 명확한 시대 개념, 역사 발전의 보편성과 지역적 특수성의 이해, 일본
사회 발전의 세계사적 파악

(B) 현재를 위한 역사 인식; 현대 세계 제 문제의 역사적 이해와 문제 해
결 능력, 역사의 진보 발전에 대한 인식과 사회 진전의 노력, 현대 일본의
세계사적 지위 인식, 국제 친선과 인류 평화의 증진 노력

(C) 문화 중시의 역사 인식; 현대 사회의 생활 문화와 일본의 문화유산에
대한 총합적 발전적 이해, 문화 유산과 전통의 애호 신장, 일본에 대한 애
정 심화, 일본의 각 시대와 각 사회에 공통되는 인간성의 파악

이러한 목표로 판단한다면 1951년판 일본사는 이념적으로 (B)에 중점을
두고 사회과적 역사를 지향하는 것이지만, 실제로는 이후의 학습지도요령
에서 중시되는 (A)와 (C)의 관점도 내포한 복합적인 성격을 지닌 과목이었
다고 할 수 있다.

다음으로 세계사의 경우, 다음과 같은 특수 목표를 제시하고 있다.

1. 세계적인 넓은 시야에 서서 국제 협력을 추진하는 정신을 길러 세계 평화
   에 대한 노력을 아끼지 않는 인류애를 기를 것

2. 세계사의 발전과 동향을 반복해 이해하는 것에 의해 역사적 사고력을 훈

런하고 현대 사회의 제 문제를 이성적으로 비판하고 정확하게 판단하는 능력을 기를 것

3. 세계사에서의 시대 개념을 적확하게 이해하는 것에 의해 현재 사회의 역사적 지위를 파악하고 올바른 사회관과 건강한 상식을 육성할 것

4. 세계에서의 고전이나 명저에 친숙해지고 그 독해력을 높이고, 또한 문학·미술·음악 등의 작품을 통해 예술 애호의 심정을 기르고 풍부한 인간성을 기를 것

5. 현대 일본의 세계사적 지위를 이해하는 것에 의해 우리 민족의 사명을 자각하고 아울러 개인 노력의 가치도 인식할 것

6. 조사·견학·연구 등의 실천을 통해 연구에 대한 성실한 태도와 자료를 역사적으로 정리하는 능력을 기르고 토론·발표에 필요한 기능과 공민적 소질을 기를 것

세계사가 처음 설치된 과목인 만큼 이 목표들은 세계사가 어떤 성격의 과목으로 출발하였는가를 짐작할 수 있게 해준다. 그런 점에서 첫 번째 목표에서 국제 협력의 정신, 세계 평화에 대한 노력, 인류애의 육성이 강조되고 있는 것은 세계사의 학습 의의를 단적으로 말해주는 것으로 주목할 만하다. 그리고 현대 사회의 제 문제에 대한 이성적 비판과 정확한 판단력, 현대 세계의 역사적 지위 파악, 현대 일본의 세계사적 지위 이해, 일본 민족의 사명 자각 등에서 알 수 있듯이, 현대 세계의 이해와 발전을 지향하는 사회과적 역사의 성격이 잘 반영되어 있다.

### 3) 내용

먼저, 일본사의 경우 대항목, 중항목, 소항목의 3단계로 나누어 참고 내용을 제시하고 있는데, 그 중 대항목과 중항목의 항목만을 제시하면 다음과 같다.

〈표 V-3-4〉1951년판 고등학교 일본사 학습지도요령의 참고 내용

| 시대 | 대항목 | 중항목 |
|---|---|---|
| 원시 사회 | 발생 | 원시 인류, 원시 일본 |
| | 특질 | 계급 차가 거의 없는 것, 수렵어로 및 채취 생활, 원시적 신앙 자연 환경의 지배력이 강한 것 |
| | 발전 및 붕괴 | 집락의 발생, 조몬식에서 야요이식으로, 농업의 시작, 대륙과의 교통 |
| 고대 사회 | 발생 | 부락국가에서 통일국가로, 수전경작, 토지사유, 씨성 제도, 대륙 문화의 도래 |
| | 특질 | 고대 천황제, 귀족 문화, 율령제, 노예적 예속성, 고대 종교 |
| | 발전 및 붕괴 | 장원제, 귀족의 몰락 |
| 봉건 사회 | 발생 | 무사의 발생, 무가정치로의 전개, 귀족에서 무사로 |
| | 특질 | 토지를 매개로 하는 주종관계, 신분제, 농노적 생산 관계, 가내공업, 자급자족경제, 무가정치, 무사의 문화와 조닌 문화 |
| | 발전 | 장원제에서 다이묘 영국제로, 외국 문화의 수입, 도시의 발달, 도쿠가와 정권의 확립 |
| | 붕괴 | 화폐경제의 발전, 조닌 세력의 성장, 농촌의 분해, 막부 정치의 쇠퇴 |
| 근대 사회 | 발생 | 근대 사회로의 움직임, 국제 사회로의 등장, 근대 국가의 성립 |
| | 특질 | 공장제 공업, 계약적 인간관계, 입헌정치, 인권자유의 존중, 근대문화 |
| | 발전 | 헌법의 제정, 조약개정, 산업혁명, 정당의 발전, 군벌정치, 태평양전쟁, 일본의 민주화 |

첫째, 일본사의 경우, 유물사관적인 역사 인식이 강하게 반영되어 있다. 단적인 예가 일본사를 원시 사회, 고대 사회, 봉건 사회, 근대 사회의 4시대로 나누어 사회 발전 단계론적 시대 구분을 하고 있는 것이다. 둘째, 각 시대별로 발생, 특질, 발전 및 붕괴(근대사회는 발전만)의 항목으로 나누어 역사 발전 요인과 각 시대의 특징 등을 구조적으로 파악하도록 하고 있다. 셋째, 일본사의 특수성을 외국의 사례와 비교하여 인식하는 것을 중시하고 있다. 넷째, 현대 사회의 이해를 위해 과거 생활 양식이나 문화 중 현재에 남아있는 것, 과거와 현재의 비교 등을 중시하고 있다. 다섯째, 일본의 침략 전쟁을 비판적으로 인식하고 있다. 제2차 세계대전을 전체주의와 민주주의의 대결이자 민주주의가 승리한 전쟁이라고 규정하며, GHQ에 의한 제 개혁을 일본의 민주화로 파악하고 있다.

한편, 세계사의 경우는 내용의 제시 방식이 다르다. 세계사를 근대 이전의 사회, 근대 사회, 현대 사회로 구분하여 각 시대마다 몇 개의 주제를 제시하고 각 주제마다 내용 항목들을 열거하고 있다. 참고 내용을 도표로 제시하면 다음과 같다.

〈표 V-3-5〉 1951년판 고등학교 세계사 학습지도요령의 참고 내용

| 시대 | 항목 | 요소 |
|------|------|------|
| 근대 이전의 사회 | 1. 원시사회의 발전 | a 인류의 출현 b 원시 생활의 전개 c 원시 종교의 성격 d 민족 제도 e 문명의 발생 |
| | 2. 고대국가의 형성 | a 고대 오리엔트의 통일 b 그리스의 폴리스 c 로마의 세계 제국 d 인도의 통일국가 e 중국의 통일국가 f 일본고대국가 |
| | 3. 고대 문화와 그 특색 | a 문자의 발달과 그 전파 b 생활기술의 향상 c 고대 예술의 성격 d 고대 법제와 사회조직 e 고대의 사상과 학문 |
| | 4. 서구 봉건사회의 성립과 발전 | a 민족이동과 제 왕국의 형성 b 대토지 소유제의 발달과 신분제의 확립 c 교회 권력의 확대 d 중세문화의 특색 e 중세도시의 발달 f 봉건귀족의 몰락 |
| | 5. 아시아에서의 전제 국가의 변천 | a 왕조의 교체 b 무인정치의 출현 c 중국관인제의 성립 d 문화내용의 변천 e 사회경제의 발달 f 농민의 반항 g 전제정치의 몰락 h 일본 봉건제의 특색 |
| | 6. 민족과 문화의 접촉교류 | a 헬레니즘 b 실크로드 c 십자군 d 동방문화의 서방전파 e 중일문화의 교류 f 정복왕조 |
| | 7. 종교와 생활문화 | a 크리스트교의 발전 b 이슬람교의 확대 c 불교의 유전 d 힌두교의 특색 e 도교와 민간신앙 |
| 근대 사회 | 1. 시민계급의 대두와 그 영향 | a 르네상스 b 종교개혁 c 지리상의 발견 d 상업자본의 발전 e 과학의 발달 |
| | 2. 절대왕제와 시민 혁명 | a 절대왕제의 성립 b 식민지의 성립 c 영국혁명 d 계몽사상 e 미국의 독립 f 프랑스 혁명 |
| | 3. 산업혁명과 그 영향 | a 영국의 산업혁명 b 근대도시의 발달 c 교통기관의 발달 d 산업자본의 발달 e 노동 문제의 발생 f 일상생활의 향상 |
| | 4. 근대 민주주의와 그 발전 | a 영국 의회정치의 발달 b 프랑스 공화제의 성립 c 국민주의의 발전 d 미국의 남북전쟁 |
| | 5. 유럽 세력의 세계 진출 | a 제국주의의 발생 b 열강의 세력 균형 c 아프리카 분할 d 열강의 아시아 정책 |
| | 6. 아시아의 근대화 | a 태평천국 b 청조의 몰락과 민국혁명 c 국민회의파와 인도 독립운동 d 메이지 유신 |
| | 7. 근대문화의 발전 | a 근대 사조와 그 성격 b 학문의 분화 c 자연과학의 발달 d 국민교육의 보급 e 생활문화의 향상 |

| 현대의 사회 | 1. 제1차 세계대전과 베르사유 체제의 성립 | a 대전의 추이 b 러시아 혁명 c 국제연맹 d 국제협조 |
| --- | --- | --- |
| | 2. 전체주의와 제2차 세계대전 | a 세계공황 b 미국의 발전 c 소련의 충실 d 일본의 대륙 진출 e 전체주의 국가의 대두 f 제2차 대전의 발발과 그 추이 |
| | 3. 전후의 세계 정세 | a 국제연합과 세계 평화운동 b 미소의 진출 c 아시아의 민족 운동 d 미국 경제의 우월 e 현대 문화의 성격 |
| | 4. 세계사상에서 현대 일본의 위치 | a 일본의 민주화 b 일본의 국제적 지위 c 일본 문화의 건설 |

첫째, 원시, 고대, 봉건(중세), 근대, 현대의 발전 단계로 나누어 사회구성사적 시대 구분을 하고 있다. 명목상으로는 근대 이전과 이후의 사회로 나누고, 근대 이후는 다시 근대와 현대로 구분하고 있다. 하지만, 실제적인 구분은 원시, 고대(오리엔트-로마 시대), 봉건(중세; 게르만 민족 이동-르네상스 이전), 근대(르네상스-제1차 세계대전 이전), 현대로 나누고 있다. 둘째, 시대 순을 따르면서도 주제 중심의 내용 구성 방식을 취하고 있다. 셋째, 아시아 지역에 비해 서구 지역의 내용이 압도적으로 많고, 서구는 서유럽, 아시아는 중국 관련 내용이 주가 되고 있다. 넷째, 근대 이전에 비해 근대 이후의 역사에 관한 항목이 많으며, 근대와 현대를 연속된 시대로 인식하고 있다. 이는 현대 세계의 이해라는 세계사의 목적을 반영한 것이라 할 수 있다. 다섯째, 종래의 동양사와 서양사보다 세계사와 일본사의 비교, 세계사에서 일본의 위치에 대한 인식 등이 중시되고 있다.

## 4) 방법 및 평가

일본사와 세계사 학습지도요령의 경우, 1947년판 동양사와 서양사 학습지도요령과 마찬가지로 단원 학습 방식의 수업을 권장하고 있다. 이전과 비교할 때, 역사의 발전과 변천 과정을 이해시키기 위한 문제보다는 현대 사회의 이해와 과제의 해결 등에 관련된 문제들이 제시되고 있는 것이 차이점이다. 학습 활동의 경우, 학습자의 자발적인 조사, 연구를 위한 다양한 방법을 제시하여 활용하도록 하고 있다. 평가의 경우, 다양한 방법을 활용해 역사적 지식에 대한 이해 정도뿐만 아니라 기능과 태도도 평가하도록 하고 있다.


## 다. 1956년판 학습지도요령

### 1) 편제 및 특성

1955년 간행된 ≪고등학교 학습지도요령 사회과편≫에 제시된 고등학교 사회 과목의 편제를 표로 정리하면 다음과 같다.

〈표 V-3-6〉 1956년판 고등학교 학습지도요령 사회과편의 과목 편제

| 교과 | 과목 | 단위 수 | 필수 · 선택 | 학년 |
|------|------|---------|-------------|------|
| 사회 | 사회 | 3-5 | 필수 | 지정 없음 |
| | 일본사 | 3-5 | 3과목 중 2과목 필택 | |
| | 세계사 | 3-5 | | |
| | 인문지리 | 3-5 | | |

먼저 과목 수의 경우, 종래의 일반 사회, 일본사, 세계사, 인문지리, 시사 문제의 5과목에서 일반 사회와 시사 문제를 없애고 대신 사회를 신설하여 4과목으로 되었다. 과목의 단위 수는 종래 5단위에서 3-5단위로 바꾸고, 필수인 사회 외에도 나머지 3과목 중 2과목은 반드시 선택하여 이수하도록 하였다. 이에 따라 일본사와 세계사는 한 과목 이상은 반드시 선택하여 배우도록 되었다. 이수 학년에 대해서는 종래와는 달리 따로 지정하지 않았다.


### 2) 성격 및 목표

고등학교 사회과 일본사와 세계사의 목표는 구극(究極=궁극) 목표와 구체 목표로 나누어 제시되고 있다. 그리고 중학교의 목표와 비교한 때의 특색이나 일관된 관련성을 명확히 서술하고 있는 것이 종래와는 다른 점이다.

먼저 일본사의 경우, 구극 목표는 "일본 사회나 문화가 우리들 조상의 노력에 의해 진보 발전해 온 것임을 인식하고, 일본의 민주적인 사회나 문화의 발전 및 세계 평화에 대한 일본 민족의 책임을 자각시키는 것"이라고 서술하고 있다. 이 목표를 달성하기 위한 구체적인 목표로는 7가지를 제시하고 있다.

일본사 목표의 특징을 지적하면 첫째, 사회 발전 단계론적 역사 인식이 강하게 반영되고 있다. 예를 들면 일본사와 일본 민족 발전의 과학적 이해, 발전 개념의 명확화를 통한 각 시대의 역사적 의의에 대한 이해 등이 그것이다. 둘째, 애국심의 함양과 도덕 교육의 진흥 등이 강조되고 일본의 민주화와 비군사화에 역행하고 있던 역코스의 시대적 분위기와는 달리, 민주주의의 발전과 실현에 노력하는 태도가 강조되고 있다. 셋째, 객관적이고 실증적인 방법을 통한 역사 이해와 연구 방법의 습득이 중시되고 있다. 넷째, 1951년판과 마찬가지로 현대 사회의 이해를 위한 역사 학습이 강조되고 있다.

한편, 세계사의 경우 구극 목표로는 "세계사의 발전에서 일본이 차지해 온 지위를 분명히 함과 동시에 일본 민주주의 사회의 발전 및 세계 평화에 대한 일본 민족의 책임을 자각시키는 것"을 들고 있다. 구체 목표로는 6가지를 제시하고 있다.

세계사 목표의 경우, 일본사와 마찬가지로 사회 발전 단계론적 역사 인식이 강하게 반영되고 있는 것이 특징이다. 세계사 발전의 과학적 계통적 이해, 보편적 공통적인 경향과 보편성을 기초로 한 특수성의 이해가 강조되고 있는 것이 단적인 예이다. 그리고 1951년판과 비교할 때, 현대 아시아의 역사적 지위, 민중이나 개인의 노력에 의한 사회와 문화의 진보, 세계 문화의 사회적 사정과의 관련 이해 등 새로운 역사 인식을 보여주는 항목들이 많이 등장하고 있다. 특히 구극 목표에서 일본 민주주의 사회의 발전과 세계 평화에 대한 일본 민족의 책임 자각을 강조하고 있는 것은 일본사와 마찬가지로 역코스의 시대적 분위기와는 차이가 있다.

## 3) 내용

1956년판의 경우, 일본사와 세계사의 내용은 단원의 사례가 아닌 내용의 소재라는 형태로 제시되었다. 내용의 소재에 제시된 각 항목은 모든 유형의 고등학교 과정에서 단위 수에 관계없이 이수시키도록 요구하고 있다. 먼저 일본사의 항목과 내용의 소재들을 표로 제시하면 다음과 같다.

〈표 V-3-7〉 1955년판 고등학교 사회과 학습지도요령의 일본사 내용

| 대항목 | 중항목 |
|---|---|
| (1) 원시의 사회 | 채집 경제의 사회와 문화, 농업의 시작과 사회의 변화 |
| (2) 야마토 국가의 성립 | 국가의 형성, 고분문화, 대륙문화의 섭취, 쇼토쿠 태자의 정치와 아스카 문화 |
| (3) 율령국가의 전개 | 다이카 개신, 나라 시대의 사회와 문화, 헤이안 초기의 정치와 문화 |
| (4) 헤이안 귀족의 정치와 무사의 발생 | 장원의 발달과 무사의 발생, 셋칸 정치와 귀족의 생활, 헤이안 시대의 문화, 원정(院政)과 헤이씨(平氏)의 정권 |
| (5) 가마쿠라 정권의 성립 | 가마쿠라 막부의 성립과 싯켄 정치, 가마쿠라 시대의 사회와 경제, 가마쿠라 시대의 문화 |
| (6) 장원의 붕괴와 다이묘 영국제의 성립 | 남북조의 쟁란과 촌의 형성, 무로마치 막부의 정치와 외교, 경제의 발달과 서민의 대두, 무로마치 시대의 문화, 다이묘 영국제의 형성 |
| (7) 봉건제도의 완성과 쇄국 | 유럽인의 내항, 쇼쿠호(織豊)정권과 모모야마 문화, 바쿠한(幕藩) 체제, 죠닌의 대두와 겐로쿠(元祿)문화 |
| (8) 봉건제도의 붕괴 | 봉건 사회의 동요, 카세이(化政)문화, 산업 · 사상 · 학문에서 근대로의 맹아, 막부의 쇠퇴와 개국 |
| (9) 메이지 유신과 헌법의 제정 | 메이지 유신, 부국강병과 문명개화, 자유민권운동, 헌법의 제정과 초기의 의회, 교육과 문화 |
| (10) 근대 국가로의 성장 | 자본주의의 발달, 조약 개정, 일청전쟁, 일로전쟁, 사회주의운동의 발생, 근대 문화의 전개 |
| (11) 두 차례의 대전과 일본 | 제1차 세계대전과 일본, 제1차 세계대전 후의 사회와 문화, 정당정치의 전개와 군부의 대두, 제2차 세계대전과 일본 |
| (12) 제2차 세계대전 후의 세계와 일본 | 연합국의 대일점령정책, 전후 민주화의 제 문제, 전후 국민생활과 문화, 샌프란시스코 평화조약과 일미관계, 세계 평화와 일본 |

일본사의 특징은 첫째, 기본적으로 통사적 구성이지만 종전처럼 사회 발전 단계론에 근거한 시대 구분법은 채택하지 않고 있다는 점이다. 대신에 일본사를 12시기로 구분하고 각 시기마다 특징이나 발전 추세를 잘 보여주

는 제목을 붙이고 있다. 둘째, 각 시기별로 정치, 경제, 사회, 문화 등의 항목들을 균형 있게 제시하여 역사의 총합적 관련적 이해에 중점을 두고 있다. 셋째, 국내의 정치적 변동을 국제 정세와 사회 경제적 배경과 관련지어 이해하도록 하고 있다. 넷째, 각 시기 문화의 특징을 시대적 배경과 관련지어 이해시키는 것을 중시하고 있다.

다음으로 세계사의 항목과 내용의 소재들을 표로 제시하면 다음과 같다.

〈표 V-3-8〉 1955년판 고등학교 사회과 학습지도요령의 세계사 내용

| 대항목 | 중항목 |
|---|---|
| (1) 문명의 성립과 고대국가 | 원시사회의 발전, 문명의 성립, 그리스의 민주정치와 문화, 로마제국과 크리스트교, 인도 고대 문화의 발전, 중국 고전문화의 성립 |
| (2) 아시아 제 민족의 활동과 동서 교섭 | 아시아 제 민족의 활동, 중국의 귀족적 문화의 발전, 동서의 문화 교류, 이슬람 세계의 발전과 그 문화 |
| (3) 중세 유럽의 사회 | 서구 봉건사회의 성립, 가톨릭교회의 발전과 중세 문화, 십자군과 유럽 중세도시, 서유럽에서의 국민국가 |
| (4) 아시아에서의 전제 국가의 변천 | 중국 사회의 추이와 문화의 발전, 몽고제국의 성립과 동서의 교섭, 중국에서의 전제 국가의 발전, 무굴 제국의 성쇠 |
| (5) 구미에서의 민주주의의 전개와 근대문화 | 르네상스, 유럽인의 해외 진출, 종교개혁, 유럽의 절대주의 국가, 시민혁명의 발전, 산업혁명과 그 영향, 자유주의의 전개, 서양 근대문화의 발전 |
| (6) 구미 열강의 세계 진출과 아시아 제국 | 아시아의 식민지화, 제국주의의 성립, 일청전쟁·일로전쟁, 중국사회의 동요와 신해혁명 |
| (7) 두 차례의 세계대전 | 제1차 세계대전, 러시아 혁명과 아시아의 민족운동, 베르사유 체제, 세계 공황과 전체주의의 대두, 제2차 세계대전 |
| (8) 제2차 세계대전 후의 세계 | 국제 안전보장체제, 대전 후의 구미 제국, 아시아·아프리카 제 민족의 해방운동, 차가운 전쟁과 긴장완화 정책, 현대의 문화 |

첫째, 세계사의 경우도 일본사와 마찬가지로 통사적 구성이지만 사회 발전 단계론에 근거한 시대 구분법은 채택하지 않고 있다. 둘째, 세계를 크게 서구와 아시아의 두 지역으로 구분하는 점은 종래와 같지만, 내용 구성에서는 양자의 균형을 맞추기 위해 노력하고 있다. 셋째, 아시아는 중국사 외에 인도와 이슬람의 역사를 별도의 항목으로 제시하는 등 중국사 편중을

극복하려는 노력이 다소 엿보이나, 서구의 경우 종래보다도 더욱 서유럽사에 치중하고 있는 문제점이 있다. 넷째, 현대사에 대한 객관적인 인식이 강조되고 있다.

### 4) 방법 및 평가

1955년판의 경우, 종래에 강조되었던 단원 학습의 학습 방법을 더 이상 요구하지 않고 있다. 일본사와 세계사의 목표에 공통으로 열거된 "조사, 견학, 연구 등의 학습 활동", "발표나 토의"를 제외하면 구체적인 학습 활동 사례도 제시되지 않고 있다. 대신에 각 과목별로 새로이 목표와 내용 다음에 유의 사항의 항목을 통해 지도상의 유의점을 제시하고 있다.

먼저 일본사의 경우, 시대 구분을 통해 시대의 특질과 추이를 이해시키는 것은 중요하지만 특정 시대구분법에 구애되지 말 것, 교사의 강의에만 의존하지 말고 단위 수에 맞추어 적절한 학습 활동을 궁리할 것, 현대 사회의 역사적 의의를 고찰시키기 위해 적절한 시간을 배당할 것, 문화의 취급에서는 역사적 조건을 생각시키고 국어나 예술 등 타 교과와의 관련을 생각할 것, 사료의 취급에서는 생도의 이해력에 적합한 것을 골라 지도할 것 등을 강조하고 있다.

세계사의 경우, 동양사와 서양사를 분리해서 취급하고 별개의 지식을 제공하는 방법은 피할 것, 동양 관계 역사는 19세기 중엽 이후의 동양 관계 역사와 18세기 이후의 구미 관계 내용을 상세하게 취급할 것, 타 과목과의 연락을 충분히 고려할 것 등의 유의점을 제시하고 있다.

이처럼 유의 사항의 경우, 주로 내용의 취급 관점이나 지도 계획상 유의할 점에 대해 언급하고 있다. 역사 과목에서 학습자의 자발적인 학습 활동보다는 역사의 계통적 지식이 중시되어가는 추세를 반영한 것이라 할 수 있다. 한편 평가와 관련해서는 별다른 언급이 없다. 이것은 이후의 학습지도요령에서도 마찬가지이다.

## 라. 1960년판 학습지도요령

### 1) 편제 및 특성

1960년판의 경우, 과목 편제와 단위 수, 이수 방법 등에 큰 변화가 있다. 보통과, 직업 교육을 주로 하는 학과, 음악에 관한 학과 및 미술에 관한 학과별로 별도의 과목 편제가 제시되었다. 여기서는 보통과의 과목 편제만 제시한다.

〈표 V-3-9〉 1960년판 고등학교 학습지도요령 사회과의 과목 편제(보통과)

| 교과 | 과목 | 단위 수 | 필수·선택 | 학년 |
|------|------|---------|-----------|------|
| 사회 | 윤리·사회 | 2 | 필수 | 2학년 |
| | 정치·경제 | 2 | 필수 | 3학년 |
| | 일본사 | 3 | 필수 | 3학년 |
| | 세계사A | 3 | 2과목 중 | 2학년 |
| | 세계사B | 4 | 1과목 필택 | 2-3학년 |
| | 지리A | 3 | 2과목 중 | 1학년 |
| | 지리B | 4 | 1과목 필택 | 1학년 |

먼저 과목의 경우, 종전에는 사회, 일본사, 세계사, 인문지리의 4과목으로 구성되었던 것이 윤리·사회, 정치·경제, 일본사, 세계사A, 세계사B, 지리A, 지리B의 7과목으로 구성하고 있다. 특히 윤리·사회는 도덕 교육의 충실 강화를 위해 새롭게 설치한 과목이다. 세계사와 지리의 경우, 학생의 능력, 적성, 진로에 따른 교육을 위해 각각 A, B의 2종류를 설치해 선택하도록 하고 있다. A는 보통과, B는 직업 교육이나 음악, 미술을 주로 하는 학과에서 이수하는 것을 원칙으로 하였다.

각 과목의 단위 수는 종래에는 3-5단위로 되어 있었지만, 과목마다 표준 단위 수를 제시하고 학교마다 교육과정 편성에 탄력성을 가지도록 하였다. 그리고 이수 학년을 지정하여 각 과목마다 정해진 학년에서 이수하는 것을 원칙으로 하였으나 학교의 형편에 따라 탄력적으로 운영하도록 하고 있다. 그리고 보통과에서는 가능하다면 윤리·사회, 정치·경제 중 한 과목은 1단위를 늘여서 이수하도록 하였다. 일본사의 경우 3단위로 3학년에서, 세계사A는 3단위로 3학년에서, 세계사B는 4단위로 2학년 및 3학년에서 배우도록 하고 있다.

## 2) 성격 및 목표

1956년판 학습지도요령에서는 구극 목표와 구체 목표로 나누어 제시하였지만, 1960년판의 경우는 그러한 구분이 없어졌다. 대신에 첫 번째 목표 (1)에서 과목의 총괄적인 목표를 제시하고, 목표 (2)부터는 그것을 보다 세분하고 구체화하여 진술하고 있는 것이 특색이다.

먼저 일본사의 경우, 다음 6개의 목표를 제시하고 있다.

(1) 일본사의 발전에 관한 기본적 사항의 이해를 계통적으로 심화하고, 특히 일본의 문화가 정치나 사회, 경제의 움직임과 어떤 관련을 가지면서 형성되고 발전해 왔는가에 대해 고찰시켜, 현대 사회의 역사적 배경을 파악시켜, 민주적인 사회의 발전에 기여하는 태도와 그것에 필요한 능력을 기른다.

(2) 일본사에서의 각 시대의 정치, 경제, 사회, 문화 등의 동향을 총합적으로 파악하게 해 시대의 성격을 분명히 하고 그 역사적 의의를 고찰시킨다.

(3) 우리 나라의 사회와 문화가 우리들 조상의 노력의 집적에 의해 발전해 온 것을 이해시키고, 또한 그것에 동반해 국민의 생활이 점차 향상해 온 것을 생각하게 한다.

(4) 우리 나라의 학문, 사상, 종교, 예술 등의 문화유산에 대해 그 이해를 심화시켜 친숙하고 존중하는 태도를 기르고 나아가 새로운 문화를 창조하고 발전시키려는 의욕을 높인다.

(5) 일본사의 발전을 항상 세계사적 시야에 서서 고찰시켜 세계에서의 우리

나라의 지위나 문화의 전통과 그 특질을 이해시키는 것에 의해 국제 사회에서 일본인이 수행해야 할 역할에 대해 자각시킨다.

(6) 사료 등도 이용하고 사실을 실증적, 과학적으로 이해하는 능력을 길러, 사실을 바탕으로 역사의 동향을 고찰하는 태도를 기른다.

목표의 특징을 지적하면 첫째, 목표 (1)에서는 사회과에 속한 일본사 과목의 성격을 규정함과 동시에, 총괄적인 목표가 서술되어 있다. 둘째, 기본적 사항을 정선하고 각 시대의 동향을 서로 관련지어 총합적으로 파악시키는 계통적 학습을 강조하고 있다. 셋째, 고등학교 일본사 학습의 중점으로 문화에 대한 학습이 중시되고 있다. 넷째, 일본의 세계적 지위나 일본 문화의 전통과 특질, 일본인의 국제적 역할 등을 인식하거나 자각시키는 방안으로 세계사적 시야와 세계사와의 관련이 중시되고 있는 점이다. 다섯째, 실증주의적인 역사학의 연구 방법을 학습 방법 원리로 제시하고 있다. 사료 등을 실증적 과학적으로 이해하여 객관적 사실을 바탕으로 역사를 고찰하는 학습을 중시하고 있는 것이다.

다음으로 세계사A와 세계사B의 목표는 7개 항목인데, 총괄 목표(1)을 제외한 나머지 6개 항목은 같은 내용으로 되어 있다.

〈세계사A〉
(1) 세계사의 발전에 관한 기본적 사항을 계통적으로 이해시켜, 현대 사회의 역사적 배경을 파악시키고 역사적 사고력을 기르고, 민주적인 사회의 발전에 기여하는 태도와 그것에 필요한 능력을 기른다.

(2) 세계사의 발전을 이해시켜 각 시대의 성격을 분명히 하고 그 역사적 의의를 고찰시킨다.

(3) 인류의 역사 발전에는 민족, 국가 조직, 지역 등에 의한 각각의 특수성이나 그것들을 통하는 보편성이 있고, 또한 그 근저에는 공통된 인간성이 있

는 것을 이해시킨다.

(4) 각 시대에서 사회와 문화는 각각 시대에서 사람들의 노력의 집적에 의해 발전해 온 것을 이해시켜 역사 발전에서의 개인이나 집단의 역할에 대해 인식시킨다.

(5) 세계의 학문, 사상, 종교, 예술 등의 문화유산을 그것들이 생겨난 사회의 배경이나 문화의 교류 사실을 통해 이해시키고, 이것을 존중하고 새로운 문화를 창조하고 발전시키려는 의욕을 높인다.

(6) 국제 사회에서 일본인이 수행해야 할 역할에 대해 인식시키고 국민적 자각을 높이고 국제 협력을 추진해 세계의 평화를 확립하고 인류의 복지를 증진하려고 하는 태도를 기른다.

(7) 자료 등을 이용하고 사실을 과학적으로 이해하는 능력을 기르고 또한 현대 사회의 제 문제를 세계사적 시야에서 객관적으로 판단하는 능력과 태도를 기른다.

〈세계사B〉

(1) 세계사의 발전에 관한 기본적 사항을 계통적으로 이해시킴과 동시에, 현대 사회의 역사적 배경을 파악시키고, 특히 정치, 경제, 사회, 문화 등의 관련에 대해 총합적으로 고찰시키는 것에 의해 역사적 사고력을 심화하고 민주적인 사회의 발전에 기여하는 태도와 그것에 필요한 능력을 기른다.

(2) - (7) 세계사A와 동일

첫째, 목표 (1)에서는 세계사A와 세계사B의 궁극적인 목표와 함께 과목의 차이가 제시되어 있다. 양자 모두 세계사의 발전에 관한 기본적 사항을 계통적으로 이해시켜 현대 사회의 역사적 배경을 파악시키는 것을 목표로 하고 있다. 하지만 전자는 세계사의 흐름을 알기 쉽게 이해시키는 것에 비해, 후자는 정치, 경제, 사회, 문화 등의 관련을 총합적으로 고찰해 보다 심화된 이해를 시키도록 하고 있다. 둘째, 세계사의 특수성과 보편성에 대한 이해의 강조점이 바뀌고 있다. 1956년판의 경우, 보편성을 전제로 한 특수성의 이해가 강조되었으나, 여기서는 특수성의 이해를 선행시키고 그것을 토대로 보편성이나 공통된 인간성의 이해가 필요하다는 것을 강조하고 있다. 셋째, 세계사에서도 문화 학습이 강조되고 있다. 넷째, 목표 (6)에서 "국민적 자각"을 높이는 것이 목표로 처음 제시되었다. 국민적 자각은 일본 국민의 입장에서 세계사의 발전에 참여하는 자세를 강조하고 있는 것이다.

### 3) 내용

1960년판 학습지도요령의 경우 각 과목의 목차는 "1. 목표, 2. 내용, 3. 지도 계획 작성 및 지도 상의 유의 사항"으로 되어 있다. 먼저 일본사의 대항목과 중항목을 표로 제시하면 다음과 같다.

〈표 V-3-10〉 1960년판 고등학교 사회과 학습지도요령의 일본사 내용

| 대항목 | 중항목 |
|---|---|
| (1) 일본 문화의 여명 | 석기시대의 생활과 문화, 농경문화의 발생 |
| (2) 고대 국가의 형성과 대륙문화의 섭취 | 국가의 성립, 대륙 문화의 섭취와 율령 체제의 성립, 율령 정치의 추이와 문화의 전개 |
| (3) 귀족의 정치와 문화 | 장원의 발달, 셋칸 정치와 원정, 국풍문화의 성립 |
| (4) 무가 사회의 형성과 문화의 동향 | 무가정권의 성립, 무가정치와 사회의 움직임, 문화의 신경향 |
| (5) 무가 사회의 전개와 문화의 보급 | 남북조의 쟁란, 막부의 정치와 사회의 동요, 문화의 서민화의 경향 |
| (6) 봉건 사회의 확립과 문화의 흥륭 | 국내의 통일과 신문화의 형성, 막번체제의 성립과 쇄국, 산업경제의 진전, 문화의 흥륭 |
| (7) 봉건 사회의 동요와 문화의 성숙 | 사회의 동요와 막정의 추이, 조닌 문화의 성숙, 새로운 학문과 사상 |
| (8) 근대 국가의 성립과 근대문화의 발달 | 막부의 쇠망과 국제 환경, 메이지 유신, 자유민권운동과 의회 정치의 개시, 대외정책과 자본주의의 발달, 서양문화의 섭취와 근대 문화의 발달 |
| (9) 국제 정세의 추이와 일본 | 제1차 세계대전과 일본, 국민생활과 문화의 진전, 경제계의 불황과 군부의 대두, 제2차 세계대전과 일본 |
| (10) 현대의 일본과 세계 | 국내 체제의 변혁, 세계의 동향과 일본, 국민 생활의 변화, 일본의 과제 |

첫째, 특정 시대 구분 방식에 구애받지 않고 10개 항목으로 시기를 구분하여 일본사의 흐름과 각 시대의 특징을 파악하게 하고 있다. 둘째, 대부분의 대항목 제목에 "문화"라는 표현이 사용됨과 동시에, 각 대항목마다 문화에 관한 중항목이 1-2개씩 제시되어 문화 중시의 목표가 잘 반영되어 있다. 셋째, 근·현대사의 경우 특히 세계의 동향과 관련하여 이해할 것을 강조하고 있다.

세계사의 경우, 세계사A, B의 내용이 동일하다. 표로 정리하면 다음과 같다.

〈표 V-3-11〉 1960년판 고등학교 사회과 학습지도요령의 세계사 내용

| 대항목 | 중항목 |
|---|---|
| (1) 문명의 성립과 고대국가의 발전 | 원시 사회와 문명의 발생, 그리스의 민주 정치와 문화, 로마 제국과 크리스트교, 고대 인도 문화의 발전, 중국 고전문화의 성립 |
| (2) 중국 사회의 전개와 이슬람 세계의 형성 | 북아시아 제 민족의 활동, 중국의 귀족적 문화의 발전과 동서 문화의 교류, 이슬람 세계의 발전과 그 문화, 중국에서의 관료국가의 성립과 정복왕조 |
| (3) 중세 유럽의 사회 | 유럽 봉건 사회의 성립, 가톨릭교회의 발전과 중세문화, 도시의 발달과 중앙집권국가로의 움직임 |
| (4) 시민사회의 성립과 근대 문화 | 르네상스와 종교 개혁, 지리상의 발견과 유럽인의 식민 활동, 유럽의 절대주의 국가, 시민혁명, 산업혁명과 자본주의의 발달, 자유주의와 국민주의, 사회주의 운동, 서양 근대문화의 발전 |
| (5) 아시아에서의 전제 국가 | 중국 사회의 성숙과 그 문화, 이슬람 제 국가의 성쇠 |
| (6) 열강의 세계 정책과 아시아의 근대화 | 열강의 진출과 제국주의 하의 아시아·아프리카, 국제 정세의 추이와 일로전쟁, 중국 사회의 동요와 신해혁명 |
| (7) 두 차례의 세계대전 | 제1차 세계대전, 러시아 혁명, 베르사유 체제와 민족 독립 운동, 세계 공황과 전체주의의 대두, 제2차 세계대전 |
| (8) 현대의 세계 | 국제연합의 성립과 국제 정세의 움직임, 아시아·아프리카 제 민족의 독립과 해방 운동, 현대의 문화 |

첫째, 제시된 내용의 조직과 배열은 고정적인 것이 아니라 경우에 따라 적절히 수정할 수 있는 것이라 생각하여, 학습할 내용의 대략적인 범위와 항목만을 제시하고 있다. 따라서 특정 시대 구분 방식에 의거해 세계사를

조직하려는 의도는 찾아보기 어렵다. 둘째, 세계사의 내용 구성 원리로서 문화권의 개념이 최초로 등장하고 있다. 실제 내용 구성은 여전히 아시아와 서구의 이분법적 지역 구분에 의해 이루어지고 있지만, 지도 계획 작성 및 지도상의 유의점에서 처음으로 전근대의 내용 구성 원리로서 문화권의 발상이 제시되고 있다. 셋째, 근·현대사의 학습이 중시되고 있다. 8개 중 5개 항목이 근현대사에 해당한다.

### 4) 방법 및 평가

1960년판 학습지도요령의 경우, 일본사와 세계사 모두 구체적인 지도 방법은 "3. 지도 계획 작성 및 지도 상의 유의 사항"에서 제시되고 있다. 여기에서는 사실 열거나 암기 위주의 학습을 극복하기 위한 방안으로 크게 사실의 구체화, 학습자의 자발적 학습 활동 도입이란 2가지 방향을 제시하고 있다.

한편, 1960년판 학습지도요령에서 학습 방법과 관련해 주목되는 것은 처음으로 주제 학습이 등장한 것이다. 세계사B의 경우 적당한 주제를 설정하여 여러 가지 관점에서 종합적으로 학습하는 주제 학습을 실시하도록 하고 있다. 기본적으로 주제 학습은 문제 해결 학습에서 통사적인 계통 학습으로 전환함에 따라 초래되는 지나친 암기 중심, 지식 위주의 문제점을 극복하고 종합적인 역사적 사고력을 육성하기 위한 학습 방안으로 제시된 것이다. 세계사B에서만 제시되었던 주제 학습은 다음 개정에서 더욱 확대되어 일본사와 세계사에서 모두 활용하게 된다.

### 마. 1970년판 학습지도요령

### 1) 편제 및 특성

1970년판의 사회과는 다음의 6과목으로 구성되어 있다.

<그림 V-3-12> 1970년판 고등학교 학습지도요령 사회과의 과목 편제

| 교과 | 과목 | 단위 수 | 필수 · 선택 | 학년 |
|------|------|---------|-------------|------|
| 사회 | 윤리 · 사회 | 2 | 필수 | 2학년, 3학년 |
| | 정치 · 경제 | 2 | 필수 | 2학년, 3학년 |
| | 일본사 | 3 | 일본사, 세계사, '지리A 또는 지리B' 중 2과목 필택 | 2학년, 3학년 |
| | 세계사 | 3 | | 1학년, 2학년 |
| | 지리A | 3 | | 1학년, 2학년 |
| | 지리B | 3 | | 1학년, 2학년 |

먼저 과목의 경우, 필수 교과목 및 단위 수의 삭감과 그에 따른 교육과정의 탄력적 편성이란 방침을 반영하여 7과목에서 6과목으로 줄었다. 세계사 A와 B가 세계사로 되었으며, 모두 계통 지리를 중심으로 하였던 지리A와 B는 계통 지리 중심의 지리A와 세계 지리 중심의 지리B로 바뀌었다. 표준 단위 수도 4단위인 세계사B가 없어지고 지리B도 4단위에서 3단위로 줄여 내용의 정선과 함께 교육과정의 탄력적 편성이 가능하게 하였다.

이수 방법에 대해서는 학과의 구분 없이 모든 학생들이 윤리 · 사회, 정치 · 경제의 2과목, 일본사, 세계사, 지리A 또는 지리B 중 2과목, 합계 4과목을 반드시 이수하도록 하였다. 전일제 보통과의 경우는 전 과목을 이수하도록 권장하고 있다. 이수 학년의 경우 교육과정의 탄력적 운영을 위해 2개 학년을 제시하고 적절한 시기를 선택하여 이수할 수 있도록 하였다. 다만 2개 학년으로 분할하여 이수할 경우 1학년에 1단위가 되는 것을 피하고, 윤리 · 사회와 정치 · 경제가 같은 학년에서 이수하는 것도 피하도록 하고 있다.

## 2) 성격 및 목표

1970년판의 목표는 1960년판과 마찬가지로 첫 번째 목표 (1)에서 과목의 성격과 총괄적 목표를 제시하고, 목표 (2)부터는 그것을 보다 구체화하여 각 과목에서 지향하는 학습 내용의 이해, 역사적 사고력, 태도의 육성 등에 대해 언급하고 있다.

먼저 일본사의 목표는 다음과 같이 종래 6개에서 5개 항목으로 줄었다.

(1) 우리나라의 역사를 넓은 시야에 서서 바르게 이해시키고, 특히 일본의 문화를 시대적 배경이나 역사의 흐름과 관련시키면서 총합적으로 고찰시키는 것에 의해 현대 일본 형성의 역사적 과정을 파악시켜, 국민으로서의 자각을 심화하고 민주적 국가·사회의 발전에 기여하는 태도와 능력을 기른다.

(2) 우리나라 역사에 관한 기본적 사항을 이해시키고, 역사적 사고력을 배양하며, 각 시대의 성격이나 시대의 추이를 파악시켜 각각의 시대가 지닌 역사적 의의를 고찰시킨다.

(3) 우리나라 역사에 보이는 국제 관계나 문화 교류의 개략을 이해시키고 세계 역사에서 우리나라의 지위나 문화의 형성 과정을 고찰시켜 국제 협조의 정신을 기른다.

(4) 문화의 창조, 발전 및 전파에 관한 조상의 노력이나 문화의 전통에 대한 이해를 심화하고, 문화유산에 친숙하고 이것을 존중하는 태도를 기르고 나아가 새로운 문화를 창조하고 발전시키려는 의욕을 높인다.

(5) 자료를 활용하고 사실을 실증적, 과학적으로 이해하는 능력을 기르고 역사적 사상을 다각적으로 고찰하고 공정하게 판단하는 태도를 기른다.

첫째, 국가주의적 색채가 강해지고 있다. 목표 (1)에서 궁극적 목적으로 "국민으로서의 자각"이 새롭게 등장한 것은 국가주의적 경향이 강해진 것을 의미하며, 세계에서 일본의 역할을 강조하는 것은 경제 대국인 일본의 지위를 인식시키려는 의도라 할 수 있다. 둘째, 학문 중심 교육과정의 영향에 따라 목표 (2)에서 기본적 사항의 이해와 역사적 사고력이 결부되어 제시되고 있다. 셋째, 문화의 총합적 학습을 중추로 하는 고등학교 일본사 학습의 특징이 더욱 강화되고 있다. 특히 목표 (4)는 문화의 총합적 학습에 대한 목표를 더욱 명확히 제시한 것이다. 넷째, 능력 목표의 경우 새롭게 "다각적으로 고찰하고 공정하게 판단"이란 문구가 등장하고 있다. 다양한 관점에서 공정하게 판단하는 것이 역사 이해의 방법이자 역사적 사고력의 요소로 강조되고 있는 것이다.

세계사의 목표는 종래 7개에서 다음의 5개 항목으로 줄고 있다.

(1) 세계 역사에 관한 기본적 사항을 이해시켜 역사적 사고력을 기르고, 세계 역사의 흐름이나 현대 세계 형성의 역사적 과정을 파악시켜 국제 사회에 살아가는 일본인으로서의 자각을 심화해 민주적인 국가, 사회 발전에 기여하는 태도와 능력을 기른다.

(2) 세계의 역사에서 각 지역, 민족, 사회, 국가의 발전에는 각각의 특수성이나 그것들을 통하는 보편성이 있는 것을 이해시킴과 동시에 세계 역사에서 우리 나라의 지위와 역할을 고찰시켜 국제 협조의 정신을 기른다.

(3) 각 시대에서의 사람들의 노력의 집적에 의해 사회, 문화 등이 발전해 온 것을 이해시켜 역사 발전에서의 개인이나 집단의 역할에 대해 인식시킨다.

(4) 세계의 주요 문화유산을 그것들이 생겨난 사회의 배경이나 문화 교류의 사실을 통해 이해시키고, 이것을 존중하고 나아가 새로운 문화를 창조하고 발전시키려는 의욕을 높인다.

(5) 자료를 이용하고 사실을 실증적, 과학적으로 이해하는 능력을 길러 역사적 사상을 다각적으로 고찰하고 공정하게 판단하는 태도를 기른다.

첫째, 일본사의 목표와 마찬가지로 국가주의적 색채가 강해지고 학문 중심 교육과정의 영향이 엿보인다. 둘째, 세계사의 특수성과 보편성의 이해를 문화권 학습과 결부시킴과 동시에, 그 이해를 통한 일본의 세계사적 지위와 역할에 대한 고찰이 강조되고 있다. 셋째, 세계사에서도 문화의 학습이 강조되고 있는 것은 종래와 같다. 목표 (3)과 (4)는 1960년판 세계사 A

와 B의 목표 (4)와 (5)를 계승한 것으로 큰 변화가 없다.

### 3) 내용

1970년판 학습지도요령의 경우, 각 과목의 목차는 "1. 목표, 2. 내용, 3. 내용의 취급"으로 되어 있다. 1960년판의 "3. 지도 계획 작성 및 지도상의 유의점"이 "3. 내용의 취급"으로 바뀌어 방법보다는 내용이 더욱 중시되는 느낌을 준다.

먼저 일본사의 대항목과 중항목을 제시하면 다음과 같다.

〈표 V-3-13〉 1970년판 고등학교 사회과 학습지도요령의 일본사 내용

| 대항목 | 중항목 |
|---|---|
| (1) 일본 문화의 여명 | 민족의 기원, 농경문화의 발생 |
| (2) 고대 문화의 형성과 전개 | 국가의 통일과 대륙 문화의 섭취, 율령 체제의 성립과 고대 문화의 형성, 셋칸 정치와 원정, 장원의 발달, 국풍 문화의 전개 |
| (3) 중세 문화의 형성과 전개 | 무가 정권의 성립과 문화의 경향, 남북조의 쟁란, 막부의 정치와 사회의 움직임, 무가 문화의 형성과 문화의 서민화 |
| (4) 근세 문화의 형성과 전개 | 국내의 통일과 문화의 형성, 막번체제의 성립과 쇄국, 산업 경제의 진전과 겐로쿠(元祿) 문화, 막정의 추이와 카세이 문화, 봉건사회의 동요와 새로운 학문·사상 |
| (5) 근대 국가의 성립과 근대 문화의 발달 | 막부의 쇠망과 국제 환경, 메이지 유신과 서양 문화의 섭취, 자유 민권운동과 의회정치의 개시, 대외 정책의 전개, 근대 산업의 발전, 근대 문화의 발달 |
| (6) 국제 정세의 추이와 일본 | 제1차 세계대전과 일본, 국민생활과 문화의 진전, 경제계의 불황과 군부의 대두, 제2차 세계대전 |
| (7) 현대의 세계와 일본 | 국내의 제 개혁과 일본의 재건, 국제사회로의 복귀와 경제 부흥, 세계에서의 일본의 지위 |

첫째, 시대 구분의 일관성에 배려하고 있다. 1960년판의 경우 일관된 시대 구분의 기준이 없었지만, 여기에서는 문화의 여명, 고대, 중세, 근세, 근대, 현대 등 거의 일관된 시대 구분 방식을 채택하고 있다. 둘째, 문화의 총합적 학습이란 일본사 과목의 성격이 보다 명확하게 드러나고 있다. 예를 들면 대항목의 경우, 원시부터 근세까지는 각 시대 문화의 형성과 전개를,

근・현대에서는 문화와 그 배경에 있는 일본과 세계의 동향을 함께 항목으로 제시하고 있다. 셋째, 지방의 문화를 대상으로 한 지역사 학습의 필요성이 강조되고 있다. 내용에는 지역사에 관한 항목이 등장하지 않지만, 내용의 취급 (1)의 ②에는 지방의 문화를 지역의 특색과 관련지어 학습하도록 제안하고 있다. 이러한 지방 문화의 중시는 1960년대부터 활발하게 전개되었던 지방사 연구와 지역 교육 운동 등의 영향이 반영되었기 때문이라고 할 수 있다. 넷째, 종래보다 내용의 정선・집약이 이루어졌다. 개정 전의 10개 항목이었던 대항목이 7개 항목으로 줄었고, 중항목도 34개에서 29개로 정선되었다. 학습 내용을 정선해 부담을 줄이는 대신, 생각할 학습 기회를 많이 줌으로써 역사적 사고력을 기르겠다는 것이다. 다섯째, 세계사적 시야에서 일본사를 이해하도록 한층 배려하고 있다.

다음으로 세계사의 내용을 제시하면 다음과 같다.

〈표 V-3-14〉 1970년판 고등학교 사회과 학습지도요령의 세계사 내용

| 대항목 | 중항목 |
|---|---|
| (1) 고대 문화의 성립 | 오리엔트 문화의 성립, 지중해 문화의 성립, 인도문화, 이란 문화의 성립, 중국 문화의 성립 |
| (2) 동아시아 문화권의 형성과 발전 | 북아시아 제 민족의 활동, 중국의 사회와 문화의 변천 |
| (3) 서아시아 문화권의 형성과 문화의 교류 | 이슬람 세계의 형성과 이슬람 문화, 동서 문화의 교류 |
| (4) 유럽 문화권의 형성과 발전 | 서유럽 봉건 사회와 가톨릭교회, 동유럽의 사회와 문화 |
| (5) 유럽 시민사회의 성립과 발전 | 근대 유럽의 탄생, 유럽 세계의 확대, 시민혁명과 시민사회의 성립, 산업혁명과 자본주의 경제의 발달, 자유주의・국민주의와 사회주의 운동, 유럽 근대 문화의 발전 |
| (6) 아시아의 전제 국가와 유럽 세력의 진출 | 아시아 전제 국가의 성쇠, 유럽 세력의 진출과 세계의 분할, 아시아 제국의 동향과 일본의 근대화 |
| (7) 현대 세계의 성립과 전개 | 제1차 세계대전과 미국의 발전, 러시아 혁명과 사회주의 운동의 추이, 세계공황과 전체주의의 대두, 제2차 세계대전 |
| (8) 금일의 세계와 일본 | 국제연합의 성립과 차가운 전쟁, 아시아・아프리카 제 민족의 독립과 국가 건설, 국제 정세의 추이와 일본 |

첫째, 전근대의 내용 구성 원리로서 문화권별 구성 방식이 채용되었다. 등장하는 문화권은 동아시아 문화권, 서아시아 문화권, 유럽 문화권의 3가지이다. 동아시아 문화권은 북아시아와 중국, 유럽 문화권은 서유럽과 동유럽으로 나누어 제시하고 있다. 문화권에 의한 세계사 구성 방식은 기본적으로 중국 중심의 동양사와 유럽 중심의 서양사를 결합한 것에 지나지 않았던 종래의 일본 세계사 교육이 지닌 한계를 극복하려는 독자적이며 획기적인 시도라 평가할 수 있다. 세계사를 몇 개의 문화권으로 묶어 각 문화권의 특징과 발전 등과 함께 문화권 간의 접촉, 교류 등 상호 관계도 주목함으로써 내용의 정선뿐만 아니라 세계사의 전개 과정을 글로벌한 관점에서 구조적으로 파악하려고 의도하고 있기 때문이다.

둘째, 문화권별 구성의 적용 시기는 대략 15세기경까지로 되어 있으며, 그 이후는 유럽의 근대화와 확대 과정을 중심으로 내용을 구성하고 있다. 이러한 구성 방식은 15세기 후반부터 시작된 유럽 세계의 확대를 과도하게 평가하고 있다는 점에서 여전히 유럽 중시의 역사 인식을 완전히 극복하지는 못했다는 한계가 있다.

셋째, 세계사에서 일본의 지위와 역할이 더욱 강조되고 있다. 세계사를 일본인의 입장에서 인식하고 국민적 자각을 육성하려는 의도를 강하게 반영한 것이다.

넷째, 일본사와 마찬가지로 기본적 사항의 정선이 이루어지고 있다. 대항목의 수는 종래와 동일하지만, 중항목은 33개 항목에서 26개 항목으로 줄어들었다.

## 4) 방법 및 평가

먼저, 구체적인 지도 방법에 대해서는 일본사와 세계사 모두 "3. 내용의 취급" 부분에 제시되고 있다. 제시된 내용은 1960년판과 거의 동일하다. 가장 큰 변화는 주제 학습이 일본사에도 확대됨과 동시에, 과목의 목표 달성과 역사적 사고력의 심화를 위한 방법으로 더욱 중시되고 있는 점이다.

주제 학습의 실시 이유에 대해 일본사의 경우, 역사적 사상의 종합적 고찰을 통한 역사적 사고력의 심화와 역사 학습 방법의 습득 등을 강조하고 있다. 세계사에서는 특히 계통적 학습과의 유기적인 관련을 강조하고 있다. 계통적 학습에서 배양된 역사적 이해를 기초로 지도 사항을 확대하거나 탐구하여 역사적 사고력을 심화하고 역사의식을 높이며, 그것을 토대로 이후의 계통적 학습을 보다 발전적으로 전개할 것을 요구하고 있는 것이다. 주제 학습의 실시 시기는 주제의 내용이나 주제 학습에 의해 얻은 역사적 사고력이나 학습 방법을 이후의 학습과 어떻게 관련시키는가를 고려해 적절히 결정하도록 하고 있다. 구체적인 학습 방법으로는 교사에 의한 강의 외에도 학생에 의한 공동 연구·공동 발표, 방학 중의 과제 학습 등 학습자의 자발적인 활동을 중심으로 학습을 전개할 것을 제안하고 있다.

## 바. 1978년판 학습지도요령

### 1) 편제 및 특성

1970년판과 비교할 때, 1978년판 학습지도요령은 6과목으로 구성되어 과목 수에는 변동이 없지만, 과목의 종류와 단위 수, 필수·선택 여부에는 큰 변화가 있다.

먼저 과목의 경우, 4단위의 현대 사회가 신설되어 유일한 필수 과목이 되었다. 선택 과목의 경우, 2단위로 필수 과목이던 윤리·사회가 없어지고 2단위의 윤리가 신설되었고, 정치·경제는 필수에서 선택 과목으로 바뀌었다. 일본사와 세계사는 3단위에서 4단위로 늘어났고, 각각 3단위인 계통지리 중심의 지리A와 세계지리 중심의 지리B는 통합되어 새롭게 4단위의 지리가 설치되었다. 이수 방법의 경우, 현대 사회는 원칙적으로 1학년에 이수하게 되어 있으나 1, 2학년에 걸쳐 이수할 수도 있게 하였다. 다른 선

| 교과 | 과목 | 단위 수 | 필수 · 선택 | 학년 |
|------|------|--------|-----------|------|
| 사회 | 현대 사회 | 4 | 필수 | 원칙적으로 1학년 |
| | 일본사 | 4 | 선택 | 원칙적으로 현대 사회 이수 후 |
| | 세계사 | 4 | | |
| | 지리 | 4 | | |
| | 윤리 | 2 | | |
| | 정치 · 경제 | 2 | | |

택 과목은 현대 사회의 이수 후에 이수하는 것이 원칙이나 병행해서 이수할 수도 있도록 했다.

## 2) 성격 및 목표

일본사와 세계사의 목표는 종전보다 간결하게 바뀌었다. 1970년판의 경우, 먼저 총괄적인 목표를 제시하고, 다시 구체적인 목표를 제시하였다. 하지만, 1978년판의 경우는 구체적인 목표가 없어졌다. 학습지도요령에서 제시하는 것은 대강적인 기준에 한정함과 동시에 소, 중, 고등학교의 일관성을 도모한다는 기본 방침을 반영해 간결한 제시 방법으로 된 것이다. 일본사의 목표는 다음과 같다.

ⓐ 우리 나라 역사에서 문화의 형성과 전개를 넓은 시야에 서서 고찰시키는 것에 의해, ⓑ 역사적 사고력을 기르고 현대 일본 형성의 역사적 과정과 자국 문화의 특색을 파악시켜 국민으로서의 자각을 심화한다.(ⓐ, ⓑ는 필자 표기)

이 목표의 전반부 ⓐ는 문화의 총합적 학습이란 일본사 학습의 기본적 성격을 제시한 것이고, 후반부 ⓑ는 학습을 통해 얻게 되는 능력, 이해, 태도를 나타내고 있다. 이러한 목표의 특징으로는 종래보다 문화의 총합적 학습이란 과목의 특색을 보다 명확히 하고 있는 점, 지식보다는 사고력을 중시하고 있는 점, 현재의 이해를 위한 역사교육을 강조하고 있는 점, 국민적 자각의 육성이 궁극적 목표로 강조되어 국가주의적 색채가 강화된 점 등을 지적할 수 있다.

다음으로 세계사의 목표는 다음과 같다.

ⓐ 세계의 역사에 관한 기본적 사항을 이해시켜 역사적 사고력을 기름과 동시에, ⓑ 현대 세계 형성의 역사적 과정과 세계 역사에서의 각 문화권의 특색을 파악시켜, ⓒ 국제 사회에 살아가는 일본인으로서의 자질을 기른다.(ⓐ, ⓑ, ⓒ는 필자 표기)

세계사의 목표는 크게 ⓐ 지식·이해와 능력 목표, ⓑ 학습 내용, ⓒ 태도 목표의 3부분으로 구성되어 있다. 세계사 목표의 특징으로는 문화권의 특색에 대한 이해가 보다 강조되어 문화권 학습의 중시를 반영하고 있는 점, 세계사 학습도 궁극적으로는 일본인의 자질 육성이란 목표를 달성하기 위한 수단인 것을 강조한 점 등을 지적할 수 있다.

### 3) 내용

1978년판의 경우도 각 과목의 목차는 1970년판과 마찬가지로 "1. 목표, 2. 내용, 3. 내용의 취급"으로 되어 있다. 하지만, "2. 내용"에서 대항목과 중항목만 제시되고 각 항목의 해설 부분은 없어졌다. 목표와 마찬가지로 학습지도요령의 대강화 방침을 반영한 것이라 할 수 있다.

일본사의 대항목과 중항목을 제시하면 다음과 같다.

첫째, 시대 구분의 경우, 대항목의 제목에는 명확히 드러나고 있지 않지만 (1)에서 (6)까지 각각 원시, 고대, 중세, 근세, 근대, 현대로 나누고 있다. 아울러 제목의 경우, 각 시대의 문화적 특색과 시대적 배경을 관련지어 표

〈표 Ⅴ-3-16〉 1978년판 고등학교 사회과 학습지도요령의 일본사 내용

| 단원 | 항목 |
|------|------|
| (1) 일본 문화의 여명 | 일본 열도에서의 인류 문화의 발생, 수도(水稻) 농업의 개시와 사회 생활의 진전 |
| (2) 대륙 문화의 섭취와 문화의 국풍화 | 동아시아 문화의 영향과 국가의 형성, 수·당 문화의 섭취와 율령제도의 성립, 국풍문화의 전개와 지방의 움직임 |
| (3) 무가 문화의 형성과 서민 문화의 맹아 | 무가 사회의 성립과 문화의 신기운, 공무 관계의 추이와 무가 문화의 성장, 하극상의 사회와 서민 문화 |
| (4) 막번체제 하의 문화의 동향 | 유럽 문화와의 접촉과 쇄국, 막번체제와 봉건적 사상의 전개, 죠닌 문화의 발전과 농촌 생활 문화, 봉건사회의 동요와 신사상의 전개 |
| (5) 근대 문화의 형성과 발전 | 구미 문화의 도입과 메이지 유신, 근대 국가의 형성과 정치 사상, 자본주의의 발전과 국민의 생활, 일본의 근대화와 아시아, 양 대전간의 내외 정세와 시대사조 |
| (6) 현대 사회와 문화의 창조 | 전후의 개혁과 국민생활의 변화, 현대의 세계와 일본 문화 |
| (7) 지역사회의 역사와 문화 | |

현하여 일본 문화 변천의 큰 흐름을 파악할 수 있도록 하고 있다.

둘째, 일본 문화를 총합적으로 고찰하는 학습을 효과적으로 하기 위해 중항목을 재구성하고 있다. 대항목의 제목뿐만 아니라, 중항목도 대부분이 문화적 특색이나 동향과 사회와의 관련을 표시하는 항목으로 구성되어 있다.

셋째, 지역 사회의 역사와 문화를 대항목 (7)로 제시해 지역사 학습을 보다 강화하였다. 이것은 경제 성장에 따른 지역 사회 붕괴에 대한 대응이라는 시대적 과제를 고려한 것이라 할 수 있다.

넷째, 내용의 대폭 정선과 중점화를 통해 심도 깊은 학습과 다양한 학습활동이 가능하도록 하고 있다. 학습 내용의 정선과 삭감을 통한 여유의 확보와 학습자의 자발적 활동을 강조한 교육과정의 개정 취지를 충실히 반영한 것이라 할 수 있다.

한편, 세계사 내용의 대항목과 중항목을 표로 제시하면 다음과 같다.

〈표 Ⅴ-3-17〉 1978년판 고등학교 사회과 학습지도요령의 세계사 내용

| 대항목 | 중항목 |
|---|---|
| (1) 문명의 발생 | 오리엔트 문명, 이란 문명의 성립, 지중해 문명의 성립, 인도 문명의 성립, 중국 문명의 성립 |
| (2) 동아시아 문화권의 형성과 발전 | 유목 민족의 활동과 중국의 사회·문화, 중국의 사회·문화의 변천과 인접 제 민족의 발전, 중화제국의 번영 |
| (3) 서아시아 문화권의 형성과 발전 | 이슬람세계의 형성, 인도·동남아시아와 이슬람세계의 확대, 이슬람 문화와 동서 문화의 교류 |
| (4) 유럽 문화권의 형성과 발전 | 유럽의 사회와 문화의 형성, 유럽의 사회와 문화의 변동, 국민국가의 형성과 국제 관계 |
| (5) 19세기의 세계 | 유럽 시민사회의 성립과 그 문화, 산업혁명의 진전과 아시아, 유럽의 제 혁명과 아메리카 대륙, 제국주의와 아시아·아프리카 |
| (6) 양 대전 간의 세계 | 제1차 세계대전과 소비에트 연방의 성립, 전후의 유럽과 아시아, 아프리카의 민족 운동, 미합중국의 동향과 세계공황, 전체주의의 대두와 제2차 세계대전 |
| (7) 금일의 세계와 일본 | 제2차 세계대전 후의 국제사회, 국제 정세의 추이와 일본, 과학기술의 발달과 금일의 인류 문화 |

첫째, 종래 15세기경까지를 대상으로 하던 문화권적 구성 방식이 18세기경까지로 확대 적용되고 있다. 문화권 학습의 확대에 따라 각 문화권의 형성과 발전 과정을 일관성 있게 파악할 수 있게 되고, 종래의 유럽 중심적 역사 인식도 상당히 극복되었다고 평가할 수 있다. 하지만, 15세기 이후 활발해진 문화권 간의 교류와 접촉, 갈등 등을 상대적으로 소홀하게 다루게 된다는 문제점도 지적할 수 있다.

둘째, 특히 각 문화권의 풍토와 인간 생활에 유의하여 내용을 취급하도록 강조하고 있다. 1978년판 학습지도요령에서는 역사학의 새로운 연구 경향을 반영하고 사실 위주의 역사 학습을 개혁하기 위해 생활사, 사회사적 측면을 강조하고, 민속학과 문화인류학 등을 활용하도록 하고 있다. 문화권 학습에서 풍토와 인간 생활의 이해가 중시된 배경에는 그러한 움직임이 크게 작용하고 있다고 판단된다.

셋째, 19세기를 근대의 시점으로 인식하고 있다. 19세기를 근대로 설정한 것은 기본적으로 시민 혁명과 산업 혁명에 의한 근대 세계 시스템의 형

성이라는 관점에서 근대를 파악하고 있기 때문이다. 여기에 대해서는 여전히 서구 중심적인 역사 인식을 벗어나지 못했다는 비판도 있다.

### 4) 방법 및 평가

1978년판 학습지도요령의 경우, 사회과 전 과목에 공통되는 학습지도상의 유의점만을 제시하고 각 과목별로는 따로 언급하지 않고 있다. 제시된 내용은 "지도의 전반을 통해 지도나 연표를 읽고 작성하는 것, 각종의 통계, 연감, 백서, 신문, 읽을거리, 그 외의 자료에 친숙해지고 또한 활용할 것, 관찰, 견학 및 조사한 것을 발표하거나 보고서로 정리하거나 하는 등 다양한 학습 활동을 궁리해서 학습 효과를 올릴 수 있도록 할 필요가 있다."는 것이다. 이를 토대로 해설서에서는 각 과목별로 지도 계획의 작성과 지도상의 유의점을 제시하고 있다.

한편, 일본사와 세계사 모두 학습자의 주체적, 의욕적 학습을 위해 주제 학습의 충실을 권고한 교육과정심의회를 답신을 반영하여 주제 학습이 더욱 중시되고 있다. 먼저, 학습 내용의 정선과 표준 단위 수의 증가에 따라 주제 학습의 실시 여건이 개선되었다. 그리고 주제 학습을 통한 역사 학습 방법의 습득과 역사적 사고력의 심화가 더욱 강조되고 주제 선택의 관점도 바뀌었다. 학습 방법은 주제의 내용에 적합한 학습 형태를 궁리하되, 학습자의 자발적 학습 활동이 효과적으로 전개될 수 있도록 유의할 것을 강조하고 있다.

일본사의 지역사 학습은 더욱 강화되고 부분적으로 주제 학습의 성격도 갖추게 되었다. 지역사 학습은 국가사의 구체화와 지역의 특성 인식이라는 두 가지 역할이 동시에 추구되고 있다. 학습 내용으로는 일본사의 지역적 사례, 지역의 통사, 서민의 역사, 생활 문화, 기층 문화, 지역의 인물 등 다양한 것이 제시되어 학습의 대상과 범위가 확대되고 있다. 방법적인 측면에서는 지역의 구체적인 문화유산을 대상으로 한 조사, 연구, 관찰 등의 자발적인 학습 활동을 권장하고 있어 역사 학습 방법의 습득이 강조되고 있다고 평가할 수 있다.

## 사. 1989년판 학습지도요령

### 1) 편제 및 특성

1989년판부터 고등학교의 사회과는 해체되고 지리역사과와 공민과로 나누어졌다. 하지만 두 교과가 여전히 중학교 사회과와 연속한다는 점에서는 밀접한 관련이 있다. 따라서 여기서는 지리역사과와 공민과의 과목 편제를 모두 제시한다.

〈표 V-3-18〉 1989년판 고등학교 학습지도요령 지리역사과와
공민과의 과목 편제

| 교과 | 과목 | 단위 수 | 필수 · 선택 | 학년 |
|------|------|---------|-------------|------|
| 지리역사 | 세계사A | 2 | 2과목 중 1과목 필수 | 지정 없음 |
| | 세계사B | 4 | | |
| | 일본사A | 2 | 4과목 중 1과목 필택 | |
| | 일본사B | 4 | | |
| | 지리A | 2 | | |
| | 지리B | 4 | | |
| 공민 | 현대사회 | 4 | 현대사회 또는 윤리와 정치 · 경제 | |
| | 윤리 | 2 | | |
| | 정치 · 경제 | 2 | | |

먼저 지리역사과와 관련된 과목은 종전의 학습지도요령에서는 표준 단위 수 4단위의 세계사, 일본사, 지리의 3과목으로 구성되어 있었으나, 각각 2단위인 세계사A, 일본사A, 지리A, 각각 4단위인 세계사B, 일본사B, 지리B의 6과목으로 바뀌었다. 이처럼 세계사, 일본사, 지리 모두 2단위와 4

단위 두 종류의 과목을 설치한 것은 학생의 특성, 진로 등에 맞추어 다양한 선택을 가능하게 하기 위해서이다. 그리고 2단위의 각 과목은 4단위의 각 과목들을 단순히 압축한 것이 아니라 내용을 중점화하고 독자적인 관점에 근거해 구성되고 있는 것이 특징이다.

한편, 세계사A와 B 중 1과목은 반드시 이수하도록 하여 세계사가 필수가 되었다. 국제화에 대응하기 위해서는 세계사 학습이 반드시 필요하다는 등의 논리에 의해서이다. 그리고 나머지 4과목 중 1과목은 반드시 선택하도록 하고 있다. 이에 따라 지리역사과는 최소 4단위에서 최대 8단위까지는 반드시 이수하게 되었다.

## 2) 성격 및 목표

먼저, 일본사A와 일본사B의 목표를 제시하면 다음과 같다.

〈표 Ⅴ-3-19〉 1989년판 고등학교 학습지도요령 일본사A와 일본사B의 목표

| 과목 | 일본사A | 일본사B |
|---|---|---|
| 성격 | 우리나라 역사의 전개를 세계사적 시야에 서서 이해시키고 | 우리나라 역사의 전개를 세계사적 시야에 서서 총합적으로 이해시키고 |
| 학습의 중점 | 특히 근대 사회의 성립과 발전의 과정을 우리나라를 둘러싼 국제 환경 등과 관련지어 고찰시키는 것에 의해 | 우리나라 문화와 전통의 특색에 대한 인식을 심화시키는 것에 의해 |
| 능력·태도 | 역사적 사고력을 기르고 국민으로서의 자각과 국제 사회에서 살아가는 일본인으로서의 자질을 기른다. | 역사적 사고력을 기르고 국민으로서의 자각과 국제 사회에서 살아가는 일본인으로서의 자질을 기른다. |

일본사A와 일본사B의 목표는 모두 크게 3부분으로 구성되어 있다. 첫째, 과목의 성격을 나타내는 첫 번째 부분을 비교해 보면, 양자 모두 일본의 역사 전체를 학습 대상으로 하고, 세계사적인 넓은 시야에서 일본사를 이해하는 것을 강조하고 있다는 점에서는 동일하다. 여기서 "세계사적 시야"라는 표현은 새롭게 등장한 것으로 국제화에 대한 대응을 보다 강조하

기 위한 것이다. 차이점은 일본사B의 경우, "총합적으로"라는 표현이 제시되고 있는 점이다. 일본사A보다 일본사B가 일본사의 전개 과정을 보다 구조적으로 심도 깊게 학습한다는 것을 알 수 있다.

둘째, 학습의 중점을 나타내는 두 번째 부분은 양자의 성격 차이를 가장 잘 보여준다. 일본사A는 국제 환경과의 관련에 유의하면서 특히 근·현대사에 중점을 두고 학습하는 과목이라는 성격이 강조되고 있다. 일본사B는 세계사의 동향과의 관련을 중시하면서도, 일본 문화와 전통의 특색에 대한 인식에 중점을 두고 있다.

셋째, 능력과 태도 목표에 해당하는 마지막 부분은 완전 동일하다. 양자는 비록 성격이 다른 독립된 과목이지만, 육성하려는 능력과 태도는 공통된 것이다.

다음으로 세계사A와 세계사B의 목표에 대해 살펴보자.

⟨표 Ⅴ-3-20⟩ 1989년판 고등학교 학습지도요령 세계사A와 세계사B의 목표

| 과목 | 세계사A | 세계사B |
|------|---------|---------|
| 학습 내용 | 현대 세계 형성의 역사적 과정에 대해 근현대사를 중심으로 이해시켜 | 현대 세계 형성의 역사적 과정과 세계 역사에서의 각 문화권의 특색에 대해 이해시켜 |
| 학습 전개 · 방법 | 세계 여러 나라의 상호 관련을 다각적으로 고찰시키는 것에 의해 | 문화의 다양성 · 복합성이나 상호 교류를 넓은 시야에서 고찰시키는 것에 의해 |
| 능력 · 태도 | 역사적 사고력을 기르고 국제 사회에 살아가는 일본인으로서의 자각과 자질을 기른다. | 역사적 사고력을 기르고 국제 사회에 살아가는 일본인으로서의 자각과 자질을 기른다. |

세계사A와 세계사B의 목표도 3부분으로 구성되어 있다. 먼저, 첫 번째 부분은 학습 내용을 제시한 것으로 과목의 성격을 잘 보여준다. 세계사A는 특히 근·현대에 중점을 두고 현대 세계의 형성 과정을 이해시키는 과목이며, 세계사B는 종래의 세계사와 마찬가지로 세계사의 기본적 사항과 함께,

각 문화권의 역사·문화적 특색을 이해시키는 데에 중점을 둔 과목인 것을 알 수 있다.

두 번째 부분은 학습의 전개 방법과 관련된 목표이다. 세계사A의 경우 현대의 국제 관계를 역사적, 구조적으로 파악시키는 것에 중점을 두고 있다. 세계사B의 서술은 다분히 문화권 학습의 결함을 보완하려는 의도가 엿보이는 표현이다. 종래 문화권 학습이 각 문화권의 독자적인 발전이나 문화적 특색에만 주목하는 경향이 있다는 문제점을 문화의 상호 교류와 복합이란 관점을 도입해 해결하려는 것이다.

세 번째 부분은 능력과 태도에 관한 목표로 양자가 동일하다. 기능 목표로는 일본사A, B와 마찬가지로 역사적 사고력의 육성이 제시되고 있다. 태도 목표의 경우, 국민적 자각과 일본인으로서의 주체적인 역사 인식을 강조하고 있다.

### 3) 내용

1989년판 학습지도요령의 경우, 내용의 기술 방식에 변화가 있다. 대항목, 중항목 각각에 내용이나 취지를 설명하는 문장이 등장하고 있다. 일본사A와 일본사B, 세계사A와 세계사B는 학습 내용이나 구성 방식에 큰 차이가 있다.

먼저, 일본사A의 대항목과 중항목을 표로 제시하면 다음과 같다.

〈표 V-3-21〉 1989년판 고등학교 학습지도요령 일본사A의 내용

| 대항목 | 중항목 |
|--------|--------|
| (1) 고대 및 중세의 일본과 아시아 | 고대 국가의 형성과 대륙 문화의 섭취, 중세 사회의 전개와 아시아 세계와의 교류 |
| (2) 막번 체제의 형성과 추이 | 유럽 문화와의 접촉과 쇄국, 막번 체제의 확립과 도시 및 농촌의 경제나 문화 |
| (3) 일본의 근대화로의 길과 19세기의 세계 | 국제 환경의 변화와 막번 체제의 동요, 신 사상의 전개와 교육의 보급 |

| | |
|---|---|
| (4) 근대 일본의 형성과 전개 | 구미 문화의 도입과 메이지 유신, 근대 국가의 성립과 국제 관계의 추이, 근대 산업의 발전과 국민의 생활, 정당 정치와 학문이나 문화의 진전, 양 대전을 둘러싼 국제 정세와 일본 |
| (5) 현대의 세계와 일본 | 전후의 제 개혁과 국민생활의 변화, 국제 사회의 동향과 경제의 발전, 현대의 세계와 일본 |

첫째, 대항목의 시대 구분은 (1) 고대·중세, (2) 근세 전반, (3) 근세 후반, (4) 근대, (5) 현대로 나누어져 있다. 특히 근세 후반을 별도의 시기로 구분해 대항목 (3)을 설정한 이유는 이 시기에 일본 사회의 근대화에 바탕이 되는 여러 요인들이 생성되었다고 인식하기 때문이다.

둘째, 과목의 성격과 목적 등을 반영하여 근·현대사 중심의 내용 구성을 하고 있다. 5개의 항목 중 3개가 근·현대사와 관련된 항목이다. 이에 따라 전근대사의 내용은 각 시대의 특징을 이해하는 데 꼭 필요한 기본 골격이 되는 항목만을 추려서 간략히 구성하고 있다. 반면, 근·현대사는 특히 국제 환경에 초점을 맞추어 다각적으로 충실하게 고찰할 수 있도록 구성하고 있다.

셋째, 특히 세계의 움직임이나 국제적 환경과의 관련에서 일본 역사의 전개 과정을 이해하는 것에 중점을 두고 있다. 전근대사의 경우는 아시아와 유럽 세계의 움직임을 배경으로 하여 일본사의 발전 과정을 이해하도록 하고, 근·현대사는 국제 환경과 관련지어 세계사적 시야에서 이해하도록 강조하고 있다.

다음으로 일본사B의 대항목과 중항목을 표로 제시하면 다음과 같다.

첫째, 1978년판의 일본사보다는 시대 구분 방식을 명확히 드러내는 제목을 대항목에 붙이고 있다. 각 시대상을 총합적으로 고찰하고 다른 시대로의 변화 발전을 동적으로 파악시키려고 하면 먼저 명확한 시대 구분이 이루어져야 하기 때문이다.

둘째, 일본사A와 마찬가지로 세계사적 시야에서 세계의 역사를 배경으로 일본사의 전개 과정을 이해하는 것에 중점이 두어지고 있다.

〈표 V-3-22〉 1989년판 고등학교 학습지도요령 일본사B의 내용

| 대항목 | 중항목 |
|--------|--------|
| (1) 일본 문화의 여명 | 일본 열도에서 인류 문화의 발생, 농경의 개시와 사회 생활의 변화 |
| (2) 고대 국가와 고대 문화의 형성 | 국가의 형성과 대륙 문화의 섭취, 율령 체제의 추이와 고대 문화의 형성, 문화의 국풍화와 지방의 동향 |
| (3) 중세 사회의 성립과 문화의 전개 | 무가 정권의 성립과 문화의 신기운, 무가 정권의 전개와 국제 관계, 사회 · 경제의 변용과 서민 문화의 맹아 |
| (4) 막번체제의 추이와 문화의 동향 | 유럽 문화와의 접촉과 쇼쿠호 정권, 막번체제의 형성과 쇄국, 산업 경제의 발전과 도시나 농촌의 문화, 국제 환경의 변화와 막번체제의 동요 |
| (5) 근대 일본의 형성과 아시아 | 구미 문화의 도입과 메이지 유신, 입헌 체제의 성립과 정치 사상, 국제 관계의 추이와 근대 산업의 발전, 근대 문화의 발전과 도시나 농촌의 생활 |
| (6) 양 세계대전과 일본 | 제1차 세계대전과 일본의 경제, 정당 정치의 발전과 대중 문화의 형성, 제2차 세계대전과 일본 |
| (7) 현대의 세계와 일본 | 전후의 제 개혁과 국민 생활의 변화, 국제 사회의 동향과 경제의 발전, 현대의 세계와 일본 |
| (8) 지역사회의 역사와 문화 | |

셋째, 문화 중심의 총합적 학습에서 세계와의 관련을 중시한 계통적 학습으로 고등학교 일본사의 성격이 바뀌게 되었다.

넷째, 종래보다 근 · 현대사의 내용이 충실해졌다. 1978년판에서는 근대사 부분이 (5) 근대 문화의 형성과 발전이란 하나의 항목으로 축약되어 있었지만, 이번에는 (5) 근대 일본의 형성과 아시아, (6) 양 세계대전과 일본의 두 항목으로 나누고 있다. 그에 따라 중항목도 늘어나고 있다.

한편, 세계사A의 대항목과 중항목을 표로 제시하면 아래와 같다.

첫째, 세계사를 크게 전근대, 근대, 현대로 시기를 구분하고 있으며, 19세기를 근대, 20세기를 현대로 설정하고 있다. 19세기를 근대로 설정하고 있는 것은 종전의 세계사와 차이가 없다. 특히, 20세기를 현대로 설정한 것은 두 차례의 세계대전을 전후한 시기를 단절적 측면보다는 연속적 측면에 주목하여 파악함으로써 20세기를 재인식하고 아울러 현대사 학습의 충실

〈표 V-3-23〉 1989년판 고등학교 학습지도요령 세계사A의 내용

| 대항목 | 중항목 |
|---|---|
| (1) 여러 문명의 역사적 특질 | 문명과 풍토, 동아시아와 중국 문화, 남아시아와 인도 문화, 서아시아와 이슬람 문화, 유럽과 크리스트교 문화 |
| (2) 여러 문명의 접촉과 교류 | 2세기의 세계, 8세기의 세계, 13세기의 세계, 16세기의 세계, 17·18세기의 세계 |
| (3) 19세기의 세계의 형성과 전개 | 19세기의 유럽·아메리카, 산업 혁명과 세계 시장의 형성, 아시아 여러 나라의 변모와 일본 |
| (4) 현대 세계와 일본 | 두 차례의 세계대전과 평화, 아메리카 합중국과 소비에트 연방, 민족주의와 아시아·아프리카 여러 나라, 지역 분쟁과 국제 사회, 과학 기술과 현대 문명, 이제부터의 세계와 일본 |

을 기하려는 의도가 반영되어 있다.

둘째, 전근대사의 경우 종래의 문화권적 구성 방식 대신에 문명의 역사적 특질과 문화권 간의 접촉과 교류를 중심으로 내용을 구성하고 있다. 각 문화권의 역사적 발전 과정보다는 현재와의 관련에 유의하여 그 역사적 문화적 특질을 파악시키는 것에 주안점이 있다. 한편, 대항목 (2)의 경우는 문화의 접촉과 교류가 활발하였던 2세기, 8세기, 13세기, 16세기, 17·18세기의 역사를 중항목으로 제시하고 그 중에서 2개 정도를 골라 학습하도록 하고 있다. 이것은 각 시대마다 세계의 전체상을 제 문명의 접촉과 교류를 중심으로 이해시키고 문명들을 서로 비교하게 함으로써 종래의 문화권 학습에서는 소홀히 하였던 문화의 교류와 접촉, 문화의 비교, 동시대사적 인식 등을 중시한 것이다.

셋째, 전근대사의 내용을 정선하고 근·현대사를 중시하고 있다. 전체 4개의 대항목 중 2개를 근·현대사에 배당하여 중시하고 있다. 또한, 근·현대사의 학습 시간을 확보하기 위해 전근대사의 내용을 크게 정선하거나 각 항목의 취급을 탄력적으로 하고 있다.

넷째, 문명사적 관점과 동시대사적 인식을 강조한 내용 구성을 하고 있다. 먼저 문명사적 관점을 반영해 여러 문명의 역사적 특질, 문명 간의 접

촉과 교류, 현대 문명 등을 학습 대상으로 제시하고, 각 문명의 특색이나 역사적 의의, 문명 간 접촉과 교류의 다양성 등에 대한 이해뿐만 아니라 문명 간의 비교도 중시하고 있다. 그 배경에는 새로운 역사학(사회사)이나 문화인류학, 민속학, 비교문명론 등의 영향과 종래 역사학습이 정치사나 경제사에 치우쳐 있는 것에 대한 반성이 있다.

한편, 세계사를 횡적 관련에서 파악하는 동시대사적 인식이 중시되고 있다. 먼저, 대항목 (2)의 경우는 여러 문명 간의 접촉과 교류가 활발했던 5개 시기를 대상으로 내용을 구성해 세계사를 횡적으로 파악하고 동시대사로 취급하도록 하고 있다. 그리고 대항목 (3)의 경우는 세계의 일체화 과정에 대한 이해, 대항목 (4)는 지구적 규모로 일체화된 현대 세계 역사의 이해에 중점을 두고 있다. 동시대사적 인식의 중시는 현대 세계의 특색인 여러 지역이나 국가 간의 상호 의존 관계에 의한 세계의 일체화가 이루어져 온 과정을 역사적으로 소급하여 파악시키려는 의도의 결과라고 얘기할 수 있다.

세계사 B의 경우, 대항목과 중항목의 내용을 제시하면 다음과 같다.

〈표 V-3-24〉 1989년판 고등학교 학습지도요령 세계사B의 내용

| 대항목 | 중항목 |
|---|---|
| (1) 문명의 발생 | 오리엔트 문명, 지중해 문명, 인도 문명, 중국 문명 |
| (2) 동아시아 문화권의 형성과 발전 | 유목 민족의 활동과 동아시아 세계의 형성, 중국 사회의 변천과 인접 여러 민족의 활동, 중화 제국의 번영과 조선, 일본 |
| (3) 서아시아 · 남아시아의 문화권과 동서교류 | 이슬람 세계의 형성, 이슬람 세계의 발전, 남아시아 · 동남아시아 세계의 전개, 유라시아의 동서 교류 |
| (4) 유럽 문화권의 형성과 발전 | 동서 유럽 세계의 형성, 유럽의 변혁과 대항해 시대, 17 · 18세기의 유럽과 세계 |
| (5) 근대와 세계의 변용 | 시민 혁명과 산업 혁명, 아메리카 합중국과 아메리카 문명, 아시아 여러 나라와 유럽의 진출, 제국주의와 아시아 · 아프리카 |
| (6) 20세기의 세계 | 두 차례의 대전과 세계, 소비에트 연방과 사회주의 여러 나라, 아메리카 합중국과 자유주의 여러 나라, 아시아 · 아프리카 여러 나라의 민족 운동과 독립 |

| (7) 현대의 과제 | 국제 대립과 국제 협조, 과학 기술의 발전과 현대 문명, 이제부터의 세계와 일본 |
|---|---|

첫째, 기존의 세계사를 계승하여 18세기경까지의 전근대사는 문화권을 중심으로 구성하고 있지만, 문화권의 설정 및 취급 방식 등에는 변화가 엿보인다. 먼저, 남아시아와 동남아시아는 종래 서아시아 중에 포함되어 있었지만 "남아시아·동남아시아 세계의 전개"라는 중항목을 설치해 독자성을 강조하였다. 유럽 문화권의 학습에서는 동유럽의 역사가 종래보다 중시되고 있다. 또한 문화권의 상호 교류가 중시되어 "유라시아의 동서 교류"와 같은 항목을 새로 설치해 유라시아 규모에서 문명의 접촉·교류를 다루도록 하고 있다. 아울러, 지중해와 그 주변, 인도양과 그 주변, 중앙아시아 등의 공간을 문화 교류권으로 설정하여 문화권 상호의 접촉·교류를 정리하는 것도 가능하게 하였다.

둘째, 근·현대사는 주제사적 구성을 하고, 특히 현대사를 총체적 연속적으로 인식할 수 있게 구성 방식을 수정하였다. 기본적으로 근·현대사는 세계를 일체화해서 파악하는 시점과 현대를 이해하는 데에 중요한 사항 또는 주제로서 정리한다고 하는 두 가지 구성 원리를 조합하고 있다.

셋째, 유럽 중심의 근대 인식을 수정하려는 의도가 반영되고 있다. 예를 들면, 대항목 (5)에서는 유럽에 관한 내용을 "시민 혁명과 산업 혁명"의 중항목에 집약하고, 새롭게 "아메리카 합중국과 아메리카 문명"의 중항목을 설정하였다. 그리고 중항목 "아시아 여러 나라와 유럽의 진출"은 아시아의 관점에서 유럽의 진출에 대한 아시아의 대응을 파악하도록 구성하고 있다. 유럽 중심이 아닌 아메리카, 아시아, 아프리카 등의 입장에서 근대를 인식하도록 의도하고 있는 것이다.

### 4) 방법 및 평가

1989년판 학습지도요령의 경우, 정보화 시대에 대응하고 학습자의 자주적 학습 태도를 육성하기 위하여 지리역사과의 모든 과목에 대해 정보 활용과 작업적 학습의 도입을 강조하고 있는 것이 특징이다. 역사 과목도 이를 반영하여 기존의 주제 학습이나 지역 학습을 계속 활용해 주체적 학습을 실시하도록 요구하고 있다.

한편, 일본사B의 지역사 학습도 학습 목적과 의의 등에 새로운 관점을 추가하면서 계속 중시되고 있다. 1979년판과 비교할 때 주목할 만한 차이점은 조사와 견학 등의 학습 활동이 중시되고, 특히 지역 사회의 향상과 문화의 창조·발전을 위한 조상의 노력을 이해시키는 것을 강조하고 있는 점이다. 그리고 지역사 학습의 의의로는 역사 학습에 대한 관심과 의욕의 향상, 폭넓은 시야의 역사 인식, 다양한 학습 방법에 의한 다양한 학습 능력의 습득, 문화재의 존중·애호와 보존 태도 육성 등을 열거하고 있다. 여기서도 지역사 학습을 통한 기능과 태도의 육성이 강조되고 있다.


### 아. 1999년판 학습지도요령

#### 1) 편제 및 특성

1999년판 지리역사과와 공민과의 과목 편제는 아래와 같다.

지리역사과는 과목의 종류, 단위 수, 이수 방법 등에서 변화가 없다. 여전히 세계사가 필수로 지정되어 있다. 최소 필수 단위 수는 지리역사과는 4단위, 공민과는 2단위로 되었다.

〈표 V-3-25〉 1999년판 고등학교 학습지도요령 지리역사과와
공민과의 과목 편제

| 교과 | 과목 | 단위 수 | 필수 · 선택 | 학년 |
|---|---|---|---|---|
| 지리역사 | 세계사A | 2 | 2과목 중 1과목 필수 | 지정 없음 |
| | 세계사B | 4 | | |
| | 일본사A | 2 | 4과목 중 1과목 필택 | |
| | 일본사B | 4 | | |
| | 지리A | 2 | | |
| | 지리B | 4 | | |
| 공민 | 현대사회 | 2 | 현대사회 또는 윤리와 정치 · 경제 | |
| | 윤리 | 2 | | |
| | 정치 · 경제 | 2 | | |

## 2) 성격 및 목표

고등학교 역사 과목의 목표는 1989년판과 유사한 구조를 갖고 있다. 먼저 일본사A와 일본사B의 목표를 1989년판과 비교하여 그 특징을 살펴 보자.

먼저, 일본사A의 경우, 근현대사를 중심으로 한다는 점을 보다 명확히 하고, 태도 목표에 "주체적으로"란 문구를 추가해 일본인으로서의 주체성 을 육성한다는 취지를 강조하고 있다. 능력과 태도 목표의 경우, 일본사B 와 동일하다.

일본사B의 경우, 먼저 과목의 성격 부분에서 종래의 "이해시켜"를 "고찰 시켜"로 수정하고 있다. "고찰시켜"는 이해한 위에 조사하여 생각하는 것 을 중시한다는 취지를 반영한 것이다. 학습 중점을 "문화와 전통의 특색" 에 두고 있는 것은 종래와 차이가 없다.

〈표 V-3-26〉 1989년판과 1999년판 고등학교 일본사A와 일본사B의 목표

| | | 1989년판 | 1999년판 |
|---|---|---|---|
| 일본사A | 성격 | 우리나라 역사의 전개를 세계사적시야에 서서 이해시키고, 특히 근대 사회의 성립 과 발전의 과정을 우리나라를 둘러싼 국제 환경 등과 관련지어 고찰시키는 것에 의해 | 근현대사를 중심으로 하는 우리나라 역사의 전개를 세계사적 시야에 서서 우리나라를 둘러싼 국제 환경 등과 관련지어 고찰시키는 것에 의해서 |
| | 능력태도 | 역사적 사고력을 기르고 국민으로서의 자각과 국제 사회에서 살아가는 일본인으로서의 자질을 기른다. | 역사적 사고력을 기르고 국민으로서의 자각과 국제 사회에서 주체적으로 살아가는 일본인으로서의 자질을 기른다. |
| 일본사B | 성격 | 우리나라 역사의 전개를 세계사적 시야에 서서 총합적으로 이해시키고 | 우리나라 역사의 전개를 세계사적 시야에 서서 총합적으로 고찰시켜 |
| | 중점 | 우리나라 문화와 전통의 특색에 대한 인식을 심화시키는 것에 의해 | 우리나라 문화와 전통의 특색에 대한 인식을 심화시키는 것에 의해 |
| | 능력태도 | 역사적 사고력을 기르고 국민으로서의 자각과 국제 사회에서 살아가는 일본인으로서의 자질을 기른다. | 역사적 사고력을 기르고 국민으로서의 자각과 국제 사회에서 주체적으로 살아가는 일본인으로서의 자질을 기른다. |

다음으로 세계사A와 세계사B의 목표를 1989년판과 비교해보자.

먼저 세계사A의 경우, 학습 내용에서는 근현대사를 중심으로 취급한다 는 점을 보다 명확하게 제시하고 있다. 학습의 전개 및 방법에 대해서는 특 히 "우리나라의 역사와 관련지어"라는 문구를 새롭게 제시하여 어디까지 나 일본인의 관점에서 일본사와 관련지어 세계사를 이해해야 한다는 점을 강조하고 있다. 이것은 세계사B도 마찬가지이다. 그리고 종래에는 국제 관 계의 다각적인 인식에 학습의 중점을 두고 있던 것이 인류 과제의 다각적 인 인식으로 변화하고 있다. 환경 문제 등의 대한 대응이라는 학습지도 요 령의 개정 취지를 반영한 것이라 할 수 있다. 마지막으로 능력과 태도 목 표는 세계사B와 동일한 것으로 이미 언급했듯이 "주체적으로"라는 문구가 추가되고 있는 것이 특징이다.

세계사B의 경우, 문화권 대신 지역 세계라는 개념이 학습의 대상으로 새

〈표 V-3-27〉 1989년판과 1999년판 고등학교 세계사A와 세계사B의 목표

| | | 1989년판 | 1999년판 |
|---|---|---|---|
| 세계사A | 내용 | 현대 세계 형성의 역사적 과정에 대해 근현대사를 중심으로 이해시켜 | 근현대사를 중심으로 하는 세계의 역사를 |
| | 학습 전개 방법 | 세계 여러 나라의 상호 관련을 다각적으로 고찰시키는 것에 의해 | 우리 나라의 역사와 관련지어 이해시키고 인류의 과제를 다각적으로 고찰시키는 것에 의해서 |
| | 능력 태도 | 역사적 사고력을 기르고 국제 사회에서 살아가는 일본인으로서의 자각과 자질을 기른다. | 역사적 사고력을 기르고, 국제 사회에서 주체적으로 살아가는 일본인으로서의 자각과 자질을 기른다. |
| 세계사B | 내용 | 현대 세계 형성의 역사적 과정과 세계 역사에서의 각 문화권의 특색에 대해 이해시켜 | 세계 역사의 큰 틀과 흐름을 |
| | 학습 전개 방법 | 문화의 다양성·복합성이나 상호 교류를 넓은 시야에서 고찰시키는 것에 의해 | 우리 나라의 역사와 관련지어 가면서 이해시키고, 문화의 다양성과 현대 세계의 특질을 넓은 시야에서 고찰시키는 것에 의해 |
| | 능력 태도 | 역사적 사고력을 기르고 국제 사회에서 살아가는 일본인으로서의 자각과 자질을 기른다. | 역사적 사고력을 기르고 국제 사회에서 주체적으로 살아가는 일본인으로서의 자각을 기른다. |

롭게 등장하고 있다. 학습의 전개 및 방법에 대해서는 새롭게 "현대 세계의 특질"이란 문구가 등장한다.

### 3) 내용

일본사A의 대항목과 중항목을 제시하면 다음과 같다

첫째, 주제 학습의 강화, 주체적 학습 활동의 중시, 역사적 사고력의 중시 등의 개정 취지를 반영한 도입 단원 성격의 대항목 (1)이 설치되었다. 대항목에 제시된 5개의 중항목 중에 2개 내지 3개를 선택하여 적절한 주제를 설정하되, 그 중 하나는 과목의 도입으로 활용하고, 나머지는 다른 대항목의 학습과 관련지어 취급하도록 하고 있다. 둘째, 전근대사 부분을 과감하게 삭제하여 내용을 줄이는 동시에, 근·현대사를 중심으로 내용을 구성한 점이다. 이에 따라 학습할 내용이 대폭 삭감되었고 근·현대사를 중심

〈표 Ⅴ-3-28〉 1999년판 학습지도요령 고등학교 일본사A의 내용

| 대항목 | 중항목 |
|---|---|
| (1) 역사와 생활 | 의식주 생활, 교통·통신의 변화, 현대에 남은 풍습과 민간 신앙, 산업 기술의 발달과 생활, 지역 사회의 변화 |
| (2) 근대 일본의 형성과 19세기의 세계 | 국제 환경의 변화와 막번체제의 동요, 메이지 유신과 근대 국가의 형성, 국제 관계의 추이와 근대 산업의 성립 |
| (3) 근대 일본의 발자취와 국제 관계 | 정당 정치의 전개와 대중 문화의 형성, 근대 산업의 발전과 국민 생활, 양 대전을 둘러싼 국제 정세와 일본 |
| (4) 제2차 세계대전 후의 일본과 세계 | 전후 정치의 동향과 국제 사회, 경제의 발전과 국민 생활, 현대의 일본과 세계 |

로 한 과목의 성격도 보다 명확하게 되었다.

셋째, 근대의 기점과 관련해 대항목의 시기 구분 방식이 바뀌었다. 일본사A의 시기 구분을 정리해 보면 막번 체제 동요기를 근대의 맹아기, 개국부터 20세기 초반까지를 근대의 형성기, 20세기 초반부터 제2차 세계대전 종결까지를 본격적인 근대, 그 이후를 현대로 파악하고 있다.

넷째, 세계사적 시야에 선 이해를 위해 국제 환경과의 관련을 더욱 중시하고 있는 점이다. 대항목의 제목에서 세계와의 관련이 강조되고 있으며, 대항목의 내용 설명에서도 각 시대의 국제 환경과의 관련을 중시한 표현을 사용하고 있다.

다음으로 일본사B의 항목들을 표로 정리하여 제시하면 다음과 같다.

첫째, 시대 구분의 경우, 일본사A와는 달리 종전의 방식을 그대로 답습하고 있다. 막번 체제의 동요 부분을 근세에 포함시키고, 개국과 메이지 유신을 근대의 기점으로 하고 있다. 하지만 막번 체제의 동요기를 근대화의 기반이 형성된 시기로 파악하는 있는 점에서는 일본사A와 동일하다.

둘째, 일본사A와 마찬가지로 주제를 설정하고 추구하는 학습을 위해 대항목 (1)을 설치한 점이다. 이것은 중학교의 역사적 분야에서 신변 지역의 조사 활동이나 적절한 과제의 설정 학습 등을 통해 배운 학습 방법이나 조사 방법을 더욱 발전시키려는 것이다.

〈표 V-3-29〉 1999년판 학습지도요령 고등학교 일본사B의 내용

| 대항목 | 중항목(소항목) |
|---|---|
| (1) 역사의 고찰 | 역사와 자료(자료를 읽는다, 자료에 접한다), 역사의 추구(일본인의 생활과 신앙, 일본 열도의 지역적 차이, 기술이나 정보의 발달과 교육의 보급, 세계 중의 일본, 법제의 변화와 사회), 지역 사회의 역사와 문화 |
| (2) 원시·고대의 사회·문화와 동아시아 | 일본 문화의 여명, 고대 국가의 형성과 동아시아, 고대 국가의 추이와 사회의 변화 |
| (3) 중세의 사회·문화와 동아시아 | 무가 정권의 성립, 무가 정권의 전개와 사회의 변화 |
| (4) 근세의 사회·문화와 국제 관계 | 쇼쿠호 정권과 막번 체제의 형성, 산업 경제의 발전과 도시나 촌락의 문화, 국제 환경의 변화와 막번 체제의 동요 |
| (5) 근대 일본의 형성과 아시아 | 메이지 유신과 입헌 체제의 성립, 국제 관계의 추이와 입헌 국가의 전개, 근대 산업의 발전과 근대 문화 |
| (6) 양 세계대전기의 일본과 세계, | 제1차 세계대전과 일본의 경제, 정당 정치의 발전과 대중문화의 형성, 제2차 세계대전과 일본 |
| (7) 제2차 세계대전 후의 일본과 세계 | 전후 정치의 동향과 국제 사회, 경제의 발전과 국민 생활, 현대의 일본과 세계 |

셋째, 대항목의 수를 줄이고 일부 중항목도 통합하여 내용의 중점화를 도모하고 있는 점이다. 일본사A와 마찬가지로 통사 학습 부분의 내용을 엄선하여 시간을 확보해, 주제 학습을 실시하려는 의도라 생각할 수 있다.

넷째, 통사 부분에 해당하는 대항목의 제목에서 알 수 있듯이, 세계와의 관련과 시대의 총합적 학습이란 성격이 보다 명확하게 되었다.

한편, 세계사A의 경우, 구체적인 대항목과 중항목은 다음과 같다.

〈표 V-3-30〉 1999년판 고등학교 학습지도요령 세계사A의 내용

| 대항목 | 중항목 |
|---|---|
| (1) 여러 지역세계와 교류권 | 동아시아 세계, 남아시아 세계, 이슬람 세계, 유럽 세계, 유라시아의 교류권(해역 세계의 성장과 유라시아, 유목 사회의 팽창과 유라시아, 지중해 해역과 유라시아, 동아시아 해역과 유라시아) |
| (2) 일체화하는 세계 | 대항해 시대의 세계, 아시아의 여러 제국과 유럽의 주권 국가 체제, 유럽·아메리카의 여러 혁명, 아시아 여러 나라의 변모와 일본 |
| (3) 현대의 세계와 일본 | 급변하는 인류 사회, 두 가지의 세계 전쟁과 평화, 미소 냉전과 아시아·아프리카 여러 나라, 지구 사회로의 발걸음과 일본, 지역 분쟁과 국제 사회, 과학 기술과 현대 문명 |

첫째, 16세기 이후부터 세계의 일체화가 이루어지는 과정을 강조하는 내용 구성을 하고 있다. 대항해 시대부터 세계의 일체화가 시작된 것으로 파악하고 대항목의 제목도 "(2) 일체화하는 세계"로 표현하고 있다. 16세기부터 18세기까지를 근대로 이어지는 특징들이 등장한 근세로 설정하고 이때부터 세계의 일체화가 시작되었다고 인식하고 있는 것이다.

둘째, 전근대사의 경우, 지역 세계와 교류권을 중심으로 구성하되, 각 지역 세계의 구조적 특질과 교류에 초점을 맞추어 내용의 중점화와 정선을 시도하고 있다. 교류권으로는 유라시아 해역, 내륙 아시아, 지중해 해역, 동아시아 해역을 제시하고 있다. 교류권의 경우는 모두 학습하는 것이 아니라 그 중에서 2개 정도를 선택하도록 하고, 취급 방식도 상세한 교류사가 아닌 교류의 구체적 양상을 파악시키도록 해 내용을 정선하고 있다. 한편, 종래의 문화권과는 달리 통사적 구성이 아닌 구조사적 구성을 통해 내용을 중점화하고 있다. 지역 세계의 특색을 자연과 인간과의 관계, 민족 및 종교 등의 기층 문화적 요소나 제도, 생활 양식 등과 결부시켜 구조적으로 파악할 수 있도록 구성하고 있다.

셋째, 근·현대사를 더욱 중시하고, 세계의 일체화 과정과 현대 세계의 특징 및 과제를 보다 효과적으로 파악할 수 있도록 내용 구성 방식도 바꾸었다.

넷째, 일본의 고교생이 배우는 세계사라는 점을 고려해 근현대 세계의 형성 과정을 일본 역사와 관련지어 학습하도록 해 세계와 일본과의 관련이 중시되고 있다. 관련의 구체적인 방법으로는 세계 중에서 일본의 위치를 강조하거나 다른 문화와의 비교를 통해 일본의 특색을 고찰시키는 것을 제시하고 있다.

다섯째, 대항목 (1)의 "유라시아의 교류권"과 대항목 (3)의 "지역 분쟁과 국제 사회, 과학 기술과 현대 문명"에서는 주체적 학습을 통해 추구하는 주제 학습을 실시하도록 내용을 구성하고 있다. 전자의 경우, 4개 교류권 중

2개 정도를 선택해 적절한 주제를 설정한 학습을 실시하게 하고 있다. 후자의 경우 20세기의 역사적 특질과 전개 과정을 학습한 후 세계사의 종결 부분에서 예시된 인류의 당면 과제들을 참고해 적절한 주제를 설정해 주체적으로 학습하도록 하고 있는 것이다.

세계사B의 대항목과 중항목을 다음과 같다.

〈표 V-3-31〉 1999년판 고등학교 학습지도요령 세계사B의 내용

| 대항목 | 중항목 |
|---|---|
| (1) 세계사로의 빗장 문 | 세계사에서의 시간과 공간, 일상 생활을 통해 보는 세계사, 세계사와 일본사와의 연관 |
| (2) 여러 지역 세계의 형성 | 서아시아 · 지중해 세계, 남아시아 세계의 형성, 동아시아 · 내륙 아시아 세계의 형성 |
| (3) 여러 지역 세계의 교류와 재편 | 이슬람 세계의 형성과 확대, 유럽 세계의 형성과 변동, 내륙 아시아의 동향과 여러 지역 세계 |
| (4) 여러 지역 세계의 결합과 변용 | 아시아 여러 지역의 번영과 성숙, 유럽의 확대와 대서양 세계, 유럽 · 아메리카의 변혁과 국민 형성, 세계 시장의 형성과 아시아 여러 나라, 제국주의와 세계의 변용 |
| (5) 지구 세계의 형성 | 두 차례의 대전과 세계, 미소 냉전과 제3세력, 냉전의 종결과 지구 사회의 도래, 국제 대립과 국제 협조, 과학 기술의 발달과 현대 문명, 이제부터의 세계와 일본 |

첫째, 종래의 문화권적 구성 방식 대신에 지역 세계별 구성으로 바뀌었다. 문화권적 구성은 시간적인 측면에서 주로 전근대를 대상으로 한 것이고, 공간적인 측면에서 공통된 문화적 특성을 가진 고정된 것으로 파악하는 측면이 있다. 이에 비해 지역 세계별 구성 방식은 시간적으로는 전 시기를 대상으로 하여 전근대와 근 · 현대의 연속성이 더욱 강조되고, 공간적으로도 시대에 따라 다른 지역 세계의 영향을 받으면서 변용하였던 것으로 파악한다는 점에서 큰 차이가 있다.

둘째, 각 시기별로 중요한 역할을 한 지역 세계의 동향에 중점을 두어 세계사를 구성함으로써 유럽 중심의 역사 인식을 벗어나 여러 지역 세계의 위상을 공정하게 평가할 수 있게 된 점이다. 이러한 세계사 인식에서는 유

럽 세계는 뒤늦게 등장한 지역 세계에 지나지 않으며, 세계사에서 주도적 역할을 담당한 것도 그다지 오래되지 않았다는 것을 알 수가 있다. 또한 이미 해체하거나 쇠퇴하여 문화권 학습에서는 경시되었던 서아시아·지중해 세계, 내륙 아시아 세계 등도 세계사에서 차지하는 위치나 역할을 공정하게 평가받을 수 있게 되었다.

셋째, 세계사의 도입과 종결 부분에 주제를 설정해 추구하는 학습이 실시될 수 있도록 내용을 구성하고 있다. 먼저 대항목 (1)의 경우, 도입 단원의 성격을 지닌 것으로 세계사 학습의 출발점이란 것을 생각해 주로 학습자가 흥미를 가질 수 있는 신변의 것이나 일상 생활 등에 관한 주제를 제시하고 추상적이거나 고도의 학습이 되지 않도록 강조하고 있다. 대항목 (5)의 "국제 대립과 국제 협조, 과학 기술의 발달과 현대 문명, 이제부터의 세계와 일본"의 중항목도 주제 학습의 대상으로 제시된 것이다. 여기에서는 핵병기 문제, 인종·민족 문제, 주요 국제 분쟁 등 국제 대립과 협조에 관련된 문제, 정보화, 첨단 기술의 발달, 환경 문제 등 과학 기술의 발달에 따른 문제, 지역 분쟁, 국제 정치, 세계 경제, 현대 문명 등에서 인류가 당면한 과제 등을 대상으로 주제를 선정하여 주체적으로 추구하는 학습을 전개하도록 하고 있다.

### 4) 방법 및 평가

1999년판 학습지도요령의 경우, 주체적 학습의 중시라는 개정 방침에 따라 각 과목마다 주제 학습이 더욱 강화되고 있는 것이 특징이다. 주제 학습의 시기와 목적, 기능 등이 다양해졌다. 종래와 같이 통사 학습의 전개 부분에서 그것을 보완하기 위해 주제 학습을 실시하는 것이 아니라, 도입과 종결 부분에서도 도입하여 새로운 기능을 갖게 하였다. 그리고 주제 학습을 "과제를 설정하여 주체적으로 추구하는 학습"으로 정의하여 학습자의 발상이나 관점, 의문 등을 바탕으로 과제를 설정해 해결하는 주체적인 학습이 될 수 있도록 요구하고 있다.

한편, 일본사B에서 실시되었던 지역사 학습의 경우, 종래에는 대항목 (8)로 제시되었던 것을 이번에는 대항목 (1)의 중항목으로 옮겨 주제 학습의 일환으로 학습하도록 하고 있다. "작업적 체험적 학습을 중시하고 역사적 관점이나 사고 방법을 몸에 익히게 하는 것을 보다 명확히 하는 취지"를 반영한 것이다. 그리고 일본사A에서도 새롭게 대항목 (1)에 지역사 학습에 관한 중항목을 제시하여 역시 주제 학습으로 실시하도록 하고 있다. 지역 학습의 의의에 대한 설명은 종래와 큰 변화가 없다. 차이라면 중학교 사회과 역사적 분야와의 연계성을 강화하고 주체적 학습 능력을 육성할 수 있다는 것을 새롭게 강조하고 있는 정도이다.

### 자. 2009년판 학습지도요령

#### 1) 편제 및 특성

2009년판 학습지도요령에서 지리역사과와 공민과의 과목 편제는 1999년판과 같다. 과목의 종류, 단위 수, 이수 방법 등에서 변화가 없다. 학습지도요령의 작성 과정에서 일부 우익 성향의 인사들로부터 세계사 대신 일본사를 필수로 하자는 주장이 제기되었으나 여전히 세계사가 필수로 남게 되었다.

#### 2) 성격 및 목표

고등학교 역사 과목의 목표는 1999년판의 목표를 계승하면서 일부 자구의 수정에 그치고 있다. 수정된 자구와 수정 이유를 검토해보자. 각 과목의 목표를 제시하면 다음과 같다.

〈일본사 A〉 우리나라 근현대 역사의 전개를 제 자료에 근거해 지리적 조건이나 세계 역사와 관련지어 현대의 제 과제에 착목해서 고찰시키는 것에 의해 역사적 사고력을 기르고 국제 사회에 주체적으로 살아가는 일본 국민으로서의 자각과 자질을 기른다.

〈일본사 B〉 우리나라 역사 전개를 제 자료에 근거해 지리적 조건이나 세계 역사와 관련지어 총합적으로 고찰시켜, 우리나라 전통 문화의 특색에 대한 인식을 심화시킴으로써 역사적 사고력을 기르고 국제 사회에 주체적으로 살아가는 일본 국민으로서의 자각과 자질을 기른다.

〈세계사 A〉 근현대사를 중심으로 하는 세계의 역사를 제 자료에 근거해 지리적 조건이나 일본의 역사와 관련지으면서 이해시키고 현대의 제 과제를 역사적 관점에서 고찰시키는 것에 의해 역사적 사고력을 기르고 국제 사회에서 주체적으로 살아가는 일본 국민으로서의 자각과 자질을 기른다.

〈세계사 B〉 세계 역사의 큰 틀과 전개를 제 자료에 근거해 지리적 조건이나 일본 역사와 관련지우면서 이해시켜 문화의 다양성·복합성과 현대 세계의 특질을 넓은 시야에서 고찰시키는 것에 의해 역사적 사고력을 기르고 국제 사회에 주체적으로 살아가는 일본 국민으로서의 자각과 자질을 기른다.

각 목표에 공통적으로 나타나는 경향을 살펴보면, 첫째, "제 자료에 근거해"라는 자구가 추가되었다. 역사 학습에서 다양한 자료의 활용과 함께 자료에 근거한 학습 활동이 강조되고 있는 것이다. 둘째, "지리적 조건"이란 자구도 새롭게 추가된 것이다. 지리역사과에 속한 과목간의 관련을 중시하려는 의도가 반영되어 있다. 일본사에서는 세계사와의 관련을 중시하고, 세계사에서는 일본사와의 관련을 중시하고 있는 것도 같은 맥락에서 이해할 수 있다. 셋째, 종래의 목표에서는 "일본인"이라는 표현이 "일본 국민"

으로 바뀌고 있다. 역사교육을 통한 국민 의식 강화의 의도를 보다 직접적 노골적으로 드러낸 것이라 할 수 있다.

한편, 세계사A의 경우 종래에는 "인류의 제 과제를 다각적으로 고찰시 키는 것"이라고 했던 표현이 "현대의 과제를 역사적 관점에서 고찰시키는 것"으로 변하였다. "현대의 과제"라는 표현을 통해 세계사A가 근현대 중심 이라는 특징을 명확히 하고 있고, "역사적 관점"이란 표현을 통해 역사 과 목이란 특성을 강조하고 있다.

### 3) 내용

일본사A의 대항목과 중항목을 표로 제시하면 다음과 같다

〈표 Ⅴ-3-32〉 2009년판 학습지도요령 고등학교 일본사A의 내용

| 대항목 | 중항목 |
|---|---|
| (1) 우리들의 시대와 역사 | |
| (2) 근대 일본과 세계 | a. 근대 국가의 형성과 국제 관계의 추이, b. 근대 산업의 발전과 양 대전을 둘러싼 국제 정세, c. 근대의 추구 |
| (3) 현대 일본과 세계 | a. 현대 일본의 정치와 국제 사회, b. 경제 발전과 국민 생활의 변화, c. 현대로부터의 탐구 |

비고 : 원문의 ア, イ, ウ …를 편의상 a, b, c …로 바꿈. 이하 통일

첫째, 대항목 (1)의 성격이 역사 학습 방법을 습득시키는 단원에서 역사 학습의 의의를 깨닫게 하는 단원으로 변화하였다. 1999년판의 경우, 과제 설정 학습을 통해 주로 역사 학습 방법을 습득하게 하고 역사 학습에 대한 흥미와 관심, 역사적 관점과 사고력을 육성하는 데에 중점이 두어졌다. 하 지만 2009년판은 근현대의 역사와 현재와의 관련을 생각하는 활동을 통해 역사에 대한 관심을 높이고 역사 학습의 의의를 깨닫게 하는 역할이 강조 되고 있다.

둘째, 대항목마다 역사적 관점과 사고 방법의 습득을 위한 중항목이 따

로 설치되어 탐구와 표현 활동을 중시하고 있다. 대항목 (2)의 c. 근대의 추구, 대항목 (3)의 c. 현대로부터의 탐구가 그것이다. 전자는 근대의 산업과 생활, 국제 정세와 국민, 지역 사회의 변화 등에 대한 구체적 사실과 관련된 적절한 주제를 설정하여 추구하고 표현하는 활동을 실시하도록 한 것이다. 후자는 현대 세계나 과제와 관련된 적절한 주제를 설정하여 탐구하고 표현하는 활동을 통해 역사적 관점과 사고 방법을 습득하고, 동시에 역사 학습을 정리하도록 하고 있다.

셋째, 근대 부분을 1개 대항목으로 통합해 개국 전후부터 제2차 세계대전 종결까지를 연속적으로 크게 파악할 수 있도록 하였다. 1999년판의 경우 (2) 근대 일본의 형성과 19세기의 세계, (3) 근대 일본의 발자취와 국제 관계라는 2개의 대항목에서 각각 19세기 후반과 20세기 전반의 내용이 제시되어 연속적인 이해가 다소 어려웠다. 하지만 대항목의 통합을 통해 국제 관계의 추이에 따른 정치의 전개와 근대 산업의 발전 과정을 단절 없이 인식하게 된 것이다.

다음으로 일본사B의 항목들을 제시하면 다음과 같다.

〈표 V-3-33〉 2009년판 학습지도요령 고등학교 일본사B의 내용

| 대항목 | 중항목 |
|---|---|
| (1) 원시·고대의 일본과 동아시아 | a. 역사와 자료, b. 일본 문화의 여명과 고대 국가의 형성, c. 고대 국가의 추이와 사회 변화 |
| (2) 중세 일본과 동아시아 | a. 역사의 해석, b. 중세 국가의 형성, c. 중세 사회의 전개 |
| (3) 근세의 일본과 세계 | a. 역사의 설명, b. 근세 국가의 형성, c. 산업 경제의 발전과 막번 체제의 변용 |
| (4) 근대 일본의 형성과 세계 | a. 메이지 유신과 입헌 체제의 성립, b. 국제 관계의 추이와 입헌 국가의 전개, c. 근대 산업의 발전과 근대 문화 |
| (5) 양 세계대전기의 일본과 세계 | a. 정당 정치의 발전과 대중 사회의 형성, b. 제1차 세계대전과 일본의 경제·사회, c. 제2차 세계대전과 일본 |
| (6) 현대의 일본과 세계 | a. 현대 일본의 정치와 국제 사회, b. 경제의 발전과 국민 생활의 변화, c. 역사의 논술 |

첫째, 도입 단원 성격의 대항목 (1) 역사의 고찰을 삭제하고 그 대신에 (1) a. 역사와 자료, (2) a. 역사의 해석, (3) a. 역사의 설명, (6) c. 역사의 논술의 중항목을 추가하고 있다. 자료를 활용하여 역사를 고찰하고 표현하는 기능을 단계적으로 높여가기 위한 것이다. 항목의 취급에 대해서는 "다양한 자료의 특성에 착목시켜 복수의 자료 활용을 도모하고 자료에 대한 비판적인 관점을 기름과 동시에 인과 관계를 고찰시키거나 해석의 다양성을 깨닫게 하거나 할 것"을 요구하고 있다. 한편, 내용 (1)의 a는 과목의 도입, (6)의 c는 과목의 정리에 해당한다.

둘째, 중항목의 통합을 통한 내용의 중점화와 대강화가 더욱 진전되고 있다. 통사 부분의 중항목 수가 종래 17개에서 14개로 줄었다. 대항목의 수도 도입 단원이 삭제되어 7개에서 6개로 줄었다.

셋째, 대항목의 제목이 중세까지는 동아시아와의 관련, 근세 이후는 세계와의 관련을 강조하는 방향으로 바뀌었다. 세계사와의 관련을 중시하는 개정 취지를 반영한 것이다.

넷째, 지역사 학습과 관련된 내용 항목이 삭제되었다. 1999년판의 대항목 (1)에 제시되었던 "지역 사회의 역사와 문화"라는 중항목이 삭제되었다. 대신에 3. 내용의 취급에 새롭게 "지역 사회의 역사와 문화에 대해 취급하도록 함과 동시에 조상이 지역 사회의 향상과 문화 창조나 발전에 노력한 것을 구체적으로 이해시켜 그것들을 존중하는 태도를 기르도록 할 것"이라는 내용을 제시하고 있다. 내용 항목에서 제시되지 않을 경우 교과서에 제대로 반영되지 않는다는 점을 생각할 때 지역사 학습의 후퇴라고도 볼 수 있다.

한편, 세계사A의 경우, 구체적인 대항목과 중항목은 아래와 같다.

첫째, 지리와 일본사와의 연관을 도모하기 위한 도입 단원 성격의 대항목 (1)이 새롭게 설치되었다. 중항목인 a. 자연 환경과 역사, b. 일본 열도 중의 세계 역사는 각각 지리, 일본사와 관련된 것이다. 이것은 세계사가 지

〈표 V-3-34〉 2009년판 고등학교 학습지도요령 세계사A의 내용

| 대항목 | 중항목 |
|---|---|
| (1) 세계사로의 안내 | a. 자연 환경과 역사, b. 일본 열도 중의 세계 역사 |
| (2) 세계의 일체화와 일본 | a. 유라시아의 제 문명, b. 결부되는 세계와 근세의 일본, c. 유럽·아메리카의 공업화와 국민 형성, d. 아시아 제국의 변모와 근대의 일본 |
| (3) 지구 사회와 일본 | a. 급변하는 인류 사회, b. 세계 전쟁과 평화, c. 세 개의 세계와 일본의 동향, d. 지구 사회로의 발자취와 과제, e. 지속가능한 사회로의 전망 |

리역사과의 필수 과목인 것을 고려해 세계사 학습을 통해 지리와 일본사에 대한 관심을 높이고 세계사 학습의 기본적 기능을 습득하도록 하려는 의도가 반영된 것이다.

둘째, 세계사의 전개와 일본과의 관계가 더욱 강조되고 있다. 대항목 (2)의 제목이 "일체화하는 세계"에서 "일체화하는 세계와 일본"로 바뀌었으며, 내용 설명 중에도 "세계의 동향과 일본의 관계", "세계의 일체화 움직임과 근세 일본의 대응", "세계의 일체화와 일본의 근대화를 이해", "3개의 세계와 일본의 동향" 등 세계사의 동향과 일본의 관계를 강조하는 표현들이 많이 추가되었다.

셋째, 전근대사의 경우 내용이 크게 줄고 구성 방식도 변화하였다. 1999년판에서는 대항목 (1) 지역 세계와 교류권에서 전근대사가 다루어졌고, 그 내용은 지역 세계와 교류권 중심으로 구성되었다. 하지만 대항목 (2)의 a. 유라시아의 제 문명이란 중항목에서 다루도록 내용이 크게 줄어들었고 그 내용도 유라시아 제 문명의 특질과 교류라는 것으로 바뀌게 되었다.

넷째, 현대 세계의 추세와 과제, 전망을 보다 명확히 인식하도록 내용을 구성하고 있다. 이전의 d. 지구 사회로의 발자취와 일본, e. 지역 분쟁과 국제 사회, f. 과학 기술과 현대 문명, 3개 중단원을 d. 지구 사회로의 발자취와 과제라는 1개 중단원으로 통합하여 새로 지식 기반 사회로의 이행, 지역 통합의 진전과 같은 항목을 추가함으로써 현대 세계의 추세와 과제를 명확히 드러내고 있다. 아울러 새로이 e. 지속 가능한 사회로의 전망이란 중단

원을 추가하여 현대 세계의 특징이나 과제에 관한 적절한 주제를 설정하여 탐구, 논술, 토론 등의 방식을 이용해 지속가능한 사회의 실현 방안을 생각하도록 하고 있다.

세계사B의 대항목과 중항목을 제시하면 다음과 같다.

〈표 Ⅴ-3-35〉 2009년판 고등학교 학습지도요령 세계사B의 내용

| 대항목 | 중항목 |
|---|---|
| (1) 세계사로의 문 | a. 자연 환경과 인류의 관계, b. 일본 역사와 세계 역사의 연계, c. 일상 생활에 보이는 세계 역사 |
| (2) 제 지역세계의 형성 | a. 서아시아 세계 · 지중해 세계, b. 남아시아 세계 · 동남아시아 세계, c. 동아시아 세계 · 내륙아시아 세계, d. 시간 축에서 본 제 지역세계 |
| (3) 제 지역사회의 교류와 재편 | a. 이슬람 세계의 형성과 확대, b. 유럽 세계의 형성과 전개, c. 내륙아시아의 동향과 제 지역세계, e. 공간 축에서 본 제 지역세계 |
| (4) 제 지역세계의 결합과 변용 | a. 아시아 제 지역의 번영과 일본, b. 유럽의 확대와 대서양 세계, c. 산업 사회와 국민 국가의 형성, d. 세계 시장의 형성과 일본, e. 자료로 읽는 역사의 세계 |
| (5) 지구 세계의 도래 | a. 제국주의와 사회의 변용, b. 두 차례의 세계 대전과 대중 사회의 출현, c. 미소 냉전과 제3세계, d. 글로벌화한 세계와 일본, e. 자료를 활용해서 탐구하는 지구 세계의 과제 |

첫째, 세계사A와 마찬가지로 세계사 학습을 통한 지리와 일본사에 대한 관심을 높이고 아울러 과목간의 연관을 도모하기 위해 도입 단원의 내용이 바뀌었다. 지리와의 연관을 위해 새로 대항목 (1)의 a. 자연 환경과 인류의 관계란 중항목이 추가되었고, 대신에 기존의 a. 세계사에서의 시간과 공간은 삭제되었다. 한편 대항목 (1)의 중항목 b는 기존의 c. 세계사와 일본사의 연관에 상당하는 것으로 일본과 세계 제 지역의 접촉과 교류에 대해 인간, 물건, 기술, 문화, 종교, 생활 등에서 적절한 역사적 사례를 들어 학습하게 하고 있다.

둘째, 1999년판의 지역 세계별 구성 방식을 계승하면서 동남아시아 세계를 추가하고 있다. 동남아시아를 독자적 성격을 지닌 지역 세계로 인정하게 된 것이다.

셋째, 각 대항목마다 주제 학습을 위한 중항목을 신설하여 주체적인 학습 활동을 통해 역사적 사고력을 기르도록 하고 있다.

예를 들면, 대항목 (1)의 a는 도입에 해당하는 주제 학습이며, b와 c는 적절한 시기에 주제 학습의 형태로 실시하도록 하고 있다. 대항목 (2)의 d, (3)의 d, (4)의 e는 각각 시간, 공간, 자료 등의 측면에서 세계사를 인식하는 방법이나 기능을 습득시킬 수 있는 주제를 설정해 학습하도록 한 것이다. 대항목 (5)의 e는 학습 정리에 해당하는 것으로 지구 세계의 과제를 주제로 설정하여 자료를 활용해서 탐구하고 논술, 토론 등의 형태로 표현하게 한 것이다.

넷째, 지구 세계의 성립에 대한 인식과 과제에 대한 취급 방식이 다소 변화하고 있다. 먼저 종래에는 대항목 (4)에 있었던 중항목 a. 제국주의와 사회의 변용을 대항목 (5)의 시작 부분에 가져와 제국주의의 확대가 지구 세계 성립의 요인이 되었다는 인식을 드러내고 있다. 그리고 기존의 중단원 중 d. 국제 대립과 국제 협조, e. 과학 기술의 발달과 현대 문명, f. 이제부터의 세계와 일본, 3개 단원을 삭제하고, 대신에 새롭게 e. 자료를 활용해서 탐구하는 지구 세계의 과제를 신설하고 있다. 이것은 지구 세계의 과제에 대해 그 내용보다는 자료의 활용과 탐구, 표현 방법 등에 초점을 맞추어 학습을 실시하도록 한 것이다.

### 4) 방법 및 평가

학습 방법이란 측면에서는 크게 3가지 특징을 지적할 수 있다.

첫째, 각 과목마다 과제를 탐구하는 주제 학습을 강화함과 동시에 논술, 토론 등 언어 활동의 충실을 지향하고 있다. 먼저 주제 학습의 강화를 단적으로 보여주는 것이 일본사B와 세계사B의 경우, 주제 학습과 관련된 중항목들이 크게 늘어난 점이다. 세계사A도 새로 도입 단원을 설치해 주제 학습을 실시하도록 하였다. 한편, 주제 학습을 실시할 경우 과제를 설정하여 자료를 활용해서 탐구하고 그것을 토론이나 논술 등의 활동을 통해 발표하도록 하여 언어 활동의 충실이 강조되고 있다. 특히, 일본사B의 경우, 3. 내용의 취급에서 주제 학습과 관련된 중항목은 "자료를 활용해 역사를 고찰하거나 그 결과를 표현하거나 하는 기능을 단계적으로 높여 갈 것"을 요구하고 있다. 사고력, 판단력, 표현력 등의 육성을 지향하고 언어 활동 등의 충실을 강조한 중앙교육심의회의 답신 취지를 반영한 것이다.

둘째, 각 과목에서 지도, 연표를 비롯한 다양한 자료를 활용한 학습을 더욱 중시하고 있다. 먼저 각 과목의 목표에서도 "제 자료에 근거해"라는 문구를 새로 추가하고 있다. 내용의 취급에서도 모든 과목에서 "연표, 지도, 그외의 자료를 적극적으로 활용"할 것을 요구하고 있다. 일본사B의 경우, 도입 단원에 a. 역사와 자료라는 중항목을 신설하였고, 세계사B는 대항목 (4)의 e. 자료로 읽는 역사의 세계, 대항목 (5) e. 자료를 활용해서 탐구하는 지구 세계의 과제와 같은 중항목을 신설해 다양한 자료의 활용을 강조하고 있다. 자료 활용의 강조는 정보화 시대에 각종 자료로부터 필요한 정보를 수집하고 독해하는 능력이 중시되고 있는 실정을 반영한 것이라 할 수 있다.

셋째, 지리역사과 각 과목간의 유기적인 관련 학습이 더욱 강조되고 있다.

각 과목의 목표에서 "지리적 조건"이란 자구를 새롭게 추가하고 있으며 내용의 취급에서도 지리적 조건과의 관련을 강조하고 있다. 한편, 세계사 과목의 경우는 각 시대에서 세계와 일본을 관련지어 다룰 것을 요구하고 있고, 일본사 과목은 국제 환경과의 관련과 세계 중의 일본이란 시점을 강조하고 있다. 특히 세계사 과목의 경우 지리역사과의 필수 과목이라는 점을 고려해 지리와 일본사에 대한 흥미도 느낄 수 있도록 지도할 것을 요구하고 있다.

한편, 일본사의 지역사 학습은 그에 대한 내용은 없어져 다소 경시되고 있다는 느낌이다. 지역사 학습과 관련된 내용은 일본사A와 B의 3. 내용의 취급 부분에 "지역의 문화유산, 박물관이나 자료관의 조사·견학 등을 도입하도록 궁리할 것"이라는 표현이 등장하고 있다. 그리고 일본사 B에서는 "지역 사회의 역사와 문화에 대해 취급하도록 함과 동시에 조상이 지역 사회의 향상과 문화 창조나 발전에 노력한 것을 구체적으로 이해시켜 그것들을 존중하는 태도를 기르도록 할 것"이라고 하여 지역사 학습의 관점을 제시하고 있다. 하지만 지역의 범위, 지역사 학습을 위한 시간의 확보 등을 강조하였던 1999년판 학습지도요령과 비교하면 내용이 빈약해진 것이라 할 수 있다.

## ● 참 고 문 헌

### [저서]

〈한국〉

문교부, 1947 ≪국민학교 사회생활과 교수요목≫

군정청 교육부, 1947 ≪초중등학교 각과 교수요목집≫

문교부, 1948 ≪중학교 사회생활과 교수요목집≫

금융도서 편집부, 1949 ≪중등 사회생활과 우리나라 생활: 역사 부분≫, 금융도서

김성칠, 1949 ≪중등 사회생활과 우리나라 생활: 역사 부분≫, 정음사

문교부 편수국, 1950 ≪편수시보≫ 제1호

문교부, 1955 ≪고등학교 및 사범학교 교과과정≫

문교부, 1958 ≪문교 개관≫

문교부, 1963 ≪고등학교 교육과정≫

문교부, 1963 ≪고등학교 교육과정 해설≫

문교부, 1963 ≪실업계 고등학교 교육과정≫

교학도서편집부, 1973 ≪초등학교 교육과정≫, 교학도서주식회사

문교부, 1974 ≪고등학교 교육과정≫

강우철, 1974 ≪역사의 교육≫, 교학사

교학도서주식회사, 1977 ≪새 종합 교육과정 및 해설≫

문교부, 1981 ≪고등학교 교육과정≫

신세호 외, 1981 ≪교육과정 개정안(총론)의 연구개발≫ 한국교육개발원

문교부, 1982 ≪초등학교 교육과정≫

문교부, 1986 ≪초 · 중 · 고등학교 교육과정(1946-1981)-사회과 · 국사과≫

대한교육연합회, 1987 ≪제5차 국민학교 교육과정≫

문교부, 1987 ≪중학교 교육과정≫, 대한 교과서 주식회사

문교부, 1988 ≪중학교 교육과정 해설≫

문교부, 1988 ≪고등학교 교육과정≫

홍웅선, 1988 ≪새초등교육과정≫, 교학연구사

교육과정 · 교과서연구회 편, 1990 ≪한국 교육과정의 변천-고등학교≫, 대한교
　　과서

문교부, 1990 ≪편수자료≫ Ⅰ

유봉호, 1992 ≪한국교육과정사 연구≫, 교학연구사

정태수, 1992 ≪미군정기 한국교육사자료집(상) (1945～1948)≫, 홍지원

한국교원대학교 제6차 교육과정(사회과) 개발연구위원회, 1992. ≪제6차 사회과
　　교육과정 개발 연구≫

교육부, 1992 ≪중학교 교육과정≫, 대한 교과서 주식회사,

교육부, 1992 ≪고등학교 교육과정(Ⅰ)≫

김흥수, 1992 ≪한국역사교육사≫, 대한교과서주식회사

교육부, 1993 ≪초등학교 교육과정 해설(Ⅱ)≫

교육부, 1994 ≪고등학교 사회과 통합 교육과정 내용구성 연구≫

교육부, 1995 ≪고등학교 사회과 교육과정 해설≫

차경수, 1996 ≪현대의 사회과교육≫, 학문사

류승렬, 1996 〈해방 후 교육과정 변천과 역사교과의 위치〉 ≪역사교육≫60

교육부, 1997 ≪초등학교 교육과정≫

교육부, 1997 ≪사회과 교육과정≫, 대한교과서주식회사,

양호환 외, 1997 ≪역사교육의 이론과 방법≫, 삼지원

이경섭, 1997 ≪한국 현대교육과정사 연구(상)≫, 교육과학사

한국교원대학교 사회과 교육과정개정연구회, 1997 ≪제7차 사회과 교육과정 개
　　정 시안 연구 · 개발≫

교육부, 1997 ≪사회과 교육과정≫

유봉호 · 김융자, 1998 ≪한국 근/현대 중등교육 100년사≫, 교학연구사

윤종영, 1999 ≪국사 교과서 파동≫, 혜안

한국교과서연구재단, 2000 ≪한국 편수사 연구(Ⅰ)≫

송춘영, 2000 ≪개정판 역사교육의 이론과 실제≫, 형설출판사

교육부, 2001 ≪고등학교 교육과정 해설≫

한국교육과정평가원, 2001 ≪사회과교육 목표 및 내용체계 연구(Ⅱ)≫ (연구보
　　고 RRC 2001-5)

정선영 외, 2001 ≪역사교육의 이해≫, 삼지원

일본교과서바로잡기운동본부, 2002 ≪화해와 반성을 위한 동아시아 역사인식≫,
　　역사비평사

함수곤, 2003 ≪한국교육과정변천사연구≫, 교육과학사

함종규, 2003 ≪한국교육과정변천사연구-조선조 말부터 제7차 교육과정기까지-≫,
　　교육과학사,

교육인적자원부, 2004 ≪제7차 교육과정 백서≫

한국교육과정평가원, 2005 ≪사회과 교육과정 개선 방안 연구≫(연구보고 RRC
　　2005-5)

한국교육과정평가원, 2005 ≪사회과 교육과정 개정(시안) 연구 개발≫(연구보고
　　CRC 2005-9)

김한종 외, 2005 ≪한국근현대사 교육론≫, 선인

김한종, 2006 ≪역사교육과정과 교과서연구≫, 선인

박상준, 2006 ≪사회과교육의 이론과 실제≫ 교육과학사

동북아역사재단, 2006 ≪동아시아사 교육과정 시안 개발≫

한국교육과정평가원, 2006 ≪역사과 선택과목 교육과정 개정 시안 연구 개발≫
　　(연구보고 CRC 2006-20)

교육인적자원부, 2007 ≪사회과 교육과정≫

교육인적자원부, 2007 ≪중학교 교육과정≫, 대한 교과서 주식회사

교육인적자원부, 2007 ≪'2007년 개정 교육과정' 개요≫


〈일본〉

文部省, 1947 ≪學習指導要領 一般編(試案)≫

文部省, 1947 ≪學習指導要領 東洋史編(試案)≫(中等學校敎科書株式會社, 東京)

文部省, 1947 ≪學習指導要領 西東史編(試案)≫(中等學校敎科書株式會社, 東京)

文部省, 1947 〈高等學校における社會科の選擇敎科について〉≪學習指導要領
　　社會科(Ⅱ)(第七學年－第十學年)(試案)≫(東京書籍株式會社, 東京)

文部省, 1951 ≪學習指導要領 一般編(試案)≫

文部省, 1952 ≪中學校高等學校學習指導要領 社會科編Ⅲ(a)日本史 (b)世界史
　　(試案)≫

文部省, 1955 ≪高等學校 學習指導要領 社會科編≫

近代日本制度史料編纂會, 1956 ≪近代日本敎育制度史料第2卷≫(講談社, 東京),
　　510

文部省, 1960 ≪高等學校 學習指導要領 社會科編≫

文部省, 1961 ≪高等學校學習指導要領解會社科編≫(好學社, 東京)

吉田太郎, 1968 ≪歷史敎育內容, 方法論史≫, (明治圖書, 東京)

海後宗臣, 1969 ≪歷史敎育の歷史≫(東京大學出版部, 東京)

文部省, 1970 ≪高等學校 學習指導要領 社會科編≫

全國敎育硏究所聯盟, 1971 ≪義務敎育改善に關する意見調査報告書≫(東京)

文部省, 1972 ≪高等學校學習指導要領解說社會編≫(大阪書籍株式會社, 大阪)

國立敎育硏究所編, 1974 ≪日本近代敎育百年史≫(敎育硏究振興會, 東京)

上田薫編集, 1974 ≪社會科敎育史史料1≫(東京法令出版, 東京)

文部省, 1978 ≪高等學校 學習指導要領 社會科編≫

文部省, 1978 ≪中學校指導書社會編≫(大阪書籍株式會社, 大阪)

文部省, 1979 ≪高等學校學習指導要領解說社會科編≫(一橋出版株式會社, 東京)

海後宗臣, 仲新, 1979 ≪教科書でみる近代日本の教育≫(東書選書, 東京)

文部省, 1981 ≪學制百年史≫(帝國地方行政學會, 東京)

加藤章 外3人 編, 1982 ≪講座歷史教育:歷史教育の歷史≫(弘文堂, 東京)

宮地正人, 1987 ≪日本通史Ⅲ 近現代 國際政治下の近代日本≫(山川出版社, 東京)

文部省, 1989 ≪高等學校 學習指導要領≫

文部省, 1999 ≪高等學校 學習指導要領≫

文部省, 1989 ≪高等學校學習指導要領解說地理歷史編≫(實敎出版株式會社, 東京)

文部省, 1992 ≪學制百二十年史≫(ぎょうせい, 東京)

片上宗二, 1993 ≪日本社會科成立史硏究≫(風間書房, 東京)

講座日本教育史編輯委員會 編, 1984 ≪講座日本教育史 第4卷, 現代Ⅰ/Ⅱ, 第1法
　　規≫(東京)

敎員養成大學, 學部敎官硏究集會社會科敎育部會編, 1988 ≪社會科敎育の理論
　　と實踐≫(東洋館出版社, 東京)

社會認識敎育學會編, 1989 ≪社會科敎育の理論≫(ぎょうせい, 東京)

文部省, 1989 ≪高等學校學習指導要領解說地理歷史編≫(實敎出版株式會社, 東京)

伊ケ崎曉生, 松島榮一, 1990 ≪日本教育史年表≫ (三省堂, 東京)

片上宗二, 1993 ≪日本社會科成立史硏究≫(風間書房, 東京)

都築享編, 1993 ≪地理歷史科敎育を考える≫(杉山書店, 東京)

文部省, 1994 ≪學制百二十年史≫(ぎょうせい, 東京)

尾形俗康외 3인, 1995 ≪新刊 日本敎育史≫(신용국 譯, 敎育出版社)

歷史敎育者協議會, 1997 ≪歷史敎育50年のあゆみと課題≫(未來社, 東京)

寄田啓夫, 山中芳和 編, 1998. ≪日本敎育史≫(ミネルバ書房, 東京)

天野都夫, 1998 ≪敎育改革のゆくえ≫(UP書房, 東京)

文部省, 1999 ≪高等學校學習指導要領解說地理歷史編≫(實敎出版株式會社, 東京)

西村和雄, 1999 ≪分數ができない大學生≫(東洋經濟新報社, 東京)

櫻井明久, 1999 ≪地理教育學入門≫,(古今書院, 東京)

久保義三, 米田俊彦, 駒込武, 兒美川孝一郎, 2001 ≪現代教育史事典≫(東京書籍, 東京)

遠山茂樹, 2001 ≪戰後の歴史學と歴史意識≫(岩波書店, 東京)

國立教育政策研究所, 2001 ≪社會科系教科のカリキュラムの改善に關する研究-歴史的変遷(1)-≫

日本カリキュラム學會 編, 2001 ≪現代カリキュラム事典≫(ぎょうせい, 東京)

加藤章次, 2001 ≪學力低下論批判≫(黎明書房. 東京)

尾木直樹, 2002 ≪學力低下をどうみるか≫(NHKブックス, 東京)

八百城 修, 2002 ≪現代の教育改革と學校の自己評價≫(ぎょうせい, 東京)

松島榮一, 歴史教育者協議會編, 2003 ≪歴史教育の歴史と社會科≫(青木書店, 東京)

國立教育政策研究所, 2005 ≪教育課程の改善の方針,各教科等の目標, 平價の觀點等の變遷≫(國立教育政策研究所,東京)

文部科學省, 2005 ≪'義務教育に關する意識調査'結果の速報について≫(中央教育審議會, 初等中等教育局初等中等教育企畫課)

藤岡信勝・新しい歴史教科書をつくる會 編, 2005 ≪これだけは讓れない歴史教科書10の爭點≫(德間書店, 東京).

文部科學省, 2006 ≪審議經過報告≫(中央教育審議會,初等中等教育局初等中等教育企畫課)

中央教育審議會 等中等教育分科會 教育課程部會, 2007年 11月 7日≪教育課程部會におけるこれまでの審議のまとめ≫

# [ 논 문 ]

〈한국〉

김성근, 1954 〈통합사회과와 역사교육〉 ≪교육≫ 1

이성수, 1958 〈역사교육 목표론〉 ≪역사교육≫ 3

이원순, 1961 〈역사교육에 신전환을 위하여〉 ≪역사교육≫ 5

박광희, 1965 〈한국 사회과 성립과정과 그 과정 변천에 관한 연구〉, 서울대학교
　　　석사학위논문

이원순・진영일・정선영, 1974 〈중・고등학교 국정 국사교과서의 분석적 고
　　　찰〉, ≪역사교육≫ 16

최양호, 1976 〈고교 세계사 교육과정에 있어서 지역적 접근법에 의한 시안(試案)
　　　-특히 동아시아사를 중심으로-〉 ≪역사교육≫ 19

송춘영, 1979 〈한・중・일 3국의 중학교 국사교육과정 비교연구〉 ≪대구사학≫ 17

이문기, 1984, 〈한・중・일 삼국의 사회과 국사 지도 내용의 비교〉 ≪대구사학≫ 25

이원순・김용만 1980 〈학교급별 국사교육내용의 체계화에 관한 연구〉 ≪교육과
　　　정 및 교과용 도서 개발을 위한 기초연구≫ 2집, 한국교육개발원

송춘영, 1980 〈한・중・일 3국의 고등학교 국사교육과정 비교 연구〉 ≪역사교육
　　　논집≫ 1

김영희, 1983 〈한・일 역사교과서 내용분석 : 상호관련 내용을 중심으로〉 ≪교
　　　육개발≫ 24

윤세철, 1983 〈일본의 역사 교육과정과 교과서〉 ≪역사교육≫ 34

이문기, 1984 〈한・중・일 삼국의 사회과 국사 지도 내용의 비교〉 ≪대구사학≫ 25

임지현, 1986 〈서양사교육의 과거와 현재-중등교육을 중심으로〉 ≪역사교육≫ 40

關 英子, 1987 〈미군정하에 있어서 한국인의 교육재건 노력〉 ≪해방후 한국인의
　　　교육개혁≫, 한국연구원

정선영, 1987 〈사회과 역사내용의 계열성연구〉 ≪사회과교육≫ 20

한국사회과교육연구회 특별연구진, 1990 〈중학교 사회과 통합형 교육과정의 체
    계화 연구〉≪사회과교육≫ 23

김홍섭, 1991 〈현행 중학교 통합 사회과 교육의 실태〉≪역사교육≫ 50

류재택, 1991 〈외국의 교육과정에서 역사교과의 비중〉≪역사교육≫ 50

윤종영, 1991 〈국사 교육의 변천과 과제 : 고등학교 교육과정을 중심으로〉≪실
    학사상연구≫ 2

이진석, 1992 〈해방후 한국사회과의 성립과정과 그 성격에 관한 연구〉서울대학
    교 박사학위논문

정재정, 1992, 〈일본 역사교육의 현황과 전망-신학습지도요령(1989년 고시)을
    중심으로〉≪역사와 현실≫ 8

정재정, 1996 〈강화와 개혁의 길로 들어선 일본의 역사교육-초·중등학교와 대
    학의 실태〉≪역사와 현실≫ 20

최병모, 1992 〈사회과 교육과정 개발의 체제적 접근〉, 한국교원대학교 박사학위
    논문

홍웅선, 1992 〈최초의 사회생활과 교수요목의 특징〉≪한국교육≫ 19

홍웅선, 1992 〈미군정하 사회생활과 출현의 경위〉≪교육학연구≫ 30-1

류승렬, 1996 〈해방 후 교육과정 변천과 역사교과의 위치〉≪역사교육≫ 60

김한식·권오현, 1997 〈해방후 세계사 교육과정의 변천과 문제점〉≪歷史敎
    育≫ 61

양정현, 1997 〈사회과 통합 논의와 역사교육〉≪역사교육≫61

이경식, 1997 〈한국 근현대사회와 국사교과의 부침〉≪사회과학교육≫1

김한식, 1999 〈해방후 세계사교육 연구의 경향과 과제〉≪역사교육논집≫ 25

김한종, 1999 〈사회과 통합의 문제점과 국사교육의 위기〉≪역사비평≫ 49

주웅영, 1999 〈제7차 교육과정의 개정과 통합교과 사회의 설정〉≪역사교육론
    집≫ 25

이상란, 1999 〈한국의 '학원폭력'과 일본의 '이지메'에 관한 비교 연구〉≪학생생

활연구≫ (인하대학교 학생생활연구소)

권오현, 1999 〈일본 고등학교 세계사 학습지도요령의 개정과 특색〉 ≪역사교육
논집≫ 25

김은숙, 2000 〈중, 고등학교 『국사』 교과서의 고대 한일관계사 서술 내용 검토〉
≪역사교육≫ 74

송인주, 2000 〈한·일 양국의 초등사회과 교육과정의 비교연구-제7차 교육과정
을 중심으로〉 ≪사회과교육≫ 33

송춘영, 2000 〈사회생활과 교수요목의 분석적 연구〉 ≪대구교육대학교 논문집≫
35

윤종영, 2000 〈국사교과서의 새모형 탐색〉 ≪석보정명호교수 정년퇴임기념논총≫

조용채, 2000 〈사회과교과서 단원구성의 개선방안-6학년 역사 영역의 교육과정
별 변천 분석을 중심으로-〉, 서울교육대학교 석사학위논문

김은숙, 2000 〈중, 고등학교 『국사』 교과서의 고대 한일관계사 서술 내용 검토〉
≪역사교육≫ 74

구난희, 2001 〈교육과정으로 본 한·일 역사교육의 추이와 전망〉 ≪교육마당≫ 21

송인주, 2002 〈한·일 초등사회과 교육과정의 비교연구〉 ≪역사교육논집≫ 28

이병희, 2001 〈중·고등학교 국사교육 편제와 내용의 계열화〉 ≪한국사론≫ 31,
국사편찬위원회

최상훈, 2001 〈역사과 교육과정의 재고〉 ≪역사교육의 방향과 국사교육 - 윤세
철교수정년기념역사학논총2≫, 솔

최상훈, 2002 〈국사 교과서의 특징과 편찬 과정〉 ≪고등학교 국사전공 교원연수
교재≫ 국사편찬위원회

강명숙, 2002 〈美軍政期 高等敎育 硏究〉 서울대학교 박사학위논문

권오정·김영석, 2003 ≪사회과교육학의 구조와 쟁점≫, 교육과학사

김정인, 2003 〈해방이후 국사교과서의 '정통성' 인식-일제 강점기 민족운동사
서술을 중심으로-〉 ≪역사교육≫ 85

박평식, 2003 〈초등학교 교육과정의 변천과 역사교육〉 ≪역사교육≫ 87

김유리, 2003 〈제7차 교육과정기 중학교 세계사교육의 문제점과 개선방안〉 ≪사회과교육≫ 42-4

남경희, 2003, 〈일본의 교육개혁과 학력저하 논쟁;사회과 교육의 학력문제와 관련하여〉 ≪사회과교육≫ 42-1

권오현, 2004 〈일본 지역 교육의 역사와 전통〉 ≪경상사학≫ 20

박진동, 2004 ≪한국의 교원양성체계의 수립과 국사교육의 재구성: 1945~1954≫ 서울대학교 대학원 박사학위논문

박진동, 2004 〈해방후 역사교과서 발행제도의 추이〉 ≪역사교육≫ 91

권오현, 2005 〈탈식민의 과제와 한국의 국사 교과서〉 ≪역사교육논집≫ 34

권오현, 2005 〈일본 지역사교육의 계열성과 교재 선택의 관점〉 ≪중등교육연구≫ 53-2

신주백, 2005 〈국민교육헌장 이념의 구현과 국사 및 도덕과 교육과정의 개편 (1968-1994)〉 ≪역사문제연구≫ 15

임하영, 2005 〈한국근현대사 교육의 변천과 쟁점〉 ≪한국근현대사 교육론≫, 선인

강선주, 2006 〈해방 이후 역사 교육과정 개정을 둘러싼 쟁점〉 ≪역사교육≫ 97

김돈, 2006 〈日本의 自國史 교육과 교육목표〉 ≪역사교육≫ 100

김한종, 2006, 〈일본 역사교육의 동향〉 ≪역사교육과정과 교과서연구≫(선인, 서울)

김보림, 2006 〈일제하 국민학교 국민과의 도입과 '국사'(일본사) 교육〉 서울대학교 박사학위논문

김성자, 2006 〈교육과정 개발에서 '중립성'과 '전문성'- 사회과 통합 논의를 중심으로〉 ≪歷史敎育≫ 21

박진동, 2006 〈현장 역사교육 50년, 중등 역사교사 구성의 추이와 문제점〉 ≪역사교육≫ 97

방지원, 2006 〈역사교육의 계열화 연구〉 한국교원대학교 박사학위논문

이신철, 2006 〈국사 교과서 정치도구화의 역사〉 ≪역사교육≫ 97

조미영, 2006 〈해방 후 국사교과의 사회과화와 '국사과'의 치폐〉 ≪역사교육≫ 98

차미희, 2006 〈중등 국사교육의 내용 변천에 대한 연구〉, 고려대학교 박사학위
　　논문

노기호, 2007 〈일본 교육기본법의 개정 내용과 특징〉 ≪공법학 연구≫ 8-2

강선주, 2007 〈역사교육에서의 내용 선정 및 구성의 개념으로서의 성별〉 ≪역사
　　교육≫ 102

방지원, 2007 〈새로운 역사과 선택과정, 어떻게 달라졌나?〉 ≪교원교육≫ 23-1

http://www.nicer.go.jp/guideline/old 過去の學習指導要領(2007. 11. 25)

# [ 논 문 ]

勝田守一, 1961 〈戰後における社會科の出發〉 ≪現代敎育會≫ 12, (岩波書店, 東京)

家永三郎, 1963 〈戰後の歷史敎育〉 ≪岩波講座日本歷史≫ 22・별권1(岩波書店,
　　東京)

松島榮一, 1963 〈歷史敎育の歷史〉 ≪岩波講座日本歷史≫ 22・별권1(岩波書店,
　　東京)

加藤章, 1978 〈社會科の成立と歷史の存續〉 ≪長崎大學敎育學部敎育科學硏究
　　報告≫ 25

星村平和, 1980 〈世界史における文化圈學習〉 ≪社會科敎育≫ 28

加藤章, 1981 〈高校社會科日本史の成立と展開〉 ≪長崎大學敎育學部敎科敎育
　　學究究報告≫ 4

星村平和, 1982 〈歷史敎育における內容の革新〉 ≪社會科敎育≫ 30

茨木智志, 1987 〈成立過程における世界史敎育の特殊性について〉 ≪筑波社會
　　科硏究≫ 6

梅野正信, 1988〈戰後の歷史敎育と社會科敎育-中等國史敎科書編纂委員會の歷史的檢討-〉≪鹿兒島大學敎育學部紀要敎育科學編≫ 40

木下康彦, 1991〈歷史敎育の課題-世界史の枠組み(3)〉≪中等敎育資料≫No576

原田智仁, 1992,〈地理歷史科「世界史A」の認識論的考察〉≪社會科硏究≫ 40

宮崎正勝, 1992〈世界史敎育における文化圈について〉≪社會科敎育硏究≫ 66

原田智仁, 1993〈第1節 歷史の內容構成〉≪地理歷史科敎育≫(學術圖書出版社, 東京)

大江和彦, 1994〈日本史敎育における世界史的視野に關する基礎的硏究-新學習指導要領と日本史A〉≪中等敎育硏究紀要≫ 18-19

峰司郎, 2000〈低學力の槪念規定の試みと學力低下論爭の止揚への視點〉≪日本敎育學會大會發表要旨集錄≫62 (日本敎育學會)

豊島宏, 2003〈歷史敎育論攷-歷史敎育における主題學習について〉≪松山大學論集≫ 15-1

猪飼,美惠子, 2003〈學力低下問題について〉≪福祉社會學部論集≫ 21-4 (鹿兒島國際大學福祉社會學部)

佐藤學, 2003〈學力硏究の諸課題：硏究プロジェクトの論題について〉≪學校臨床硏究≫ 2-1 (東京大學 敎育學部)

諸田裕子, 2003〈'學力低下問題'の社會的構成：1998~2003年の新聞報道を手がかりに(II-8 學力)〉≪日本敎育社會學會大會發表要旨集錄≫ 55 (日本敎育社會學會)

木下康彦, 2004〈學習指導要領と世界史敎科書の變遷〉, ≪歷史と地理≫ 576

佐藤正昭, 2004〈'學力論爭'の視座：論爭が實りあるものになるために〉≪靑森縣立保健大學雜誌≫5-1 (靑森縣立保健大學雜誌編集委員會)

碓井岑夫, 2006〈'學力問題'論爭は何を論じ'何を論じ得なかったか〉≪四天王寺國際仏敎大學紀要≫43, (四天王寺國際仏敎大學紀要編集委員會)

# 한 · 일 역사과
# 교육과정 비교연구

초판 인쇄 | 2010년 3월 20일
초판 발행 | 2010년 3월 25일

편   자 | 이찬희 · 박진동
발행인 | 한정희
발행처 | 경인문화사
등록번호 | 제10-18호(1973년 11월 8일)
편   집 | 신학태 김지선 문영주 안상준 정연규 문유리
영   업 | 이화표    관   리 | 하재일 양현주
주   소 | 서울특별시 마포구 마포동 324-3
전   화 | 718-4831~2    팩   스 | 703-9711
홈페이지 | http://www.kyunginp.com
이메일 | kyunginp@chol.com

ISBN  978-89-499-0691-1  93910

값 18,000원